LES MÉTAMORPHOSES

DE MONTAIGNE

WITHDRAWN
L. R. COLLEGE LIBRARY

COLLECTION DIRIGÉE PAR
BÉATRICE DIDIER

WITHDRAWN

LES MÉTAMORPHOSES
DE MONTAIGNE

François Rigolot

CARL A. RUDISILL LIBRARY
LENOIR-RHYNE COLLEGE

puf
ÉCRIVAINS

Pour Carol, Sophie et Stéphanie

PG
1643
.R54
1988
153557
June 1991

DU MÊME AUTEUR

Les Langages de Rabelais (Genève, Ed. Droz, 1972).

Poétique et onomastique (Genève, Ed. Droz, 1977).

Le Texte de la Renaissance (Genève, Ed. Droz, 1982).

Œuvres complètes de Louise Labé (Paris, Ed. Garnier-Flammarion, 1986).

ISBN 2 13 041535 0
ISSN 0757 8547

Dépôt légal — 1re édition : 1988, juillet
© Presses Universitaires de France, 1988
108, boulevard Saint-Germain, 75006 Paris

Introduction

> *Je ne sçay si je n'aimerois pas mieux
> beaucoup avoir produict ung [enfant],
> parfaitement bien formé, de l'acointance
> des muses, que de l'acointance de ma
> femme.*
>
> (II, 8, 383*b*.)[1]

Parler de « poétique » des *Essais* ce n'est pas nécessairement postuler que cette œuvre est « poétique » et que Montaigne est « poète ». En fait, la plupart des déclarations de l'auteur visent à démontrer le contraire : rien ne ressemble moins à Montaigne que le poète inspiré de Platon, « assis sur le trépied des Muses » et déversant dans sa *furie* « tout ce qui luy vient en la bouche, comme la gargouille d'une fontaine » (III, 9, 973*c*). Il suffit d'ouvrir les *Essais* au hasard pour s'apercevoir immédiatement à quel point les observations y sont « ruminées »

---

1. Toutes nos références se rapportent à l'édition des *Œuvres complètes*, préparée par Albert Thibaudet et Maurice Rat (Bibliothèque de la Pléiade, NRF, 1962). Nous avons apporté des modifications au texte de cette édition lorsqu'il était incorrect. Nous donnerons, entre parenthèses, le numéro du livre (en chiffres romains) suivi des numéros du chapitre et de la page (en chiffres arabes). Les lettres *a, b* et *c* serviront, selon la tradition, à différencier entre les éditions de 1580 *(a)*, 1588 *(b)* et 1595 *(c)*. Nous ferons mention, s'il y a lieu, des ratures et surcharges sur l'exemplaire de l'édition de 1588 ayant appartenu à Montaigne (l'exemplaire dit de Bordeaux), surtout quand le texte diffère de celui de 1595.

et « pesées », avec quel soin elles sont soumises au « contre-rolle » de l'*expérience* (III, 13) et à l'épreuve du *jugement* :

> Le jugement est un util à tous subjects, et se mesle par tout. A cette cause, aux essais que j'en fay ici, j'y employe toute sorte d'occasion. (I, 50, 289*a*.)

A vrai dire, la fureur poétique serait à mettre, selon Montaigne, sur le compte des vaines chimères et des monstrueuses « resveries » — autrement dit, du côté de la folie. « Rien ne m'est à digerer fascheux en la vie de Socrates que ses ecstases et ses demoneries » (1096*c*), déclare-t-il à la dernière page de son œuvre. Cependant, Montaigne emploie un langage assez semblable pour parler de sa propre entreprise et qualifier sa décision d'écrire les *Essais* :

> C'est une humeur melancolique [...] qui m'a mis premierement en teste cette resverie de me mesler d'escrire. (364*a*.)

En outre, de loin en loin, l'adversaire des « ecstases » de Socrate accueille la folie dans son œuvre : parce qu'elle fait partie du désordre naturel de l'existence et s'avère finalement préférable aux artifices d'un ordre rationnel rassurant. Ce faisant, il calque son style de pensée et d'écriture sur celui d'un vagabondage « folastre », proche de l'errance et de l'erreur, retrouvant ainsi paradoxalement une « alleure poëtique » valorisée :

> Mon stile et mon esprit vont vagabondant de mesmes. (973*c*.) Il faut avoir un peu de folie, qui ne veut avoir plus de sottise. (973*b*.)

Ainsi, comme n'ont pas manqué de le noter les plus lucides lecteurs des *Essais*, il existe des rapports étroits entre les notions de « resverie », de folie et de poésie, d'une part, et la « forme ouverte » de l'essai, d'autre part[1].

---

1. Robert J. Morissey a étudié le déplacement sémantique de la rêverie et son accueil positif dans l'écriture des *Essais* (*La Rêverie jusqu'à Rousseau. Recherches sur un topos littéraire*, Lexington, Kentucky, French Forum, 1984, pp. 37 sq.).

Qu'on en juge par ce que nous dit Montaigne de ses activités dans sa fameuse « librairie » :

> Là je feuillette à cette heure un livre, à cette heure un autre, sans ordre et sans dessein, à pieces descousues; tantost je resve, tantost j'enregistre et dicte, en me promenant, mes songes que voicy. (III, 3, 806*b*.)

Montaigne est d'ailleurs prompt à nous rappeler que ce ne sont pas les vers qui font la poésie : « je ne suis pas de ceux qui pensent la bonne rithme faire le bon poëme » (I, 26, 169-170*a*). Il dissocie radicalement l'idée de poésie de celle, chère aux rhétoriqueurs, de l'art de « métrifier » : « Voylà un bon poëte, diray je, mais un mauvais versificateur. » (170*a*.) L'important c'est que « les inventions y rient », que « l'esprit et le jugement y [aient] bient faict leur office » *(ibid.)*. On ne s'étonnera pas alors que Montaigne se présente à nous comme un rimeur incompétent; sa critique des faiseurs de vers nous y a suffisamment préparés :

> Quand je me meslois de faire des *vers* (et n'en fis jamais que des Latins), ils accusoient evidemment le *poëte* que je venois dernierement de lire; et de mes premiers *essays*, aucuns puent un peu à l'estranger. (III, 5, 853*b*.)

La juxtaposition des mots *vers* et *essays* est significative : elle indique une association possible entre les vers latins, non « poétiques », de l'écolier et les premiers essais, trop prêts encore de la lecture et de la dictée, auxquels il manque cette part de « resverie » ou de « folie » qui donnera aux chapitres plus tardifs leur véritable « alleure poëtique »[1].

C'est parce qu'il possède la plus grande admiration

---

1. Dans les pages qui suivent on emploiera indifféremment les mots « chapitre » et « essai » pour désigner les unités de texte que Montaigne a classées selon un ordre numérique déterminé dans ses trois « livres » d'*Essais*.

pour la poésie, nous dit-il, qu'il se refuse à écrire des vers :

Je l'ayme infiniment [la poésie]; je me congnois assez aux ouvrages d'autruy; mais je fay, à la vérité, l'enfant quand j'y veux mettre la main; je ne me puis souffrir. On peut faire le sot par tout ailleurs, mais non en la Poësie. (618*a*.)

Suit alors une citation latine, empruntée à l'*Art poétique* d'Horace, qui interdit la médiocrité aux poètes. Et Montaigne d'ajouter : « Pleust à Dieu que cette sentence se trouvat au front des boutiques de tous nos Imprimeurs, pour en deffendre l'entrée à tant de versificateurs. » (II, 17, 618*a*.)

Dans la biographie intellectuelle qu'il nous laisse, sous forme décousue, de lui-même, Montaigne insiste sur la place qu'a occupée la poésie dans la formation de ses goûts. « Dès ma premiere enfance, écrit-il, la poësie a eu cela, de me transpercer et transporter. » (I, 37, 228*c*.) A l'aube des origines, l'influence des *Métamorphoses* d'Ovide est notée comme déterminante : « Car, environ l'aage de sept ou huict ans, je me desrobois de tout autre plaisir pour les lire. » (I, 26, 175*a*.) Il en retiendra cette « fluidité gaye et ingenieuse » due à la « diversité de formes » (228*c*) sur laquelle nous reviendrons bientôt. Les *Métamorphoses* resteront en effet présentes à l'arrière-plan des *Essais*, et Montaigne constatera à regret que sa « vieille ame poisante ne se laisse plus chatouiller [...] au bon Ovide » (389*a*)[1]. Jusqu'à la fin il professera son amour pour « l'alleure poëtique, à sauts et à gambades » (973*b*), qui reproduit le rythme libre et spontané de la Nature et, ajoute-t-il implicitement, justifie le désordre apparent et les incohérences de ses *Essais*[2].

---

1. Comme le remarque avec justesse Mary McKinley, il s'agit plus d'un regret de vieillard que d'un changement de goût. Montaigne continuera à apprécier Ovide jusqu'à la fin comme en témoigne l'ajout de deux citations des *Métamorphoses* sur l'exemplaire de Bordeaux. Cf. *Words in a Corner*, Lexington, French Forum, 1981, p. 114, note 2.
2. Cf. A. Tournon, Montaigne et *l'alleure poëtique*. Pour une nouvelle lecture d'une page des *Essais*, *Bibliothèque d'Humanisme et Renaissance*,

Pour Montaigne, en effet, la poétique peut gouverner la prose; et l'exemple de l'Antiquité est là pour nous le montrer. Ainsi en est-il, par exemple, de Sénèque qui savait s'exprimer « aussi poëtiquement en sa prose » qu'Horace en ses vers (I, 26, 169*a*). De fait, à mesure que s'écrivent les *Essais*, Montaigne cite de plus en plus les prosateurs latins dans son texte, comme s'il reconnaissait à la prose un statut quasi égal à celui de la poésie ancienne[1]. Dans le passage célèbre sur l' « alleure poëtique » on lit encore :

> Mille poëtes trainent et languissent à la prosaïque; mais *la meilleure prose ancienne reluit par tout de la vigueur et hardiesse poëtique*, et represente l'air de sa fureur. (III, 9, 973*b*.)

Or, dans une addition tardive, Montaigne précise qu'il cite dans son œuvre aussi bien la prose que les vers des auteurs anciens : « et je la seme [la prose ancienne] ceans indifferemment pour vers » (973*c*). C'est donc bien que la distinction essentielle est moins pour lui entre prose et vers qu'entre poésie et non poésie, ou, plus exactement entre « alleure poëtique » et « non poëtique » du discours.

On comprend désormais que plusieurs critiques aient vu chez Montaigne une tentative pour « rapprocher l'essai de la poésie », soit en suivant les indications implicites laissées par l'écrivain, soit en auscultant le texte des *Essais* pour y trouver les indices d'une telle pratique[2]. Montaigne ne définissait-il pas lui-même son œuvre comme une « rhapsodie », suggérant ainsi, derrière

XXXIII, 1, 1971, pp. 155-162; L. K. Donaldson-Evans, Montaigne and Poetry, *Neophilologus*, LVIII, 4, octobre 1974, pp. 36 sq.
1. Voir, à ce sujet, Pierre Villey, *Les Sources et l'Evolution des « Essais » de Montaigne*, 1908; réimpr. Paris, Hachette, 1933, t. I, pp. 215 sq.
2. Notons en particulier cette tentative chez Hugo Friedrich, *Montaigne*, trad. franç., Paris, Gallimard, 1968, p. 353; Michael Baraz, *L'Etre et la Connaissance selon Montaigne*, Paris, Nizet, 1968, p. 178; Lawrence Kritzman, *Destruction/découverte : Le Fonctionnement de la rhétorique dans les « Essais » de Montaigne*, Lexington, French Forum, 1980, p. 155.

le désordre apparent de l'œuvre, la nature profondément poétique de son entreprise ?

Il n'est subject si vain qui ne merite un rang en cette rapsodie. (I, 13, 48*a*.)

Reste à savoir quelles formes mouvantes prend ce qu'il faut bien appeler la « poétique de la prose » des *Essais* : et quelles en sont les influences modélisantes — si l'on peut parler de « modèle » pour un livre qui se veut « le seul au monde de son espece » (364*c*) par son « dessein farouche et extravagant » (364*a*)[1]. C'est à ce genre de questions que cette étude voudrait pouvoir s'adresser.

Certes, on peut lire les *Essais* de Montaigne pour toutes sortes d'excellentes raisons. On peut les lire pour y trouver des recettes de sagesse : ce fut la tâche de Charron, et c'est encore celle de tous les honnêtes lecteurs. On peut les lire pour y découvrir l'homme de la tour d'ivoire, à la fois si complexe et si semblable à nous tous, ou y retrouver des témoignages précieux sur un siècle passé. Si l'historien de la littérature cherche, à bon droit, à « rendre Montaigne à son histoire », nous chercherons ici, pour notre part, à *le rendre à sa poétique* — et cela, sans nier pour autant l'histoire qui le particularise et lui donne sa dimension proprement humaine[2].

Rechercher les stratégies d'écriture des *Essais* n'est pas sans dangers; car le critique littéraire entre alors dans un labyrinthe infini où il risque de se perdre. Cette œuvre, issue de la glose et du commentaire, engage, peut-être plus que toute autre, le lecteur à entrer dans le dédale des interprétations pour y ajouter les siennes[3].

1. Sur la notion de « modèle à la Renaissance » nous renvoyons aux études réunies sous ce titre par C. Balavoine, J. Lafond et P. Laurens (Paris, J. Vrin, 1986).
2. Cf. Géralde Nakam, *Montaigne et son temps. Les Evénements et les « Essais »*, Paris, Nizet, 1982, p. 14.
3. Cf. A. Tournon, *Montaigne. La Glose et l'Essai*, Presses Universitaires de Lyon, 1983.

« Nous ne faisons que nous entregloser. » (III, 13, 1045*b*.)
La formule est célèbre et a été, elle-même, maintes fois
citée et commentée. On peut alors aisément se laisser
fasciner par cette « entreglose », moteur de l'écriture
et de la lecture des *Essais*. Le « suffisant lecteur », entraîné
par le mouvement même du texte, sera invité à pratiquer
l'exégèse et à écrire, à son tour, d' « infinis *Essais* »
(I, 40, 245*c*)[1].

L'attrait du labyrinthe est puissant; et nous aurons
maintes occasions d'en faire l'expérience. Les méandres
de l'écriture montaignienne condamnent à l'échec,
semble-t-il, toute « théorie formelle de l'œuvre »[2]. Comment fournir une description du fonctionnement d'un
« système » des *Essais* quand l'écriture même de Montaigne
déjoue tout verrouillage théorique ? C'est du dialogue
entre divers modes d'expression, eux-mêmes parfois dif-
ficiles à identifier, que procède la marche titubante de
cette écriture. On préférera recourir plutôt, en suivant
la lettre du texte, à des séries de confrontations. La poétique des *Essais* apparaîtra alors comme le travail sans
relâche d'un « corps écrit », et qui s'écrit en marge de
la pensée humaniste en ce crépuscule de la Renaissance.

Qu'il s'agisse de l'histoire, de la politique ou de la
philosophie morale, Montaigne a son mot à dire; mais
il le dit en transformant toutes ces disciplines en autre
chose qu'elles-mêmes : en les *métamorphosant* par le biais
de son écriture. Autrement dit, la poétique des *Essais*
pourrait se définir par défaut : non pas comme une série
de *lois* qui s'imposeraient de l'extérieur à l'ordonnan-
cement du discours sur l'histoire, la politique ou la
philosophie morale, mais comme un ensemble de *forces*
qui résistent aux discours idéologiques de l'histoire, de
la politique ou de la philosophie morale.

1. Cf. Michel Charles, *Rhétorique de la lecture*, Paris, Editions du Seuil,
1978, « Epilogue ».
2. Telle est la définition d'une « poétique » qu'esquissait, par exemple,
T. Todorov dans *La Poétique de la prose*, Paris, Editions du Seuil, 1978,
p. 9 sq. et p. 44.

On jugera aisément de la difficulté de l'entreprise. Il s'agira de saisir, en renonçant aux classements rigides et aux taxinomies exhaustives, les espérances fugaces d'une écriture qui se veut de plus en plus, au cours de son aventure, à l'image de cet être « merveilleusement vain, divers et ondoyant » (I, 1, 13*a*) qu'elle a pris pour sujet. En cela, la poétique des *Essais*, tout en affichant sa vulnérabilité, se révèle invulnérable. Ce faisant, elle se rattache, à bien des égards, à d'autres poétiques de la Renaissance qui s'exposent volontiers, mais pour mieux les conjurer, aux dangers de l'incohérence et de l'incompréhension : on pense à celles d'Erasme ou de Rabelais[1].

Puisque la poétique des *Essais* ne peut se saisir qu'à fleur de texte, il nous a semblé préférable de pratiquer une série d'éclairages limités sur les passages les plus révélateurs. Nous ne cacherons pas le caractère fragmentaire d'une telle procédure : des pans entiers de l'œuvre de Montaigne resteront dans l'ombre. Nous avons pourtant tenté d'éviter une lecture « anthologique » des *Essais* en replaçant les passages cités dans le contexte immédiat le plus large. S'il y a anthologie, ce sera par exclusion de chapitres, non par découpage arbitraire de « morceaux choisis ». La méthode adoptée permettra de limiter les navigations arbitraires d'essai à essai et de respecter l'unité d'écriture, avec ses additions successives (les fameux « alongeails », III, 9, 941*b*)[2].

Nous ne ferons qu'effleurer ici le problème qui passionna des générations de montaignistes : celui de l'évolution des *Essais*. Parler d'évolution postulerait, en effet, à la fois la domination de l'écriture par une pensée en pleine maîtrise d'elle-même et la représentation fidèle par

---

1. Cf. Thomas M. Greene, *The Vulnerable Text. Essays on Renaissance Literature*, New York, Columbia University Press, 1986, pp. 116-139.
2. Jules Brody a montré l'exemple de ce respect de l'unité d'écriture dans *Lectures de Montaigne*, Lexington, French Forum, 1982. Voir aussi Robert Cottrell, *Sexuality/Textuality. A Study of the Fabric of Montaigne's « Essais »*, Columbus, Ohio State University Press, 1981.

cette écriture d'un sujet, également maître de lui-même et auteur de cette pensée. La thèse de Pierre Villey, qui faisait passer allégrement Montaigne de la raideur des débuts stoïciens à la mobilité d'un épicurisme tardif (après une grave crise de scepticisme) était sans doute trop rigide. Par des moyens divers, la critique moderne a reformulé la question ; et l'on parle aujourd'hui plus volontiers de « mouvement » et de « prolifération »[1]. C'est que l'on a reconnu la prééminence de la *fonction poétique* dans l'écriture des *Essais*. Le texte, toujours en excédent sur son message, prolifère selon la double direction, horizontale et verticale, du « paradigme » et du « syntagme ». Le stoïcisme, le scepticisme ou l'épicurisme ne se manifestent plus comme des absolus désincarnés, sortis de la gangue des mots ; s'ils existent ce n'est plus en tant que concepts philosophiques mais comme « effets de texte », procédant de la force active — de l'*energeia* et de l'*enargeia* —, d'une poétique séminale[2].

Certaines parties des analyses qu'on lira ici ont été communiquées à un public restreint, à l'occasion de congrès ou de conférences. Elles trouvent néanmoins ici le lieu, sinon de leur cohérence, du moins de leur vraisemblance. Je remercie ici les collègues et étudiants dont les suggestions m'ont souvent été d'un grand secours. Donald Rung a bien voulu mettre au point la copie finale

---

1. Voir en particulier : Jules Brody, *op. cit.*; Terence Cave, *The Cornucopian Text. Problems of Writing in the French Renaissance*, Oxford, Clarendon Press, 1979; Donald Frame, *Montaigne's Discovery of Man. The Humanization of a Humanist*, Columbia University Press, 1955; Jean Starobinski, *Montaigne en mouvement*, Paris, Gallimard, 1982. Pour un état présent de la critique moderne des *Essais*, on lira l'excellent article de synthèse de Richard Regosin, Recent Trends in Montaigne Scholarship : A Post-Structuralist Perspective, *Renaissance Quarterly*, XXXVII, 1, 1984, pp. 34-54.
2. Ce sont les « energies » dont parlait Joachim du Bellay dans la *Deffense et Illustration de la langue françoise* (liv. I, chap. 5). Le mot est aussi employé par Montaigne (III, 5, 851*b*).

du manuscrit et ma gratitude lui est acquise. Ma reconnaissance va aussi à la *Guggenheim Foundation,* au *National Endowment for the Humanities* et à l'Université de Princeton dont l'aide généreuse a grandement facilité la rédaction de cet ouvrage.

I

Mutation de l'Histoire :
« l'accointance des Muses »

L'Histoire, c'est mon gibier, ou la poësie que j'ayme d'une particuliere inclination.

(I, 26, 144a.)

Dans la perspective de l'historien des sociétés, la poétique des *Essais* pourrait se concevoir comme le reflet plus ou moins fidèle de l'idéologie dominante de la France qui les a vu naître. Le livre ne serait plus entièrement le produit d'un individu définissable par une identité donnée; sa conception serait déterminée par un ensemble de forces économiques, sociales, politiques, culturelles et religieuses qui dépasseraient les désirs, les choix et les obsessions de cet individu. Contrairement à l'interprétation « romantique » qui faisait de Montaigne le créateur de son « moi » et lui donnait une réalité toute « particulière », une lecture socio-critique pourrait chercher, derrière l'individualité apparente de la voix qui nous parle dans les *Essais*, les conditions et les modalités d'émergence d'un sujet non plus individuel mais « trans-individuel ». Montaigne n'écrirait qu'en partie; il *serait écrit* pour le reste par les valeurs dominantes de sa société[1].

---

1. Il s'agit là, bien sûr, d'une simplification presque caricaturale du point de vue du sociologue et de l'historien. Les historiens de la littérature nous ont appris combien l'écriture des *Essais* était inscrite dans le temps

Sans vouloir ici statuer sur le bien-fondé d'une telle approche théorique, on peut se demander si le texte que lit l'historien ou le sociologue est bien celui que lit le critique littéraire, ou s'il n'y a pas deux découpages textuels correspondant à deux projections intentionnelles bien différentes. Autrement dit, selon qu'il s'agira d'une lecture plutôt historique ou d'une interprétation plutôt poétique, on sera amené à privilégier certains détails propres à renforcer (et cela, le plus naturellement du monde) les idées préétablies que l'on peut se faire d'un essai de Montaigne. Est-ce à dire qu'il n'y ait pas de commune mesure entre la visée de l'historien-sociologue et celle du critique littéraire-poéticien[1] ?

Disons tout de suite, afin d'éviter tout malentendu initial, qu'il n'est pas question d'établir une quelconque hiérarchie de valeurs entre les deux approches esquissées jusqu'ici. Quels que soient les présupposés « essentialistes » d'un concept moderne comme celui de « littérarité » (spécificité de la littérature en tant que littérature), les recherches purement littéraires n'ont pas la prétention de se placer à un niveau supérieur à celui, souvent humble, patient et désintéressé, des historiens et des sociologues. En fait, rien n'est plus utile, pour la compréhension de Montaigne et de son temps, que le travail des archivistes lorsqu'il permet d'éclairer par un biais nouveau le contexte de l'œuvre littéraire. Tout

et dans l'événement. Comme nous l'avons déjà dit, si l'historien cherche plutôt à « rendre Montaigne à son histoire », nous chercherons, pour notre part, à le rendre à sa poétique, mais sans nier son histoire. Voir Géralde Nakam, *Montaigne et son temps. Les Evénements et les « Essais »* et *Les « Essais » de Montaigne, miroir et procès de leur temps*, Paris, Nizet, 1982 et 1984.

1. L'attitude d'un Fred Chappell, par exemple, est par trop pessimiste. Il écrit : « Il est impossible à la fiction et à l'histoire de partager les mêmes événements. Ils peuvent être désignés par les mêmes mots mais ils ne sont pas identiques » (Six Propositions about Literature and History, *New Literary History*, I, 1969-1970, pp. 514-515). Natalie Z. Davis rapporte ces propos pour leur reprocher justement leur pessimisme (A Renaissance Text to the Historian's Eye : The Gifts of Montaigne, *The Journal of Medieval and Renaissance Studies*, XV, 1, 1985, p. 47).

dépend bien sûr du genre d'histoire que l'on raconte, du genre de poétique que l'on écrit. A la limite, il n'y aurait aucune chance de faire se rencontrer un partisan absolu de l'histoire événementielle (qui réduirait les *Essais* aux faits, aux objets et aux personnes qu'ils nomment ou auxquels ils font allusion) avec un formaliste inconditionnel (qui brandirait structuralisme ou post-structuralisme en ignorant le caractère historique de l'œuvre de Montaigne).

Si les critiques d'obédience formaliste qui analysent des textes fort éloignés de la conscience moderne veulent bien s'informer auprès de leurs collègues historiens, ils ne manqueront pas de trouver dans les travaux d'archives des éléments essentiels à la constitution de l'*horizon d'attente* nécessaire à la compréhension des *Essais*. Cependant ces mêmes formalistes pourront réagir très différemment de leurs collègues historiens devant la moisson de faits ainsi inventoriés; c'est qu'ils poseront des questions en général étrangères aux préoccupations des historiens; ils interrogeront, comme eux, la littérature : mais pour y lire des effets, y déchiffrer des structures, y construire un sens d'une tout autre nature.

L'exemple que nous choisirons ici est emprunté au chapitre 8 du second livre des *Essais*, « De l'Affection des peres aux enfans. » Dans un brillant article, la grande historienne américaine, Natalie Z. Davis, a donné récemment une interprétation socio-historique de cet essai en le replaçant dans le contexte culturel de la Gascogne au xvie siècle[1]. Voici, comme point de départ pour notre discussion, le résumé qu'elle fait de cet essai. Nous le comparerons ensuite à un autre résumé du même texte, celui que pourrait donner un critique plus préoccupé de poétique que d'histoire. Les deux résumés seront radicalement différents. Ce n'est pas que l'historien « oublie » certains détails ou déforme la pensée de Montaigne (en fait, le poéticien pourrait s'accuser de faiblesses

---

1. Article cité à la note précédente.

aussi sévères). Mais le résumé qu'offre Natalie Z. Davis est essentiellement un résumé d'historien — et elle le sait pertinemment[1].

La lecture procède de façon linéaire, et les divers sujets qu'aborde Montaigne sont énumérés à la suite les uns des autres comme s'ils avaient tous la même importance en dépit de leur place différente dans la structure du chapitre. Tout d'abord, après quelques remarques d'ouverture consacrées à l'éloge d'une jeune veuve courageuse, Montaigne nous dit que l'affection qu'éprouvent les parents pour leurs enfants vient d'un instinct profond dans la psyché humaine. Ensuite, Montaigne nous donne des contre-exemples de pères dénaturés qui préfèrent s'accrocher égoïstement à leur fortune plutôt que de la partager avec leurs enfants au moment où ceux-ci en ont particulièrement besoin. Puis viennent des recommandations diverses au sujet de la transmission des biens et de la gestion du patrimoine familial — tout cela assorti de remarques sur les lois de succession. A la fin, Montaigne revient à son livre, cet « enfant » spirituel qu'il a conçu des Muses, ce qui l'amène à placer la conception des œuvres de l'esprit au-dessus de l'engendrement des enfants réels[2].

Ainsi l'historien replace l'essai dans un écheveau complexe d'événements sociaux et familiaux, tels qu'ils peuvent être restitués par notre connaissance des coutumes du lieu et du temps (p. 50). Toutes sortes de rapports intéressants, abondamment documentés, nous permettent de mieux comprendre le milieu culturel où baignaient Montaigne et ses lecteurs du xvie siècle (p. 52). Il y a certes là un cas remarquable d' « intertextualité » — puisque le texte de l'essai se trouve traversé par

---

1. « Je m'en vais me frayer un chemin d'historien à travers cet essai », écrit-elle (art. cit., p. 48).
2. Art. cit., pp. 48-49. Il s'agit d'une version tronquée d'un résumé plus étoffé et plus subtilement composé. Désormais la pagination de cet article sera donnée entre parenthèses dans le texte.

toutes sortes de codes qui lui sont extérieurs — mais c'est une intertextualité d'un tout autre type que celle qui intéresse la littérature. Ainsi, dans cet essai particulier, l'intertextualité littéraire pourrait mettre en évidence la présence sous-jacente des lettres de Sénèque, des *Œuvres morales* de Plutarque et des *Adages* d'Erasme. Les divers contextes des citations latines et italiennes qu'a choisies Montaigne souligneraient, par exemple, le caractère « comique » de l'égoïsme paternel (les *Adelphes* de Térence sont cités deux fois)[1].

L'un des passe-temps favoris des montaignistes consiste à comparer diverses éditions des *Essais* et à retracer l'évolution de la pensée de Montaigne dans les principales « couches » du texte (en particulier celles de 1580, 1588 et 1595). Puisque Montaigne s'est relu et a voulu étoffer sensiblement son chapitre original (II, 8) entre l'édition de 1580 et sa mort, il semblerait tout naturel que l'historien prenne ces ajouts (dénommés « alongeails » par Montaigne lui-même) en considération dans son travail d'élucidation de l'essai : il y trouverait peut-être des changements d'attitude révélateurs chez Montaigne vis-à-vis des coutumes de sa Gascogne natale. Cependant l'historien ne trouvera guère son compte dans une telle enquête, car la plupart des ajouts sous *b* (c'est-à-dire en 1588) et sous *c* (c'est-à-dire après 1588) n'ont pratiquement rien à voir avec les contrats de mariage, les dots, les donations, les testaments et autres considérations légales qui intéressent l'historien de la société.

1. L'essai II, 8 a fait récemment l'objet de remarques judicieuses. Ainsi Frederick Rider a analysé le champ sémantique du mot « affection » (*The Dialectic of Selfhood in Montaigne*, Stanford, 1973, chap. 8); Richard L. Regosin a insisté sur l'interdépendance entre le livre et le « moi » de l'écrivain (*The Matter of My Book : Montaigne's « Essais » as the Book of Self*, Berkeley, 1977, pp. 153 sq.); Richard Sayce a montré que sous l'incohérence de surface il y avait une unité réelle dans cet essai (*The « Essays » of Montaigne : A Critical Exploration*, Londres, 1972, pp. 270 sq.). Le « livre en tant qu'enfant » est un lieu commun dont Ernst Robert Curtius a retracé la généalogie (*European Literature and the Latin Middle Ages*, traduit par W. Trask, Princeton, 1953, pp. 476-477).

Une lecture « poétique » du même essai pourrait prendre, en revanche, son point de départ là où le résumé de l'historien se termine : c'est-à-dire au moment de la « clausule », quand Montaigne fait référence aux *Métamorphoses* d'Ovide (liv. X, vv. 261-298) — cette œuvre que, dans sa jeunesse, il avait lue avec tant d'intérêt. La dernière image du chapitre est, en effet, celle de Pygmalion, ce sculpteur devenu si passionnément amoureux de la statue qu'il a créée qu'elle finit par s'animer sous ses doigts et devenir une femme vivante :

> Et, quant à ces passions vitieuses et furieuses qui ont eschauffé quelque fois les peres à l'amour de leurs filles, ou les meres envers leurs fils, encore s'en trouve il de pareilles en cette autre sorte de parenté; tesmoigne ce que l'on recite de Pygmalion, qui, ayant basty une statue de femme de beauté singuliere, il devint si éperduement espris de l'amour forcené de ce sien ouvrage, qu'il falut qu'en faveur de sa rage les dieux la luy vivifiassent.
>
>> *Tentatum mollescit ebur, positoque rigore*
>> *Subsedit digitis.*
>
> (383*a*.)

[A ce contact, l'ivoire s'attendrit; il perd sa dureté; il fléchit sous les doigts... (*Mét.*, X, 283-284.)]

Pourquoi commencer la lecture de l'essai par cette image finale de la statue qui s'humanise ? Montaigne lui-même semble nous y inviter lorsque, ayant relu son texte au moins trois fois, il décide d'ajouter une autre allusion à Pygmalion et de la placer, cette fois, au début de son essai. Sur l'exemplaire de Bordeaux (autrement dit sous *c*) on lit, en effet, l'ajout suivant :

> Et tout ouvrier [aime] mieux son ouvrage qu'il n'en seroit aimé, si l'ouvrage avoit du *sentiment*. (366*c*.)

Dans le contexte de l'amour des parents pour leurs enfants, la mention du *sentiment* (au sens de « capacité de sentir ») joue le rôle de prolepse par rapport à la métamorphose finale. L'intense passion de l'ouvrier pour son ouvrage annonce le mythe ovidien, tout en attirant l'attention sur le parallèle qui s'esquisse entre Montaigne et Pygmalion. Dès les premières lignes du chapitre, Montaigne avait parlé de son livre avec une désinvolture habituelle : « sotte entreprise, dessein extravagant, [que] cette resverie [= folie] de me mesler d'escrire » (364a). Il nous avait avoué qu' « à un subject si vain et si vile [= « m'y pourtraire au vif »] le meilleur ouvrier du monde n'eust sçeu donner façon qui merite qu'on en face conte » (ibid.). Or, à la relecture, cet ouvrier, en principe si incompétent, ne peut s'empêcher de devenir amoureux de son ouvrage, si « sotte » qu'en soit l' « entreprise ». Et Montaigne ajoute même, avec fierté : « c'est le seul livre au monde de son espece » (364c) (sous-entendu : il est bien digne d'être aimé).

Certes la présence ovidienne n'a rien d'étonnant en soi; et l'importance du mythe de Pygmalion a déjà été notée dans le contexte général des *Essais*[1]. Pour le critique littéraire qui cherche à définir la poétique du genre, l'intérêt principal de l'essai (II, 8) tient au parallèle qui s'élabore entre les engendrements corporel et spirituel, avec une insistance de plus en plus explicite sur la progéniture propre de Montaigne : son livre d'*Essais*. A l'origine, dans la première version, nous avions simplement une liste d' « exemples » destinés à montrer la variété des engendrements de l'esprit. Labienus, Greuntius Cordus, Lucain, Epicure, Augustin, Virgile, Epaminondas, Alexandre, César ou Phidias ont tous fait preuve, durant leur vie, de l'intense émotion qui accompagne « cette autre sorte de parenté » (383a), la parenté spirituelle. Plus tard, dans la seconde version du texte, Montaigne fait part de ses réflexions sur sa propre pater-

---

1. Voir, par exemple, A. Compagnon, *Nous Michel de Montaigne*, Seuil, 1980; R. L. Regosin, *op. cit.*, pp. 153-156; et surtout Mary B. McKinley, *Words in a Corner. Studies in Montaigne's Latin Quotations*, Lexington, French Forum, 1981, chap. 1 : « Ovid : Text and Context », pp. 16-36.

nité, dont il reconnaît le caractère double, non sans
hésitation :

Et je ne sçay si je n'aimerois pas mieux beaucoup en avoir
produict ung [enfant], parfaictement bien formé, de l'acointance des muses, que de l'acointance de ma femme. (383*b*.)

Finalement, dans la dernière couche de texte, alors que
Montaigne est devenu beaucoup plus conscient de l'importance de son œuvre pour le monde de ses lecteurs,
nous assistons à une sorte de méditation libre sur les
rapports intimes qu'il a pu tisser avec ce fils unique dans
l'ordre littéraire :

A cettuy cy, tel qu'il est, ce que je donne, je le donne
purement et irrevocablement, comme on donne aux enfans
corporels; ce peu de bien que je luy ay faict, il n'est plus en
ma disposition; il peut sçavoir assez de choses que je ne
sçay plus, et tenir de moy ce que je n'ay point retenu et qu'il
faudroit que, tout ainsi qu'un estranger, j'empruntasse de luy,
si besoin m'en venoit. Il est plus riche que moy, si je suis
plus sage que luy. (383*c*.)

La place occupée par ces différents ajouts est également
d'une importance capitale pour comprendre la conception
que Montaigne se faisait de lui-même en tant qu'écrivain. Ainsi, les couches *b* et *c* se trouvent insérées entre
des références à saint Augustin et à Virgile. Si Augustin,
demande Montaigne, avait eu le choix entre enterrer
ses écrits et enterrer ses enfants, n'aurait-il pas préféré
enterrer ses propres enfants (382-383*a*) ? Et Virgile
n'aurait-il pas plus aisément souffert la perte de son
plus bel enfant que la perte de l'*Enéide* (383*a*) ? Ici le
saint et le poète se rejoignent pour attester, selon Montaigne, la supériorité des productions de l'esprit sur
celles du corps. Les passions les plus fortes de la vie
seraient alors à trouver du côté de la littérature et
non de la vie — et le christianisme n'a rien changé au
paganisme sur ce point. Montaigne, lui, n'est ni un
saint ni un poète. Cependant, il peut comprendre plei-

nement, grâce à son expérience d'écrivain, à quelle passion intense conduit l'amour pour sa propre œuvre d'art :

Car ce que nous engendrons par l'ame, les enfantemens de nostre esprit, de nostre courage et suffisance, sont produicts par une plus noble partie que la corporelle, et sont plus nostres; nous sommes pere et mere ensemble en cette generation. (380a.)

Dans le dernier « alongeail » de l'essai, Montaigne, revenant encore une fois sur l'épisode de Pygmalion, citera Aristote en l'approuvant à propos de l'intensité des passions artistiques. Et l'on ne peut s'empêcher d'appliquer cette remarque finale aux propres *Essais* de Montaigne :

Car, selon Aristote, de tous les ouvriers, le poëte nomméement est le plus amoureux de son ouvrage. (383c.)

Ainsi, en disposant avec soin tout un ensemble de citations bien choisies sur la puissance des sentiments du créateur pour sa création, Montaigne nous a insensiblement conduits à accepter le mythe de Pygmalion comme un fait de l'existence : si extravagante que soit cette histoire, elle sert de parabole à une expérience largement partagée et que Montaigne connaît mieux que quiconque. La force de l'allusion ovidienne, en cette fin d'essai, vient donc du fait que sa fiction est plus vraie, plus réelle que la réalité. En produisant de grandes œuvres, l'artiste est à la fois père et mère de son propre enfant. Et les dieux sont toujours tentés de donner la vie à la statue lorsqu'elle prend forme sous la pression des doigts de l'artiste. Le paradoxe veut que Montaigne termine son éloge de l'engendrement artistique par un hymne à la vie. Le dernier mot du chapitre marque emphatiquement le triomphe de la vie sur l'art : « vivifiassent ». Le naturel de l'art deviendra bientôt le thème principal du chapitre « Sur des vers de Virgile » (III, 5). La puissance et la valeur de l'amour y apparaîtront plus vivantes et plus animées dans la peinture mythologique du poète que dans la réalité :

Venus n'est pas si belle toute nue, et vive, et haletante, comme elle est icy chez Virgile. (826*b*.)

Dans les vers d'Ovide aussi — du moins dans l'épisode de Pygmalion —, la poésie représente une humeur indéfinissable, plus aimable que l'amour, plus vivante que la vie même (« je ne sçay quel air plus amoureux que l'amour mesme », 826*b*). Et Montaigne laisse entendre qu'il aimerait émuler les deux poètes latins en reproduisant une humeur poétique assez semblable. Dans une addition tardive au même chapitre (III, 5), il n'hésitera pas à mettre l'accent sur le pouvoir mimétique singulier de son écriture :

Me represente-je pas *vivement* ? suffit ! J'ay faict ce que j'ay voulu : tout le monde me reconnoit en mon livre, et mon livre en moy. (853*c*.)

Cependant, dès la première édition des *Essais*, le lecteur a le sentiment très net que l'épisode de Pygmalion fonctionne comme éloge indirect des capacités mimétiques de l'écriture montaignienne. Le sculpteur mythique avait commencé par imiter la nature (ou, comme dit Montaigne, par l' « artialiser ») : il avait créé la statue d'une femme d'une étonnante beauté. Puis les dieux sont venus lui « naturaliser son art » en donnant la vie à sa statue. L'amour qu'éprouve Pygmalion pour son propre ouvrage a beau passer pour une attraction incestueuse (« passion vitieuse et furieuse », 383*a*), il peut néanmoins servir de modèle à l'entreprise de Montaigne cherchant à reproduire sa propre vie à travers son art d'écrire. L'inceste a désormais atteint son paroxysme d'intensité puisque le sculpteur et la statue sont devenus une seule et même personne. Dans un ajout tardif au chapitre sur Virgile, Montaigne fera ressortir la différence essentielle qui le sépare, lui dont le sujet trouve la vie dans un *art sans art*, des autres artistes qui chargent et maquillent leur sujet sans pouvoir lui donner la vie :

Si j'estois du mestier, je naturaliserois l'art autant comme ils artialisent la nature. (852c.)

De toute évidence les « autres artistes » ne jouissent pas et ne pourront jamais jouir du privilège que les dieux ont accordé à Pygmalion et que Montaigne n'hésite pas, à mots couverts, à s'attribuer à lui-même.

Or, pour célébrer la vie à travers l'art, Montaigne a besoin du texte médiateur des *Métamorphoses* d'Ovide. Le paradoxe veut que l'œuvre d'art de l'essayiste ait besoin d'une autre œuvre d'art pour affirmer la primauté de la vie sur l'art. Le lecteur — ou, plutôt, la lectrice car le chapitre est dédié à Mme d'Estissac — se trouve comme enfermé(e) dans un cercle sémiotique d'où le référent serait éliminé. Et l'on peut se demander ce qu'il advient de la fameuse véracité de l'autoportrait sur laquelle Montaigne revient avec tant d'insistance. Si la fiction des *Métamorphoses* doit s'interposer pour justifier les fondements mêmes de la *mimesis* des *Essais*, alors la tentative qui consiste à donner une représentation fiable du réel est condamnée à rester un vœu pieux. Ecrire sur soi peut-il être autre chose qu'un « effet de texte », un jeu de miroir entre Ovide et Montaigne ? A ce compte, la vie se déplacerait toujours plus loin à travers une série équivoque de signes, à l'image (mais à l'image seulement) de la vie[1].

Il faut remarquer que Montaigne ne choisit de citer qu'un vers et demi du chef-d'œuvre d'Ovide :

> *Tentatum mollescit ebur, positoque rigore*
> *Subsedit digitis.*
>
> (*Mét.*, X, vv. 283-284.)

« L'ivoire de la statue perd sa dureté et s'adoucit sous la pression des doigts de l'artiste. » Il s'agit, bien sûr, du moment capital de la métamorphose : le *passage* de la pierre

---

1. Au sujet du problème de la représentation chez Montaigne, voir *infra* et Gérard Defaux, Rhétorique et représentation dans les *Essais* : de la peinture de l'autre à la peinture du moi, *Rhétorique de Montaigne, Bulletin de la Société des Amis de Montaigne*, 7ᵉ série, 1-2, 1985, pp. 21-48.

à la vie. On ne sera pas surpris du choix de Montaigne. Lui qui répète : « Je ne puis asseurer mon objet »; lui qui voit dans la constance même « un branle plus languissant »; lui qui a donc de l'univers une vision traversée par la mouvance et l'instabilité perpétuelles : il est fasciné par la métamorphose comme principe de vie. Ce n'est donc pas l'*être* de Pygmalion qu'il décide de citer mais le *passage* de la statue à la vie. On aura bientôt la formule : « Je ne peints pas l'*estre*. Je peints le *passage*. » (III, 2, 782*b*.)

Cependant ce passage de l'état inanimé à l'état animé, si caractéristique de la poétique des *Essais*, n'est possible que s'il s'accompagne d'une intense passion, une « fureur » qui va au-delà des bornes de la raison. Le mot clé du titre de l'essai est le mot « affection » et, bien qu'il soit employé dans le contexte de l'amour des parents pour leurs enfants, il n'est pas sans évoquer aussi, tout naturellement, la plus grande affection qu'eut Montaigne dans sa vie, celle qu'il éprouva pour son ami, Etienne de La Boétie. C'est sur la place qu'occupe le souvenir de cet ami dans la structure de l'essai que nous concentrerons maintenant notre attention parce qu'elle nous aidera peut-être à éclairer la poétique des *Essais*.

Dans l'analyse qu'il propose du chapitre (II, 8), « De l'Affection des peres aux enfans », l'historien passera volontiers sous silence le passage consacré à la mémoire de l'ami disparu — à moins qu'il ne soit biographe, auquel cas il incorporera ce détail dans la reconstitution des rapports entre Montaigne et La Boétie. En revanche, pour le critique qui tente de saisir le sens du chapitre tout entier et la poétique qui le sous-tend, ce passage pourra être de la plus grande importance. Citons les quelques lignes les plus révélatrices sur cette « extreme amitié » dans l'édition de 1595 :

Comme je sçay par une trop certaine experience, il n'est aucune si douce consolation en la perte de nos amis que celle que nous aporte la science de n'avoir rien oublié à leur dire, et d'avoir eu avec eux une parfaite et entiere communication. *O mon amy !* En vaux-je mieux d'en avoir le goust ou si j'en vaux moins ? J'en vaux certes bien mieux. Son regret me console et m'honore. Est-ce pas un pieux et plaisant office de ma vie, d'en faire à tout jamais les obsèques ? Est-il jouyssance qui vaille cette privation ? (376*a* et *c*, note 2.)

Le fait que cette « affection » occupe une place essentielle dans la structure de l'essai est souligné de plusieurs façons. Tout d'abord, Montaigne parle de cette amitié unique comme d' « une trop certaine experience » qu'il qualifie hyperboliquement de « parfaite et entiere communication ». Dans le monde incertain de l'être « ondoyant et divers » il y a au moins une certitude : celle d'avoir vécu le seul moment de plénitude que l'esprit puisse encore garder. Ensuite, ce souvenir, mémorable entre tous, se trouve placé au milieu même du chapitre, renforçant ainsi textuellement la centralité de l'expérience passée. Dans l'essai « De l'Amitié » (I, 28), Montaigne s'était comparé à un peintre qui « choisit le plus bel endroit et *milieu* de chaque paroy pour y loger un *tableau élabouré* » (I, 28, 181*a*). Dans le cas de la composition des *Essais*, c'était à La Boétie que Montaigne avait emprunté ce tableau central, nous disant qu'il n'était capable, lui Montaigne, que de remplir « le vuide tout autour » de ses propres « crotesques » :

Que sont-ce icy aussi, à la verité, que *crotesques* et corps monstrueux, rappiecez de divers membres, mais sans certaine figure, n'ayants ordre, suite ny proportion que fortuite ? (181*a*.)

Autrement dit, de même que l'œuvre de La Boétie devait occuper une place de choix, au centre des *Essais* (le chapitre 29, qui devait recevoir cette œuvre, était bien le chapitre du *milieu* dans un livre qui en comprenait 57), de même le passage de l'essai (II, 8) qui rappelle la plus grande « affection » de Montaigne devait se trouver placé au centre d'un chapitre précisément consacré à l'affection du « géniteur » pour sa « géniture »[1].

En outre, l'importance donnée par Montaigne à ce passage sur l'amitié nous est signalée indirectement encore par le soin tout particulier avec lequel l'auteur a retravaillé la formulation du souvenir et en a révisé l'emplacement dans le texte. Contrairement à ce qu'il nous dit ailleurs (« J'adjouste, mais je ne corrige pas », 941*b*), le passage sur La Boétie a fait l'objet de multiples corrections : additions, soustractions et transpositions en ont fait l'un des plus compliqués de toute l'histoire du texte des *Essais*. Ainsi, deux fragments principaux qui avaient été ajoutés sur l'exemplaire de Bordeaux se trouvent ensuite rayés de la main de Montaigne; mais ils réapparaissent dans l'édition de 1595 préparée par Marie de Gournay après la mort de l'essayiste. L'une des phrases barrées par Montaigne semble assez révélatrice des motifs qui ont pu le pousser à nous faire part, ici, tout en la rayant ensuite, de la grande passion de sa vie :

Est-ce pas un pieux et plaisant office de ma vie, d'en faire à tout jamais les obsèques ? Est-il *jouyssance* qui vaille cette privation ? (Note 2, p. 376.)

Ecrire les *Essais* c'est, en un sens, pour Montaigne célébrer les obsèques de La Boétie pour l'éternité. Cependant cette pieuse commémoration amicale pouvait-elle se perpétuer sans changement à partir du moment où Montaigne se reconnaissait et se faisait reconnaître comme l'auteur des *Essais* ? Pouvait-elle rester au centre de la paroi, occupant « le plus bel endroit » lorsque l'affection de Montaigne changeait d'objet et se reportait sur son

1. L'histoire du texte est ici curieuse. Montaigne devait changer deux fois d'avis au sujet de la publication des œuvres de La Boétie dans les *Essais*. D'abord il avait résolu d'insérer la *Servitude volontaire*, discours controversé contre la tyrannie. Il remplacera ensuite cet ouvrage par le texte de 29 sonnets d'amour composés par son ami. Enfin, sur son propre exemplaire de l'édition de 1588, il finit par barrer tous les sonnets pour simplement écrire : « Ces vers se voient ailleurs. » (I, 29, 194*c*.)

propre livre. Désormais, la question : « Est-il *jouyssance* qui vaille cette privation ? » n'avait plus de réponse négative. L'écriture des *Essais*, c'est-à-dire l'enfantement selon l'esprit, valait bien la perte de l'ami le plus cher. Mais Montaigne ne pouvait sans doute pas s'avouer cette vérité à lui-même; il préférait raturer la question, ou plutôt la « *mettre* sous rature »[1].

Dans le même chapitre (II, 8), Montaigne se plaît à ménager un contraste entre sa propre attitude et celle de Montluc qui, lui, affichait toujours un visage inflexible et refusait de montrer à son fils ses véritables sentiments (375-376). Montaigne, en revanche, entend maintenant tout révéler à ce nouveau fils qu'est son livre : avec lui, comme avec l'ancien ami, il pourra entretenir une « parfaite et entiere communication » (376). C'est là que se trouve portée à l'extrême l'affection sans inhibition qu'un père peut porter à son fils. En un sens, Montaigne est à Montluc ce que l'enfant spirituel est à l'enfant naturel et ce que l'affection pour le livre vivant est à l'affection pour l'ami défunt.

Le chapitre (II, 8), « De l'Affection... », rappelle donc (et pas seulement par le texte) le chapitre (I, 28), « De l'Amitié ». La numérotation, même si l'on ne doit pas y accorder une trop grande importance, souligne la similarité entre les deux essais : (II, 8) est une autre façon d'écrire (28). Mais, en même temps, l' « Affection » opère un déplacement métonymique de l' « Amitié », l'essai sur l'amitié faisant place à une amitié pour les *Essais*. La fameuse formule, d'ailleurs tardive, sur l'explication d'un tel sentiment prend un nouveau sens dans le nouveau contexte de l'amour qu'éprouve l'artiste pour son œuvre :

(a) Si on me presse de dire pourquoy je l'aymois, je sens que cela ne se peut exprimer, *(c)* qu'en respondant : « Par ce que c'estoit luy; par ce que c'estoit moy. » (186-187.)

---

1. Nous verrons, *infra*, ce que peut impliquer cette « mise sous rature » pour la naissance du nouveau genre de l'essai.

Rien ne vaut un ami en vie, et jamais tout ce que l'on peut écrire à son sujet ne le remplacera. Cependant il suffit de découvrir que le livre ainsi produit peut devenir l'objet de la plus intense affection pour que l'on change de perspective et que l'on réinvente ses priorités affectives. Dans un *alongeail* tardif, à la fin de l'essai II, 8, Montaigne écrit :

A cettuy-cy (= mon livre), tel qu'il est, ce que je donne, je le donne purement et irrevocablement, comme on donne aux enfans corporels. [...] Il est plus riche que moy, si je suis plus sage que luy. (383*c*.)

En somme, l'auteur des *Essais* s'avoue non moins heureux que Pygmalion puisqu'il a donné vie à une œuvre qui est, métaphoriquement, un autre lui-même : « livre consubstantiel à son autheur » (II, 18, 648*c*).

Il convient de noter que, dans cet essai (II, 8), Montaigne fait mention d'un de ses réels enfants, Léonore, la seule fille qui ait échappé à la mort infantile. Son nom apparaît sur l'exemplaire de Bordeaux en surcharge du texte de 1588 :

(b) J'accuse toute violence en l'education d'une ame tendre. [...] On m'a ainsi eslevé. [...] J'ay deu la pareille aux enfans que j'ay eu; ils me meurent tous en nourrisse; mais *(c)* Leonor, *(b)* une seule fille qui est eschappée à cette infortune, a attaint six ans et plus sans qu'on ait emploié à sa conduicte et pour le chastiement de ses fautes pueriles, l'indulgence de sa mere s'y appliquant ayséement, autre chose que parolles, et bien douces. (369[1].)

Or ce n'est pas Léonore, l'enfant légitime, mais Marie de Gournay, la « fille d'alliance » de Montaigne, qui héritera du patrimoine le plus cher : l'exemplaire final des *Essais*. Elle seule aura en sa possession les dernières volontés du Père. Et c'est avec dévotion qu'elle prépa-

---

1. Nous avons corrigé le texte de l'édition de la Pléiade, qui ignore ce. alongeail, d'après l'exemplaire de Bordeaux.

rera l'édition posthume du livre, publiée en 1595[1]. Ce nouveau déplacement (de la fille selon le corps à la fille selon l'esprit) serait le corrélat nécessaire à l'autre déplacement constitutif des *Essais* (de l'ami défunt au livre de vie). Marie de Gournay qui, depuis 1588, avait été une fidèle correspondante aura pour mission de « mettre au monde » l'enfant spirituel de Montaigne et de le livrer à son ultime destination. Comme les dieux, dans le mythe de Pygmalion, elle finira par donner la vie au chef-d'œuvre tant aimé de l'artiste, après sa mort[2].

Certes, l'historien et le poéticien s'accorderont à reconnaître l'importance des « questions d'héritage » qu'évoque Montaigne, à plusieurs reprises, dans ses *Essais*. Mais c'est la transposition des problèmes légaux de succession au niveau métaphorique de la création littéraire qui retiendra surtout l'attention du critique. A la lumière des théories avancées par les humanistes de la Renaissance, l'obsession de Montaigne pour les questions d'héritage pourra se lire comme une réponse au problème, beaucoup plus vaste, de la transmission du savoir et de la sagesse antiques. Les humanistes étaient hantés par la tradition gréco-romaine qu'ils jugeaient exemplaire et dont ils respectaient l'autorité. Mais, en même temps, il leur fallait trouver leur place « originale » et affirmer leur indépendance vis-à-vis de cette plénitude de vérité intemporelle dont l'Antiquité semblait détenir le privilège[3].

1. Il se peut même, comme l'indique David Maskell, que cette édition soit finalement plus fidèle aux dernières pensées de Montaigne que l'exemplaire de Bordeaux. Cf. Quel est le dernier état authentique des *Essais* de Montaigne ?, *Bibliothèque d'Humanisme et Renaissance*, XL, 1978, pp. 85-103.
2. Pour une vue plus pessimiste de la progéniture spirituelle de Montaigne, voir Lawrence D. Kritzman, Pedagogical graffiti and the rhetoric of conceit, *Journal of Medieval and Renaissance Studies*, XV, 1, printemps 1985, pp. 69-83. La semence de la signification du livre-enfant serait « répandue en vain » (p. 72).
3. Voir, à ce sujet, Thomas M. Greene, *The Light in Troy : Imitation and Discovery in Renaissance Poetry*, New Haven, Yale University Press,

Montaigne n'échappe pas à cette problématique de l'*imitation* et, là encore, le souvenir de La Boétie est intimement lié à la question de l'héritage littéraire qui donne forme et sens aux *Essais*. Comme nous le verrons bientôt, c'est sur son lit de mort que La Boétie léguera à Montaigne la totalité de ses livres anciens (« moy qu'il laissa, d'une si amoureuse recommandation, la mort entre les dents, par son testament, heritier de sa bibliothèque... », 182*c*). La scène est de toute première importance et nous y reviendrons parce qu'elle constitue véritablement l'acte de naissance des *Essais*[1]. Pour employer le jargon légal du XVIᵉ siècle que connaissait bien Montaigne, nous avons là une « donation entre vifs »; et cette donation est inaugurale pour l'œuvre qui s'annonce parce qu'elle procède d'un grand élan d'amour, d'une « affection » modèle dont devrait s'inspirer tout père dans ses rapports avec son fils.

Ainsi, dans l'écheveau complexe du texte des *Essais*, la « donation » obéira aux lois du « signifiant flottant ». Elle ne sera exclusivement ni celle que repère l'historien du droit ni celle que retient l'historien de la littérature. La donation de La Boétie à Montaigne, celle des Anciens aux Modernes, celle de Montaigne à son livre sont inextricablement mêlées. Et ce qui les rassemble, c'est cette « affection » intense que propose si fébrilement, en fin d'essai, le mythe ovidien de l'art devenu vie.

On nous objectera peut-être que Montaigne ne semble pas avoir connu la « passion vitieuse et furieuse », pour tout dire incestueuse, que connut Pygmalion pour sa propre œuvre d'art. Ne nous dit-il pas que sa décision d'écrire est une « sotte entreprise » (364) ? et son livre ne menace-t-il pas d'être « un enfant contrefaict et mal

1982; David Quint, *Origin and Originality in Renaissance Literature*, *ibid.*, 1983, pp. 24-31, et la thèse de Timothy Hampton sur l'exemplarité à la Renaissance : *Writing from History. The Rhetoric of Exemplarity in Tasso, Montaigne and Cervantes*, Princeton, 1986.
1. Voir *infra*, chap. 3.

nay », « un livre sot et inepte » (382) ? Le sujet qu'il a choisi de traiter (l'autoportrait) est si vain que le meilleur ouvrier, Pygmalion lui-même, échouerait à le rendre attrayant.

Cependant, malgré « cette bizarrerie » de l'œuvre, lucidement reconnue comme telle, Montaigne n'hésite pas à dire, avec fierté, son « affection paternelle » devant « cette sienne si chere geniture » (382). Et ce n'est pas la première fois, d'ailleurs, qu'il le dit. Rappelons le début du chapitre « De l'Institution des enfans », dédié, lui aussi, à une femme et à une mère :

> *A Madame Diane de Foix, Comtesse de Gurson.*
>
> Je ne vis jamais pere, pour teigneux ou bossé que fut son fils, qui laissast de l'avouer. Non pourtant, s'il n'est du tout enyvré de cet'*affection*, qu'il ne s'aperçoive de sa defaillance; mais tant y a qu'il est sien. Aussi moy, je voy, mieux que tout autre, que ce ne sont icy que resveries... (144*a*.)

De toute évidence, le début des chapitres (I, 26) et (II, 8) entretiennent des rapports étroits. Ce qui compte, ce n'est pas la beauté : c'est l' « affection », l'amour que l'on a pour son œuvre, « œuvre de chair » ou « œuvre d'esprit », qu'elle soit une splendide réussite, comme l'*Enéide* de Virgile ou l'*Apollon* de Phidias, ou qu'elle soit une *resverie*, c'est-à-dire une vaine chimère, le songe d'un malade, témoin d'un désarroi intérieur[1].

Pour conclure ce chapitre (mais peut-on jamais conclure avec Montaigne ?), disons que les *Essais* se prêtent à des lectures répétées et multiples, et que si l'historien et le poéticien lisent le même texte pour y trouver des sens différents c'est que ce texte est écrit par cet homme-Protée, « merveilleusement divers et ondoyant » (13*a*). Erasme, dont les *Adages* sont à bien des égards des

---

1. Comme nous l'avons dit dans l'Introduction, Robert J. Morrissey a étudié la notion de « rêverie » chez Montaigne, en soulignant en particulier ses rapports étroits avec la forme ouverte de l'essai (*La Rêverie jusqu'à Rousseau*, Lexington, French Forum, 1984, pp. 36-43).

« *Essais* avant la lettre »[1], avait une formule à ce sujet : *Proteo mutabilior*, plus changeant que le plus changeant des dieux, Protée lui-même[2]. Et nous voilà revenus à cet univers mythique des *Métamorphoses* auquel Montaigne s'est tant plu dans sa jeunesse et dont la poétique des *Essais* semble conserver la trace, souvent reléguée à l'arrière-plan du texte, comme une force latente qui continue à fasciner.

1. L'expression est de Pierre Villey et elle a été commentée par P. Schon, *Vorformen des « Essais » in Antike und Humanismus*, Wiesbaden, 1954, pp. 83 sq.
2. *Adages*, II, 2, 74. Cf. notre *Texte de la Renaissance*, Genève, Droz, 1982, « Métamorphose et métaphore », pp. 187 sq.

2

Mouvance de la Politique :
le « discours » et l' « essai »

On peut faire le sot par tout ailleurs,
mais non en Poësie.

(II, 17, 618*a*.)

Il peut paraître relativement aisé de caractériser *a priori* l'attitude de Montaigne devant les guerres fratricides qui devaient ensanglanter la France à partir de 1560. Face aux « troubles » politiques et religieux de son temps, l'auteur des *Essais* devait sortir de sa réserve pour se prononcer ouvertement, réaffirmant son loyalisme envers le Prince et condamnant les désordres consécutifs aux « nouvelletés » des Réformés. Pour lui, la religion catholique apostolique et romaine était liée indissolublement aux valeurs ancestrales et à l'ordre monarchique, et il lui semblait impensable qu'il en fût autrement. Prétendre le contraire aurait, en fait, laissé penser que la société française était en marche vers une inéluctable destruction[1].

Est-ce à dire qu'on puisse parler de l'attitude « conservatrice » de Montaigne en matière de politique et de religion ? Sans doute entretenait-il, comme bon nombre de ses contemporains, la ferme conviction que l'unité

---

1. En cela Montaigne rejoint Ronsard, comme le montre Frieda S. Brown dans son article, Interrelations between the Political Ideas of Ronsard and Montaigne, *Romanic Review*, 56, 4 déc. 1965, pp. 241-247. Cependant nous verrons combien les deux écrivains diffèrent lorsque l'on prend en considération l'indice poétique de leur politique.

religieuse était une composante essentielle de l'unité politique parce que l'Eglise catholique et la monarchie française formaient un tout indivisible. Les signes de la désagrégation sociale étaient trop évidents pour qu'un homme pétri d'humanisme ne mît pas en garde ses lecteurs contre un malaise croissant qui devait conduire à la « ruine universelle de la chose publique ». Cependant on ne saurait reconstituer l'univers mental de Montaigne, à partir d'une lecture des *Essais*, sans prendre en considération les caractéristiques du genre littéraire où s'exprime cet univers. Comme le disait Jean Plattard à propos de Rabelais, il faut se demander, en effet, dans quelle mesure la forme littéraire n'a pas modifié la pensée de l'auteur ou, comme le dit encore Marshall McLuhan, dans quelle mesure le *medium* n'est pas devenu le véritable message qu'il devait exprimer[1].

Afin de mieux faire ressortir le problème qui nous occupe ici, nous opérerons par comparaison, interrogeant un illustre contemporain qui s'est lui aussi engagé « dans la mêlée » et du même côté que Montaigne, mais en écrivant une œuvre en tous points différente : Pierre de Ronsard et ses fameux *Discours des misères de ce temps*[2]. Cette analyse comparative nous permettra, en particulier, de mettre en évidence les « indices poétiques » qui redistribuent le sens politique de chaque œuvre. Dès lors, on ne pourra plus parler de l'« engagement » de Montaigne ou de sa « tolérance » sans les juger par rapport à l'intentionnalité du genre littéraire où ces notions apparaissent : *Discours* ou *Essais*. Autrement dit, il s'agira d'examiner dans quelle mesure la « poétique » colore la « politique » : comment, par exemple, le choix d'un genre littéraire, d'un mode rhétorique ou d'une

---

1. Cf. J. Plattard, *L'Œuvre de Rabelais*, Paris, Champion, 1910, p. XII. On connaît la fameuse formule de McLuhan : « the medium is the message ».
2. L'expression « un poète dans la mêlée » est de Michel Dassonville (*Ronsard. Etude historique et littéraire*, IV : *Grandeurs et servitudes*, Genève, Droz, 1985, chap. IV, p. 109).

forme poétique conditionne l'expression de cette *crise* unanimement ressentie comme cruciale à partir de 1560.

Disons tout d'abord que Ronsard voit essentiellement en termes « rhétoriques » et « esthétiques » ce que Montaigne voit essentiellement en termes « sémiotiques ». Expliquons-nous. Qu'il s'agisse du *Premier Discours* (mai 1562), de sa *Continuation* (août 1562), de la *Remonstrance* (décembre 1526) ou de la *Responce* (1563), l'objectif principal de Ronsard reste d'emprunter à l'Antiquité classique les moyens d'expression qui lui assureront la réussite littéraire et la célébrité. Devant les « troubles » de son temps, s'il doit s'essayer à la verve satirique, il devra prendre pour modèles les « exemplaires » latins et choisir entre Horace et Juvénal. Il lui faudra *mimer* l'indignation à l'ancienne. Que celle-ci soit sincère ou non, peu importe à vrai dire, pourvu qu'elle lui dicte des vers qui resteront à jamais dans toutes les mémoires françaises. Les « troubles » seront donc l'occasion rêvée de faire entendre la grande Voix de la Réprobation et de mettre en œuvre les procédés classiques d'une rhétorique appropriée : admonester, attaquer, avertir, blâmer, menacer, moquer, proposer, supplier. Les buts traditionnels de l'éloquence sont connus : *docere, movere, delectare*.

Etienne Pasquier ne s'y était pas trompé lui qui, louant « la mémoire du grand Ronsard », voyait surtout dans la poésie militante des *Discours* « un moyen de diversifier son style »; et il concluait :

Certes il [Ronsard] eut interest de faire ce coup d'essay, parce que les vers que l'on escrivit contre luy esguisèrent et sa colere et son esprit de cette façon [...] qu'il n'y a *rien de si beau* en tous ses œuvres que les responses qu'il leur fit, soit à repousser leurs injures, soit à haut louer l'honneur de Dieu et de son Eglise[1].

Et dans son *Oraison funèbre* de Ronsard (1586) Jacques Davy du Perron insistera surtout sur « toute l'elegance

---

1. *Recherches de la France*. Passage cité par Y. Bellenger dans son édition des *Discours* de Ronsard, Garnier-Flammarion, p. 15.

et toute la douceur des lettres » cultivées par Ronsard dans sa poésie engagée. C'est moins le caractère militant des *Discours* qui intéresse le futur cardinal (peut-être parce qu'il était lui-même ancien huguenot) que leurs ressources rhétoriques — cette « science profane » que Ronsard a su déployer pour « la defence et pour la propugnation de l'Eglise »[1].

En fait, même Agrippa d'Aubigné, héraut des Réformés et donc tout naturellement situé dans le camp adverse, aura pour Ronsard, son prédécesseur, ce que Claude-Gilbert Dubois a appelé une « déférence hyperbolisée »[2]. Paradoxalement on le voit convier ses lecteurs « à lire et relire ce Poëte sur tous » :

« c'est luy qui a coupé le filet que la France avoit soubs la langue, peut estre d'un stile moins delicat que celuy d'aujour d'hui, mais avec des advantages ausquels je voy ceder tout ce qui escrit de ce temps... »[3].

Il y a d'ailleurs une certaine *distance* ménagée par Ronsard entre lui-même et son lecteur, qui ne fait que confirmer les préoccupations esthétisantes du poète. Contrairement à d'Aubigné qui entraîne son lecteur à la conversion par la force de son verbe, Ronsard se contente de présenter un tableau en laissant le spectateur juger du résultat, selon ses goûts. Il suffit, par exemple, de rapprocher, comme l'a fait Ullrich Langer tel passage des *Princes* (vv. 9-12) de tel autre de l'*Eloge à Des Masures* pour observer un style de rapports tout différents avec le public[4]. Ecoutons d'Aubigné :

Vous qui avez donné ce subject à ma plume,
Vous-mesmes qui avez porté sur mon enclume

1. Du Perron, *Oraison funèbre*, éd. M. Simonin, Genève, Droz, 1985, p. 89.
2. Imitation différentielle et poétique maniériste, *Revue de Littérature comparée*, 2, 1977, pp. 147-148.
3. *Lettres touchant quelques poincts de diverses sciences*, in *Œuvres*, éd. H. Weber, J. Bailbé et M. Soulié, Paris, Pléiade, 1969, p. 860.
4. U. Langer, *Rhétorique et Intersubjectivité. Les « Tragiques » d'Agrippa d'Aubigné*, Paris-Seattle-Tuebingen, Papers on French Seventeenth Century Literature, Biblio 17-6, 1983, pp. 81-82.

Ce foudre rougissant aceré de fureur,
Lisez-le : vous aurez horreur de vostre horreur.

(*Princes*, vv. 9-12.)

En revanche, Ronsard, si engagé qu'il soit, prend l'image du banquet, pour traiter ses lecteurs en convives dont on respectera les goûts. Rien n'est plus éloigné de son propos que de vouloir forcer l'adversaire à se convertir :

Je ne contraincts personne à mon vers poeticque,
Le lise qui voudra, l'achette qui voudra[1].

A la limite, on pourrait dire que les malheurs des guerres civiles n'entreront dans la poésie de Ronsard que s'ils peuvent se prêter aux intentions esthétiques du poète (cf. le « rien de si beau » de Pasquier). Totalement asservis à l'œuvre d'art où ils s'insèrent, ils n'ont pas véritablement d'existence propre : il leur faut « servir », c'est-à-dire être asservis au projet poétique dont Ronsard conçoit l'idée moins par esprit de combat que pour suivre l'exemple des grands modèles de l'Antiquité. Ainsi le « ton sauvage » de certaines pièces comme le *Chant triomphal pour jouer sur la lyre* (XV, 61-66) ou l'*Hydre desfaict* (XV, 377-387) tient moins aux convictions de l'homme Pierre de Ronsard — quelles qu'elles aient pu être — qu'aux obligations qui asservissent le poète traversé par une « fureur » toute poétique[2]. On a beaucoup ergoté sur les raisons qui ont pu pousser Ronsard à s'engager si ardemment dans la polémique : loyalisme du « poète royal » ? convictions religieuses ? opportunisme et intérêt personnel ? Marcel Raymond devait conclure : « la nécessité, nouant ensemble mille raisons, l'obligeait

1. *Elégie à Loys Des Masures*, X, p. 364, vv. 30-31. Cf. Langer, p. 81.
2. Frieda S. Brown parle de « savage tone » à propos de ces pièces (art. cit., p. 245) et en attribue la raison à la réaction violente de Ronsard contre les Huguenots. Il aurait prôné l'usage de la force pour exterminer les Protestants sur les champs de bataille de Jarnac et de Moncontour en 1569.

39

à parler ». Et le même critique remarquait à juste titre
« la sérénité tragique de la voix, qui tombe de haut, et
ne rappelle en rien celle du partisan aveuglé par la passion et la crainte »[1].

Cette « sérénité de la voix » se justifie par l'idée même
que se fait Ronsard de son rôle de Poète. Même dans
les passages les plus « engagés » de ses *Discours*, Ronsard
n'oublie jamais tout à fait qu'il doit servir avant tout la
poésie. Daniel Ménager a souligné dans son bel ouvrage
la distance que met consciemment le poète entre sa
Muse et les péripéties religieuses de son temps[2]. Cela est
surtout vrai dans la *Responce aux injures et calomnies* (1563)
où l'on ne manque aucune occasion de nous rappeler
la valeur d'exemplarité attachée au nom de Ronsard.
Qu'on en juge par l'assurance avec laquelle il proclame :

> Je suis maistre joueur de la Muse Française[3].

Et vers la fin de la *Responce.. aux... predicans*, de fameux
vers réaffirment la plénitude originelle du Poète des
poètes, sorte d'Homère de la tradition française et dont
tous les autres écrivains sont forcément tributaires.

> ... Car de ma plenitude
> Vous estes tous remplis : je suis seul vostre estude,
> Vous estes tous yssus de la grandeur de moy,
> Vous estes mes sujets, et je suis votre loy.
> *Vous estes mes ruisseaux, je suis vostre fonteine*
> Et plus vous m'espuisés, plus ma fertile veine
> Repoussant le sablon, jette une source d'eaux
> D'un *surjon* éternel *pour vous autres ruisseaux.*

> (Vv. 1035-1042.)

---

1. *L'Influence de Ronsard sur la poésie française*, Paris, Champion, 1927,
   t. I, p. 362.
2. D. Ménager, Le combat des *Discours*, in *Ronsard, le Roi, le Poète et les
   Hommes*, Genève, Droz, 1979, p. 253.
3. *Discours des misères de ce temps*, éd. Malcolm Smith, Genève, Droz,
   1979, « Responce... », p. 157, v. 40. Toutes nos références aux *Discours*
   de Ronsard se rapportent à cette édition.

Dans son étude sur l'Origine et l'Originalité dans la littérature de la Renaissance, David Quint a rapproché ces vers de ceux de l'*Ode à Michel de L'Hospital*, en notant un déplacement radical de signification. Alors que dans l'*Ode* la source de la poésie inspirée (« le vif surgeon per-ennel », v. 130) est située dans les profondeurs océaniques du Palais de Jupiter, dans la *Responce* c'est Ronsard lui-même qui se trouve être le « surgeon eternel » qui alimente la nouvelle poésie française. La « plénitude » divine de la source originelle s'est donc déplacée entre 1550 et 1563 : au point de coïncider avec la puissance générative d'un seul et unique poète des temps modernes : Ronsard[1].

C'est donc parce qu'il s'était formé cette image de lui-même que Ronsard devait entrer dans l'arène de la polémique religieuse. N'était-ce pas lui, à l'en croire, qui seul avait fait de la langue et de la poésie françaises les égales de celles des Grecs et des Romains ? Dans la même *Responce* il n'hésitait pas à l'affirmer :

> Adonques pour hausser ma langue maternelle,
> Indonté du labeur, je travaillé pour elle.
> Je fis des mots nouveaux, je r'appellay les vieux
> Si bien que son renom je poussay jusqu'aux cieux :
> Je fis d'autre façon que n'avoient les antiques,
> Vocables composés, et phrases poëtiques,
> Et mis la poësie en tel ordre qu'après,
> Le Français s'egalla aux Romains et aux Grecs.

> (Vv. 1019-1026.)

Usurpant à Du Bellay — mort dès 1560 — le titre de « Deffenseur » et d' « Illustrateur » de la langue française, Ronsard ne pouvait se taire. Il lui fallait parler, et parler

---

1. *Origin and Originality in Renaissance Literature : Versions of the Source*, New Haven, Yale University Press, 1983, pp. 24-30. Voir aussi sur ces questions l'article de Francis M. Higman, Ronsard's Political and Polemical Poetry, in *Ronsard the Poet*, éd. T. Cave, Londres, Methuen, 1973, pp. 241-285.

au nom de la France dont il voulait partager le destin jusqu'au bout. La politique était devenue la condition *sine qua non* de sa poétique.

Rien n'est plus éloigné, on s'en doute, de la position de Montaigne, lui toujours si empressé à dénigrer son œuvre et à en souligner les « ineptitudes ». On connaît les termes dépréciatifs qu'il aime à employer pour qualifier ses *Essais* : « fagotage » (736*a*), « fricassée » (1056*b*), « marqueterie mal jointe » (941*c*), etc. Dans le chapitre « Du Dementir » il marque sa prédilection pour un ouvrage intime et sans prétention :

> Je ne dresse pas icy une statue à planter au carrefour d'une ville, ou dans une Eglise, ou place publique [...]. C'est pour le coin d'une librairie, et pour en amuser un voisin, un parent, un amy, qui aura plaisir à me racointer et repratiquer en cett'image. (646-647*a*.)

C'est pourquoi nous avons pu parler ailleurs d'une poétique « marginale » des *Essais* par opposition aux prétentions centralisatrices qui s'observent dans l'œuvre de Ronsard. Montaigne refuse d'affronter de face les grands sujets qui le préoccupent; il préfère les aborder *de biais, obliquement* (1045*c*) en s'insinuant en eux, en les essayant, comme il le dit lui-même, avec prudence, « sondant le gué de bien loing » (I, 50). Telle est aussi son attitude devant les « troubles » de son temps[1].

Notons-le d'abord, les remarques de Montaigne au sujet des guerres civiles ne font pas l'objet d'une réflexion séparée; elles sont disséminées à travers les *Essais* sans projet systématique, sans engagement univoque. Pour Montaigne les choses ne sont jamais simples. S'il a pris parti dans le « brouillis » des querelles idéologiques du moment, s'il s'est déclaré en faveur de la légitimité monarchique en pleines guerres de religion, cela n'a pas été sans

---

1. Le Texte de l'essai : Montaigne en marge, in *Le Texte de la Renaissance*, Genève, Droz, 1982, pp. 221-252.

admirer les réelles vertus des Réformés et sans blâmer les écarts de certains Ligueurs.

Aux presens brouillis de cet estat, mon interest ne m'a fait mesconnoistre ny les qualitez louables en nos adversaires, ny celles qui sont reprochables en ceux que j'ay suivy. (989*b*.)

En homme de loi — en homme qui respecte et fait respecter la loi —, il a pour mission de s'en tenir aux principes fondamentaux de l'ordre et du droit. Par définition, les jurisconsultes sont conservateurs : ils veillent à maintenir la bonne ordonnance de la Cité. Cependant le « Maire » en Montaigne (en entendant par là l'officier public) ne saurait complètement ignorer l'homme privé, Michel, peintre du « passage » et amateur de « distinguo ». Dans un *alongeail* au passage déjà cité, Montaigne s'empresse de faire le départ entre sa position politique officielle (alignée sur celle du Roi) et les préférences qu'il peut avoir sur un plan strictement personnel :

Je me prens *fermement* au plus sain des partis, mais je n'affecte pas qu'on me remarque *specialement* ennemy des autres, et outre la raison generalle. (990*c*.)

Les deux adverbes *(fermement/specialement)* ne s'opposent pas l'un à l'autre. Ils entretiennent simplement entre eux une *tension* qui autorise une distinction entre des plans en apparence incompatibles. Si Montaigne refuse les généralisations totalitaires où l'homme public déterminerait l'homme privé, c'est pour rester au ras de l'expérience, en « ces temps calmiteus » où la « confusion » est grande et où il faut souvent accepter de vivre dans l'incertitude et la contradiction de peur de s'acheminer vers un mal moral encore plus grand. « Je ne sçay pas m'engager si profondement et si entier » (989*b*), avoue-t-il.

De là la nécessité d'une « conscience plurielle » qui suppose une conception de la médiation sans cesse tributaire de ce qui la nie. Et l'on retrouve, au niveau de l'expression de la pensée politique le jeu de forces antagonistes qui opposent le « jurisconsulte » à l' « honneste homme », l'admirateur de Guise à l'ami d'Henri de Navarre, l'engagé politique à l'apôtre de la tolérance :

J'accuse merveilleusement cette vitieuse forme d'opiner : « Il est de la Ligue, car il admire la grace de Monsieur de Guise. » « L'activité du Roy de Navarre l'estonne : il est Huguenot. » « Il treuve cecy à dire aux mœurs du Roy : il est seditieux en son cœur. » (990*c*.)

Il est bien certain qu'on ne pourrait trouver ce refus de la déduction généralisante et simpliste sous la plume d'un écrivain polémiste. Au Ronsard des *Discours* il faut des « séparations bien claires » (Montaigne le dit aussi en opposant Montaigne au maire de Bordeaux, III, 10, 989*b*) parce que le mode satirique s'accommode mal des distinctions subtiles. Ses qualités sont ailleurs. Par sa forme ouverte, au contraire, l'essai accueille volontiers les complexités de la pensée, elles-mêmes motivées par les sollicitations nuancées d'une conscience malheureuse. Dans le processus d'énonciation de l'essayiste, il y a toujours des opérations secondes (réserves, questions, objections) qui viennent se greffer sur la logique du discours. En cela, Montaigne suit son modèle exemplaire, Socrate, qui « va tousjours demandant et esmouvant la dispute, jamais l'arrestant, jamais satisfaisant, et dict n'avoir autre science que la science de s'opposer » (II, 12, 489*c*).

Si Ronsard s'oppose aux « predicans et ministres de Geneve », c'est toujours en espérant l'emporter dans un triomphalisme moqueur et conquérant. La Poésie, qu'il incarne et doit servir, est à ce prix. Sa fonction de « poëte royal » le lui ordonne. Il a pour mission de conduire les « troubles » à leur fin parce que le rôle du Poète, comme celui du Prince, est de calmer les révoltés, de rassurer les inquiets, et de faire croire aux contemporains qu'ils vont vers un Age d'Or de Justice et de Vérité dont l'Histoire mythique de la France et la profonde sérénité de la Nature offrent la garantie indubitable[1].

1. Cf. D. Ménager, *op. cit.*, p. 238.

Rien n'est plus étranger à l'esprit de Montaigne, qui refuse à chaque instant de trouver refuge dans les douces consolations de l'Utopie — dût-elle être même celle du « bel art Poëtique » (*Responce*, p. 147, v. 928). Dans sa *Responce aux Injures et Calomnies de Je ne sçay quels predicans et ministres de Geneve* (1563), Ronsard prenait un malin plaisir à défendre le primat de son *Art*, lieu de tous les plaisirs, sur la *Réalité* si peu « riante » des guerres civiles :

> Ny tes vers ny les miens oracles ne sont pas,
> *Je prends tanseulement les Muses pour ébas,*
> *En riant* je compose, *en riant* je veux lire,
> Et voyla tout le fruit que je reçoy d'escrire.
> Ceux qui font autrement, ils ne sçavent choisir
> *Les vers qui ne sont nés sinon pour le plaisir.*
> Et pour ce les grands Roys joignent à la Musique
> (Non au Conseil privé) *le bel art Poëtique.*

(Vv. 921-928.)

Afficher une telle délectation souveraine dans le contexte des « misères de ce temps » pourrait faire conclure à l'insensibilité provocatrice d'un Ronsard entièrement préoccupé par sa propre gloire. Et pourtant, le genre des « discours » qu'il a choisi est à ce prix. Il s'agit de nier à la conscience malheureuse du XVIe siècle les raisons profondes de son malaise : splendide manœuvre de diversion qui éblouit mais n'arrive guère à convaincre.

En revanche, pour l'auteur des *Essais*, les « troubles » issus des querelles politico-religieuses ne sont que le symptôme d'une crise beaucoup plus profonde et qui affecte les fondements mêmes de la société de son temps. Cette crise peut être dite *sémiotique* dans la mesure où elle atteint le système de représentation sur lequel repose l'idéologie dominante. Le savoir humaniste, qui semblait être acquis par la Renaissance triomphante, se trouve mis en échec par le processus même de l'Histoire. Ronsard a beau emboucher la trompette de l'Unité nationale; il a beau proclamer que tous les conflits se résoudront grâce aux « ebas » (v. 922) du « bel art Poëtique » (v. 928), il n'arrivera pas à faire taire la voix de l'opposition protestante dont l'existence pose des problèmes bien plus complexes que ceux d'une arrogance et d'une indiscipline passagères.

Certes, Montaigne partage, en apparence, avec Ronsard un dédain pour l'agitation inutile du vulgaire. Il est prompt à mettre les « nouvelletés » protestantes sur le compte du « cuyder », de l'orgueil et de la présomption. Le danger réel est, en effet, dans la prolifération des sectes qui se croient toutes plus proches de la Vérité que la voisine. Erasme avait déjà écrit : *ex una secta complures in dies nascuntur*[1]. Montaigne renchérit au début du chapitre « De l'Experience » :

> J'ay veu en Alemagne que Luther a laissé autant de divisions et d'altercations sur le doubte de ses opinions, et plus, qu'il n'en esmeut sur les escriptures sainctes. (1046*b*.)

Cependant le but de Montaigne n'est pas, à proprement parler, de faire le procès du luthérianisme — et encore moins de ramener les égarés dans le droit chemin. Poursuivons notre lecture du même passage et nous verrons que le contexte nous invite à réfléchir sur un tout autre sujet :

> Nostre contestation est verbale. Je demande que c'est que nature, volupté, cercle, et substitution. La question est de parolles, et se paye de mesme. *(Ibid.)*

C'est à un problème d'herméneutique que s'intéresse ici Montaigne. Il vient de nous parler du désir insatiable qu'éprouve l'homme pour imposer un sens aux choses. Il dénonce l'illusion selon laquelle nous croyons pouvoir atteindre la vérité par l'exercice du commentaire interprétatif : « les gloses augmentent les doubtes et l'ignorance » (1044). On connaît la fameuse formule : « Il y a plus affaire à interpreter les interpretations qu'à inter-

---

1. Ad fratres, *Opera*, t. IX, col. 1590, cité par D. Ménager, p. 212, note 148.

preter les choses, et plus de livres sur les livres que sur autre subject : nous ne faisons que nous entregloser. » (1045*b*.)

Tout se passe comme si la multitude grandissante des hérésies n'était qu'un cas particulier d'un problème beaucoup plus général : celui de la « chasse de cognoissance » — véritable « maladie » de l'esprit humain (« Les hommes mescognoissent la maladie naturelle de leur esprit », 1044*b*) puisqu'elle aboutit à l'engluement de toute recherche efficace de la vérité : *Mus in pice (ibid.)*, la souris empêtrée dans la poix.

Or Montaigne n'est pas de ceux qui peuvent se permettre de condamner un tel appétit — même si, comme les vers à soie ou les chiens d'Esope, il risque l'étouffement. Ses *Essais* sont précisément une interminable poursuite du sens, avec ses méandres et ses détours. Curieuse « maladie » en vérité que celle de Luther : elle est celle-là même qui grève l'esprit humain, et lui donne sa dignité. Montaigne reviendra sur ce point pour retourner la question et la reformuler dans un sens autrement plus positif :

C'est signe de racourciment d'esprit quand il se contente, ou de lasseté. Nul esprit genereux ne s'arreste en soy : il pretend tousjours et va outre ses forces; il a des eslans au delà de ses effects; s'il ne s'avance et ne se presse et ne s'accule et ne se choque, *il n'est vif qu'à demy*. (1045*c*.)

Vivre à demy n'est pas le fait d'un « esprit genereux » comme celui de l'auteur des *Essais*. Il convient donc de replacer les commentaires « politiques » qui jalonnent tel ou tel chapitre non seulement dans leur contexte immédiat mais dans la perspective plus générale de la *poétique* de l'œuvre. On ne pourra plus alors parler d'un Montaigne engagé sans mettre en cause le bien-fondé du texte allégué. Opérer sur des énoncés partiels est peut-être une nécessité de la critique; mais cette nécessité doit s'assortir de précautions importantes lorsqu'il s'agit d'un genre aussi « divers et ondoyant » (13*a*) que le sujet qu'il prend pour cible : « il est malaisé d'y fonder jugement constant et uniforme » *(ibid.)*.

Ainsi, pour Montaigne, la *crise sémiotique* dont les « troubles » civils sont le symptôme affecte avant tout le rapport entre les mots *(verba)* et les choses *(res)*. Les signes sont devenus opaques; ils peuvent tromper à tout moment; ce sont des traîtres en puissance. Aucun chapitre des *Essais* ne le dira mieux que celui qui traite « De la Gloire » (II, 16) :

> Il y a le nom et la chose; le nom, c'est une voix qui remerque et signifie la chose; le nom, ce n'est pas une partie de la chose ny de la substance, c'est une piece estrangere joincte à la chose, et hors d'elle. (601*a*.)

Aussi faut-il se méfier d'appeler « vertu » ce qui n'est peut-être que désir de gloire. On juge trop souvent le « cœur » sur la « contenance », et le langage lui-même incite à se méprendre sur les « apparences externes » (609*a*). Montaigne adhère pleinement à la critique nominaliste qui dénonce les fausses complicités du langage et de la réalité qu'il est censé représenter[1]. Nous l'avons vu : on n'est pas forcément ligueur parce qu'on admire tel trait de la personnalité de Guise, pas plus qu'on est huguenot parce que l'on reconnaît combien l'activité de Navarre est séduisante (cf. 990*c*).

Ici l'attitude de Montaigne est à l'opposé de celle de Ronsard, même si Hugo Friedrich a pu faire remarquer que les deux écrivains se rejoignent sur la question du concept. Ils se défient tous deux du concept « parce qu'il ramène la singularité inconnue à des généralités connues »[2]. Les *Discours* excellent dans le portrait-charge, la caricature qui rassemble quelques traits épars pour leur donner une forte cohérence. C'est que leur poétique requiert l'illusion de la transparence, pour dénoncer sans ombre

1. Tel est le sujet du livre d'Antoine Compagnon, *Nous, Michel de Montaigne*, Paris, Seuil, 1980, et nous aurons l'occasion de revenir sur les rapports entre poétique et onomastique chez Montaigne. Cf. *infra*, chap. 5.
2. H. Friedrich, *Montaigne*, trad. franç., Paris, Gallimard, 1968, p. 269.

les monstres qu'ils suscitent. De là le recours au proverbe, à l'expression stéréotypée d'une prétendue sagesse universelle :

> Ainsi le vieil Renard toujours Renard demeure,
> Bien qu'il change de poil, de place, et de demeure.

(*Responce*, vv. 659-660.)

Il y a un « essentialisme » dans les jugements de Ronsard qui tient probablement moins à son engagement personnel qu'aux nécessités du genre qu'il cultive : polémique, satirique et prophétique. Un tel genre ne peut souffrir la moindre ombre au tableau ; ou, si ombre il y a, elle ne se profile en arrière-plan que pour des raisons esthétiques : afin de mieux faire ressortir les caricatures de l'avant-scène.

Qu'on pense aux portraits que nous a laissés Ronsard de Calvin, de Bèze ou de Luther. A l'en croire, ce ne seraient que larrons, voleurs, pipeurs — et l'on attendrait en vain la clause corrective chère à Marot et à Rabelais (« au demeurant les meilleurs fils du monde ! »). Ces « nouveaux Tyrans » se disent disciples du Christ mais leurs actions montrent qu'ils s'en moquent (p. 82, vv. 23 sq.).

> Et quoy ! bruler maisons, piller et brigander,
> Tuer, assassiner, par force commander,
> N'obeir plus aux Roys, amasser des armées,
> Appelez-vous cela Eglises reformées ?

(Vv. 45-48.)

Montaigne, lui aussi, ne se gêne pas pour reprocher à ses contemporains leur intolérance et leur inhumanité. Mais c'est à l'ensemble des Chrétiens qu'il s'adresse, et non aux seuls Réformés. On se souvient du début de l' « Apologie de Raymond Sebond ». Dans un alongeail qui, pris hors contexte, serait proprement scandaleux, on lit :

Je voy cela evidemment que nous ne prestons volontiers à la devotion que les offices qui flattent noz passions. (421*c*.)

Montaigne écrit « Je voy » et se réfère à « noz passions », révélant par là que l'observateur s'inclut dans l'objet observé : le juge des hommes n'est pas séparable des hommes qu'il juge. Une telle position serait inconcevable sous la plume de l'auteur engagé des *Discours* : on ne peut être juge et partie au procès des « predicans » révoltés.

Quant à Montaigne, il poursuit :

Il n'est point d'hostilité excellente comme la chrestienne. *Notre* zele faict merveilles, quand il va secondant *nostre* pente vers la haine, la cruauté, l'ambition, l'avarice, la detraction, la rebellion. [...] *Notre* religion est faicte pour extirper les vices; elle les couvre, les nourrit, les incite. *(Ibid.)*

Notons que Ronsard ne livre pas un message très différent. Lui aussi met en contradiction les principes de la charité chrétienne avec l'état de fait des guerres fratricides :

> Car Christ n'est pas un dieu de noise ny discorde,
> Christ n'est que charité, qu'amour et que concorde.

> *(Continuation,* vv. 255-256.)

> Mais par force on ne peult Paradis violer :
> Jesus nous a monstré le chemin d'y aller :
> *Armez de patience* il faut suyvre sa voye,
> Celuy qui ne la suit se damne et se forvoye.

> *(Continuation,* vv. 57-60.)

L'expression « Armez de patience » est une belle trouvaille : dans le contexte des combats qui ensanglantent la France, il ne faut s'armer qu'au figuré. Mais, pour Ronsard, le réarmement moral reste unilatéral. Ce sont les Huguenots, les disciples de Calvin et de Bèze, qui sont exclusivement désignés comme fauteurs de troubles :

> Les Apotres jadis preschoient tous d'un accord,
> Entre *vous* aujourd'huy ne regne que discord.

> *(Continuation,* vv. 241-242.)

> *Vous* devriez pour le moins avant que *nous* troubler,
> Estre ensemble d'accord sans *Vous* desassembler.

> *(Continuation,* vv. 253-254.)

A l'inclusion du « je » dans le « nous » chez Montaigne s'oppose la division entre « nous » et « vous » chez Ronsard, comme si devait nécessairement s'organiser une polarisation des partis. L'efficacité de la satire est à ce prix. Les images de la violence ne connaissent qu'un camp; les armes mêmes ne semblent distribuées qu'aux soudards de la rébellion. S'adressant à Théodore de Bèze, Ronsard évoque le paysage de la « douce » France transformée en camp retranché :

La terre qu'aujourd'huy *tu* remplis toute d'armes
Y faisant fourmiller grand nombre de gendarmes...

(*Continuation*, vv. 99-100.)

Chez Montaigne, la deuxième personne est réservée au lecteur, fictif ou réel, qui se confond lui-même curieusement avec la première personne du moraliste qui parle. « Je », « nous » et « vous » participent, à la même réflexion menant à la prise de conscience d'une responsabilité humaniste collective :

Voyez l'horrible impudence dequoy nous pelotons les raisons divines, et combien irreligieusement *nous* les avons et rejettées et reprinses selon que la fortune *nous* a changé de place en ces orages publiques. (420*c*.)

Montaigne attire ici l'attention du lecteur sur la volteface du parti huguenot qui, ayant soutenu le droit à la révolte pendant le règne d'Henri III, contesta ce même droit quand Henri de Navarre monta sur le trône. Mais il est loin de jeter la pierre aux Protestants; il constate simplement les inconséquences graves qui se produisent lorsque les hommes (Huguenots ou Ligueurs) se servent de la religion pour assouvir leurs passions :

Dieu doibt son secours extraordinaire à la foy et à la religion, non pas à nos passions. Les hommes y sont conducteurs et s'y servent de la religion; ce devrait estre tout le contraire. (420*a*.)

La poétique des *Discours* requiert qu'il y ait une cible aisément identifiable à laquelle on s'attaque avec achar-nement. De là ces tableaux saisissants, hauts en couleurs, forts en images surprenantes — qui emportent l'adhésion sans qu'on y réfléchisse. Témoin la fameuse admonestation à Bèze :

> Ne presche plus en France une Evangile armée,
> Un Christ empistollé tout noircy de fumée,
> Portant un morion en teste, et dans la main,
> Un large coustelas rouge du sang humain.

(*Continuation*, p. 84, vv. 119-122.)

La poétique des *Essais* préférera, en général, le clair-obscur qui se cherche, les demi-teintes qui se nuancent, dont la force n'est pas moins grande mais dont le pouvoir de séduction ressortit à une autre rhétorique, moins prompte à la dénonciation, plus préoccupée de tentatives que de résolutions.

Ce n'est pas que Montaigne soit plus « tolérant » que Ronsard (il se peut qu'il l'ait été, mais cela reste à voir); il écrit simplement un tout autre type de littérature. Ce n'est pas non plus que Ronsard soit plus précis que Montaigne dans ses références à l'actualité. En fait les deux écrivains sont restés, l'un et l'autre, silencieux à propos de la Saint-Barthélemy. Certes la politique est l'objet d'une préoccupation plus immédiate chez Ronsard. La crise est le fait actuel de la « tourbe mutine » (p. 101, v. 235) excitée par des prédicants « tout enflé(s) d'arrogance » (p. 146, v. 899). Elle a donc une cause prochaine qu'il serait, en principe, aisé d'éliminer si les Huguenots pouvaient entendre raison. De là le recours à l'*allégorie* dans le texte des *Discours*[1].

Ronsard connaît bien la mythologie de l'Opinion qu'il a pu lire dans le *Roman de la Rose* et il en fait état à plusieurs

---

1. Cf. Y. Bellenger, L'Allégorie dans les poèmes de style élevé de Ronsard, *Cahiers de l'Association internationale des Etudes françaises*, 28, 1976, pp. 65-80.

reprises dans ses *Discours*[1]. Or, l'allégorie n'est pas seulement « un dépaysement dans l'évocation du réel »[2]; elle est surtout une *autre* façon de parler du réel. Son étymologie nous le dit (*alla agoreuein* : dire autre chose et dire autrement); elle entretient donc des rapports étroits avec le mensonge. Platon l'avait dit dans sa *République*, et on ne l'avait guère pris au sérieux tant que l'on voyait dans la poésie une pratique inoffensive, un peu à la manière d'Horace, des érotiques et des élégiaques latins, mêlant l'utile à l'agréable.

Or, lorsque les circonstances extérieures obligent un poète comme Ronsard à employer son art — synonyme d'artifice — à défendre des principes essentiellement politiques, la condamnation lancée par Platon reprend soudain toute son acuité. Autrement dit, la question se pose à nouveau en termes d'*éthique* : est-il moralement fondé d'employer des procédés allégoriques pour défendre ce que l'on croit être le droit de la cité ? Pour reprendre les termes de Michel Dassonville, « ce principe promouvait une esthétique de l'abondance, de la surcharge, de l'hyperbole » — rien de plus éloigné de la froide raison qui, seule, devrait être invoquée pour trancher les problèmes de la Cité[3].

On se souvient de la définition que donnait Joachim Du Bellay du poète dans la *Deffence et Illustration de la langue françoise* (1549) :

Celuy sera veritablement le poëte que je cherche en nostre langue, qui me fera indigner, apayser, esjouyr, douloir, aymer, hayr, admirer, etonner; bref, qui tiendra la bride de mes affections, me tournant çà et là à son plaisir. (II, XI.)

Ronsard met en pratique les conseils de son ami dans les *Discours*, en reproduisant justement dans ses vers les

1. Cf. « Nourrice des combats » (v. 125); « peste du genre humain » (v. 134); « mise à l'escole / D'orgueil, de fantaisie, et de jeunesse folle » (vv. 135-136). Cf. aussi *Remonstrance* (vv. 237 sq.). Voir D. Ménager, *op. cit.*, pp. 238 sq.
2. Y. Bellenger, art. cit., p. 354.
3. M. Dassonville, *Ronsard, op. cit.*, IV, p. 192.

émotions désignées par les huit verbes illocutoires et perlocutoires de la *Deffence*. Et, plus tard, dans la préface posthume de la *Franciade*, « le lecteur apprentif » recevra encore une injonction de même farine :

Tu seras industrieux à esmouvoir les passions et affections de l'âme *car c'est la meilleure partie de ton mestier*[1].

A ce compte, rien ne serait moins « poétique » que l'attitude de Montaigne qui déclare préférer « un parler simple et naïf, tel sur le papier qu'à la bouche » (171*a*) et se défie des artifices de la rhétorique, « art piperesse et mensongere » (292*a*), « science a persuader le peuple » et « art de tromper et de flatter » (293*c*). Montaigne refuse de se prêter aux jeux et avant-jeux du « beau discours » parce qu'il nous dit peu se soucier de « capter la benivolence du candide lecteur » (169*a*). Or, dans le même passage du chapitre « De l'Institution des enfans », nous trouvons un jugement sur les deux poètes de la Pléiade :

Depuis que Ronsard et du Bellay ont donné credit à nostre poësie Françoise, je ne vois si petit apprentis qui n'*enfle* des mots, qui ne renge les cadences à peu près comme eux... Mais [...] ils demeurent bien aussi court à imiter les riches descriptions de l'un [Ronsard] et les delicates inventions de l'autre [Du Bellay]. (170*a*.)

Dans l'essai « De la Praesumption » (II, 17), Montaigne prolongera cet éloge des deux poètes en lui donnant un sens autrement restrictif :

Il me semble aussi de la *Poësie* qu'elle a eu sa vogue en nostre siècle. [...] Aux parties en quoy Ronsard et du Bellay excellent, je ne les treuve guieres esloignez de la perfection ancienne. (645*a*.)

L'enflure, l'exagération, l'artifice et le mensonge guettent donc la poésie même chez ses meilleurs « artisans »,

1. *Œuvres complètes* de Ronsard, éd. P. Laumonnier, Paris, Nizet, 1983, t. XVI, p. 344.

nous dit Montaigne[1]. C'est pourquoi, quelle que soit la passion qu'il éprouve pour la poésie, il ne commettra pas l'imprudence d'écrire des vers :

> J'ay la veuë assez claire et reglée; mais, à l'ouvrer, elle se trouble : comme j'*essaye* plus evidemment en la *poësie*. Je l'ayme infiniment; je me congnois assez aux ouvrages d'autruy; mais je fay, à la vérité, l'enfant quand j'y veux mettre la main; je ne me puis souffrir. On peut faire le sot par tout ailleurs, mais non en Poësie. (618*a*.)

Paradoxalement, ce refus d'être poète définit bien l'objectif de la poétique de Montaigne. Contrairement à Ronsard et à Du Bellay, peu lui chaut d'écrire pour « esmouvoir les passions et affections de l'âme ». Pour lui, il s'agirait plutôt d'analyser et de juger ces passions et ces affections que de les mettre en branle — cherchant à s'y soustraire le plus possible au cours de l'analyse et du jugement. Non qu'il s'exclue *a priori* du nombre des passionnés — nous avons vu, au contraire, combien l'*inclusion* faisait partie de la stratégie des *Essais*. Mais le but que se donne Montaigne, on le sait, est celui de la formation et de l'exercice du jugement; et la forme même de l'essai est inséparable de ce plan directeur :

> Le *jugement* est un util à tous subjects, et se mesle par tout. A cette cause, aux *essais* que j'en fay icy, j'y employe toute sorte d'occasion. (I, 50, 289*a*.)

Les « tumultes » et les « troubles » qui menacent la France n'intéressent donc pas Montaigne écrivain pour eux-mêmes; ils l'intéressent dans la mesure où ils sont, comme beaucoup d'autres expériences humaines, l'occasion — tragique certes, mais occasion tout de même — de vérifier la précision, la justesse et la fiabilité de cette « balance » indispensable qu'est le jugement[2].

---

1. A noter que Montaigne, toujours vigilant, n'exclut pas l'artifice de sa propre prose : « A force de vouloir éviter l'art et l'affectation, j'y retombe d'une autre part » (avoue-t-il, 621*a*).
2. Tel est le sujet du livre de Floyd Gray, *La Balance de Montaigne*, Paris, Nizet, 1982.

Pour Ronsard le poète, le but de la littérature engagée est plutôt de remettre de la cohérence dans une France traversée par les forces séparatrices de la rébellion. La poésie se met alors au service du Pouvoir pour légitimer le modèle politique de l'hégémonie. Ronsard laisse à l'histoire le soin de raconter les choses telles qu'elles sont, *sans mentir* :

> O toy historien, qui d'*encre non menteuse*
> Escrits de nostre temps l'histoire monstrueuse,
> Raconte à nos enfans tout ce malheur fatal,
> Afin qu'en te lisant ils pleurent nostre mal,
> Et qu'ils prennent exemple aux pechés de leurs peres,
> De peur de ne tomber en pareilles misères.
>
> (*Discours*, vv. 115-120.)

La distinction entre l'historien et le poète, chère aux rhétoriciens d'Aristote à Quintilien, fera l'objet de longs développements dans les Préfaces de 1572 et de 1587 à la *Franciade*. Contrairement à l'historien qui recherche la vérité « sans desguisure ny fard » (1572, p. 4), le poète « a pour maxime tresnecessaire de son art de *ne suivre jamais pas à pas la vérité*, mais la vray-semblance, et le possible » (1587, p. 336). Cette « vray-semblance » Ronsard la définit comme « ce qui peut estre » ou « ce qui est desja receu en la commune opinion » (1572, p. 4)[1].

Une fois de plus, rien ne pourrait être plus étranger à Montaigne que cette conception d'un poète « feigneur » qui refuse de recevoir « la chose comme elle est » pour s'en tenir aux inventions de « la commune opinion ». On sait avec quelle force il critique ceux qui peignent la réalité de couleurs factices, dissimulant sous des ornements fallacieux leurs intentions réelles. Lui, l' « ennemy juré de toute falsification » (246*c*), comment pourrait-il accueillir « une façon de parler bouffie et bouillonnée de pointes, ingenieuses à la vérité, mais recherchées de loing et

---

1. Cf. L'Imaginaire du discours préfaciel : l'exemple de la *Franciade*, *Studi di Letteratura Francese*, XII, Florence, Leo S. Olschki, 1986, pp. 231-248.

fantasques » — comme il le dit à propos de l'Arétin (295*a*) ? C'est la recherche de la *vérité* et non de la *vray-semblance* qui le préoccupe; et cela n'est jamais si important que dans la réflexion sur le corps politique et social.

En face des « troubles » de leur temps, l'attitude de Ronsard et de Montaigne peut se comprendre enfin à la lumière de la conception du *sujet* dans la société française du XVIe siècle. Pour les deux écrivains, comme d'ailleurs pour Jean Bodin et la plupart de ses contemporains juristes, le sujet ne peut être qu'un sujet public, le sujet du Monarque[1]. Le sujet privé, à proprement parler, n'existe pas. Chez Montaigne, pourtant, s'esquisse déjà la conception d'un sujet proto-cartésien qui envisage la possibilité de se penser lui-même et de penser à partir de sa subjectivité. Mais ce sujet privé est encore le lieu de l'inconstance (II, 1) dont parle si souvent Montaigne et qui définit précisément l'espace où figure l'*écriture*[2]. Dans les affaires publiques la véritable nature des signes importe peu, et l'on peut se contenter du *vray-semblable*. C'est le règne de la « fausse monnaie », mal nécessaire et que le sujet du Monarque ne saurait récuser :

> Puis que les hommes, par leur insuffisance, ne se peuvent assez payer d'une bonne monnoye, qu'on y employe encore la fauce. (613*a*.)

A ce compte, les *Discours* de Ronsard élèvent l'art du faux-monnayeur à la hauteur de l'exemplarité — pour la plus grande gloire du Monarque et de son indéfectible sujet. En revanche, hors du monde inflationniste et pervers des affaires publiques, cherche à se constituer dans et par les *Essais* le monde authentique du sujet privé :

> Je ne me soucie pas tant quel je sois chez autruy, comme je me soucie quel je sois *en moy mesme*. Je veux estre riche par moy, non par emprunt. (608-609*a*.)

1. Cf. Timothy Reiss, Montaigne et le sujet du politique, *Œuvres et Critiques*, VIII, 1-2, 1983, pp. 127-152.
2. La thèse de Timothy Hampton met admirablement bien en relief cet espace de l'écriture montaignienne (*Writing from History, op. cit.*).

C'est dans le « for intérieur », le « dedans », le « cœur » que se trouve la véritable richesse (« riche par moy ») de la conscience morale ; et celle-ci n'a rien à voir avec les obligations et les « contenances » de la vie publique. Comme l'a bien montré Jean Starobinski, le mouvement vers l'intériorité est aussi un mouvement vers la vérité des signes[1].

Or, pour Ronsard, cette recherche de l'intériorité est fondamentalement suspecte. La valorisation du sujet privé en tant qu'accès privilégié à la vertu et à la vérité ne peut se faire qu'au détriment du sujet public. Pour tout dire, l'intériorité est une revendication des Réformés ; elle est l'autre nom de ce monstre, l'Opinion, « fille de fantaisie » (v. 255, p. 102) dont on connaît les méfaits. Elle est le type même de la nouvelleté incontrôlable. Montaigne fera, lui aussi, le procès des « nouvelletez de Luther » approuvant son père qui prévoyait que « ce commencement de maladie déclineroit aysément en un execrable atheisme » (416a). Or, c'est parce qu'elles sont fondées sur la *vraisemblance* et non sur la *vérité*, que les nouvelles opinions nourries par le peuple représentent un réel danger :

Car le vulgaire, n'ayant pas la faculté de juger des choses par elles mesmes, se [laisse] emporter à la fortune et aux apparences... (416a.)

Autrement dit, de telle « nouvelletez » pourraient être admissibles sur le plan privé, si elles étaient restées dans le for intérieur d'un homme de jugement. Le dommage est qu'elles se sont répandues dans le peuple, que le « vulgaire » s'en est emparé et qu'elles aient dégénéré en une véritable crise d'autorité publique. Encore une fois il faut déplorer ce fait :

[Le vulgaire] secoue comme un joug tyrannique toutes les impressions qu'il avoit receues par l'authorité des loix ou

1. Cf. J. Starobinski, *Montaigne en mouvement*, Paris, Gallimard, 1983. Voir aussi Marc Fumaroli, Montaigne et l'éloquence du for intérieur, in *Les Formes brèves de la prose et le Discours discontinu (XVIe-XVIIe siècles)*, éd. J. Lafond, Paris, Vrin, 1984, pp. 27-50.

reverence de l'ancien usage, [...] entreprenant dès lors en avant de ne recevoir rien à quoy il n'ait interposé son decret et presté *particulier* consentement. (416*a*.)

Du point de vue de l'économie des genres on peut donc conclure en disant que l'*essai* s'oppose au *discours* dans la mesure où la première forme accueille les délibérations générales d'un sujet privé, « particulier », alors que la seconde ne peut admettre que l'expression particulière d'une subjectivité publique. Devant les « troubles » de leur temps, les vers de Ronsard tentent désespérément de nous faire croire à l'existence et à la cohérence nécessaire du « sujet du Monarque ». La prose de Montaigne, en revanche, refuse d'occulter l'incohérence et libère l'inconsistance du sujet privé tout en rappelant les dangers auxquels on s'expose en révélant au peuple les secrets de l'intériorité. Montaigne a donc choisi un genre littéraire qui lui permette de rendre compte de la tension qui existe chez lui, en cette fin du XVIe siècle, entre deux « épistémè » : l'une qui veut encore croire à l'autorité englobante du corps politique; l'autre qui, désabusée des affaires publiques, espère pouvoir trouver « au dedans » des bases subjectives sur lesquelles édifier un ordre nouveau.

Cette tension ne s'exprime peut-être nulle part aussi clairement que dans le chapitre « De l'Institution des enfans » lorsque Montaigne donne son avis, dans un alongeail tardif, sur le choix d'un « gouverneur » (précepteur) à donner au futur honnête homme :

Si son gouverneur tient de mon humeur, il luy formera la volonté à estre très-loyal serviteur de son prince et très-affectionné et très courageux; mais il luy refroidira l'envie de s'y attacher autrement que par un *devoir publique*. Outre plusieurs autres inconveniens qui blessent nostre franchise par ces *obligations particulieres*, le jugement d'un homme gagé et achetté, ou il est moins entier et moins libre, ou il est taché et d'imprudence et d'ingratitude. (154*c*.)

Ronsard confond « devoir public » et « obligations particulières ». Montaigne tente de les séparer, non sans remords et sans hésitations. Les métamorphoses de Montaigne pourraient se définir par rapport à cette tentative, jamais aisément décidable, de trouver un compromis instable entre des options difficilement conciliables. Tel est le prix de l'acceptation de l'Histoire et du refus de l'Allégorie dans ce qu'elle a de faussement consolateur en politique comme en poétique.

Avatars de l'Amitié :
l'essai et la lettre (1)

*Mon frere, mon frere, me refusez-
vous donques une place ?*

(1359.)

Au commencement était la Mort...

Le mercredi 18 août 1563, à trois heures du matin, Etienne de La Boétie, le grand ami de Montaigne, « rendit l'ame... apres avoir vescu 32 ans, 9 mois et 17 jours »[1]. Si pour l'homme Montaigne cette disparition fut une tragédie sans précédent dans sa vie, une si « lourde perte, & si importante » comme il nous le dit lui-même (1347), pour l'écrivain Montaigne il en fut tout différemment : la mort de cet ami irremplaçable marquait en effet le début d'une brillante carrière littéraire.

La mort de La Boétie nous est relatée en détail, dès 1563, dans un document écrit, une lettre, probablement rédigée peu de temps après l'événement et que Montaigne destinait à son propre père. Cette lettre, fort longue et fort belle (encore que son auteur s'y excuse de la faiblesse de son style : « il y faudroit un beaucoup meilleur stile que le mien », 1347), constitue un témoignage d'amour assez extraordinaire de la part d'un homme qui voulait reconstituer les derniers moments de son ami « au plus vray »

1. Lettre de Montaigne à son père sur la mort de La Boétie (édition citée, p. 1360).

(1347). Si la scène est empreinte d'une dignité admirable c'est en partie parce qu'elle s'inspire de modèles littéraires classiques et que les « dernieres paroles » du moribond renvoient au célèbre motif des *ultima verba* de Socrate et du Christ. La lettre commence ainsi :

Quant à ses dernieres paroles, sans doute si homme en doit rendre bon conte, c'est moy... (1347.)

Montaigne se donnera donc le rôle principal dans la scène des « dernieres paroles », à la fois comme témoin (« du long de sa maladie il parloit aussi volontiers à moy qu'à nul autre ») et comme confident privilégié, mieux qualifié que quiconque pour sentir et comprendre de l'intérieur le drame qui se déroulait devant ses yeux (« pour la singuliere & fraternelle amitié que nous nous estions entreportéz, j'avoir trescertaine cognoissance des intentions, jugements & volontez qu'il avoit eu durant sa vie, autant sans doute qu'homme peut avoir d'un autre », 1347). Il sera auteur, narrateur et acteur de ce drame, plaçant dans la bouche de son ami des paroles qui tendent à lui donner, à lui Montaigne, un rôle prédominant dans l'action et à le rendre digne de l'attentive sollicitude dont il est l'objet. La Boétie l'appelle « Mon frère » à plusieurs reprises et lui demande de s'approcher de plus en plus près de lui à mesure que la mort se fait plus pressante :

Mon frere, me dit-il, tenez vous au pres de moy, s'il vous plaist. (1359.)
Estant sur ces destresses il m'appella souvent pour s'informer seulement si j'estois pres de luy. (1360.)

Cette mort, nous le savons, est pour Montaigne une perte irréparable car il est désormais privé de son soutien le plus cher. A La Boétie qui considère sa propre mort avec le stoïcisme d'un Caton pour déclarer que « ce n'est rien » (1350), Montaigne répond :

Le dommage seroit à moy qui perdrois la compaignie d'un si grand, si sage, & si certain amy, & tel que je serois asseuré de n'en trouver jamais de semblable. (1350.)

Toujours selon notre chroniqueur-épistolier, la seule inquiétude que semble éprouver le moribond concerne la famille qu'il laisse derrière lui : son épouse, son oncle, et Montaigne lui-même. Il est significatif que les mots « perdre » et « perte » soient répétés d'une façon obsédante tout au long du discours de La Boétie :

C'est la consideration de vostre *perte* [Montaigne], & de ce pauvre homme [son oncle], & de ceste pauvre femme [son épouse] (parlant de son oncle et de sa femme) que j'ayme tous deux unicquement : & qui porteront bien impatiemment (j'en suis asseuré) la *perte* qu'ils feront de moy, qui de vray est bien grande pour vous et pour eux. [...] Et vous supplie vous prendre garde que le deuil de ma *perte* ne poulse ce bon homme & ceste bonne femme hors des gonds de la raison. (1350-1351.)

Or il se trouve que c'est avec la même insistance que l'auteur des *Essais* nous parle de cette tragédie de la *perte* dans son chapitre « De l'Amitié » (I, 28). A la fin de cet essai qui, selon Pierre Villey, daterait d'après 1576[1], Montaigne revient sur le caractère exceptionnel de sa détresse en recourant à un vocabulaire étonnamment semblable :

La *perte* d'un tel amy [...]. Depuis le jour que je le *perdy*, [...] je ne fais que trainer languissant; et les plaisirs mesmes qui s'offrent à moy, au lieu de me consoler, me redoublent le regret de sa *perte*. (192*a*.)

Ce retour obsessionnel à la négation de l'avoir pour décrire l'absence de l'ami apparaît en fait comme le renversement de l'obsession contraire, celle de la présence plénière dans l'amour partagé. Or, c'est précisément à ce même lexique de la *perte* que recourt encore Montaigne lorsqu'il veut décrire l'intensité de cette « singulière & fraternelle amitié » dans le chapitre des *Essais* qui lui

---

1. *Les « Essais » de Montaigne,* Paris, PUF, 1965, 1978, t. I, p. 183.

est consacré. L'examen des diverses couches de texte sera ici d'un secours appréciable[1].

L'édition *princeps* de 1580 nous représente d'abord l'amitié en ces termes :

C'est ie ne sçay quelle quint'essence de tout ce melange, qui ayant saisi toute ma volonté, l'amena se plonger & *se perdre* dans la sienne. Ie dis *perdre* a la verité, ne luy reservant rien qui luy fut propre ne qui fut sien[2].

Entre 1580 et 1588 Montaigne n'apporta aucune modification à ce passage, que ce soit sous forme d'addition ou de correction. Mais après 1588, alors qu'il relisait d'un œil critique son exemplaire de l'édition de 1588, il décida de reformuler ce passage afin d'accentuer le caractère réciproque de cette amitié. Sur le fameux *exemplaire de Bordeaux* des *Essais* on lit en effet le texte suivant :

C'est je ne sçay quelle quinte essence de tout ce meslange, qui ayant saisi toute ma volonté, l'amena se plonger & se perdre dans la sienne *qui, ayant saisi [toute] sa volonté, l'amena se plonger et [se] perdre en la mienne d'une faim, d'une concurrance pareille*. Je dis perdre à la verité, ne *nous* reservant rien qui *nous* fut propre, ny qui fut *ou sien ou mien*[3].

Alors que dans la version originale de 1580 à 1588 Montaigne avait décrit la « fusion des âmes » d'un point de vue personnel et unilatéral (« ayant saisi toute *ma*

1. Pour un examen de la fonction de cette lettre dans la genèse des *Essais*, nous renvoyons à la communication de Gabriel-A. Pérouse au Congrès de Bordeaux (juin 1980), La lettre sur la mort de La Boétie et la première conception des *Essais*, *Montaigne et les « Essais » 1580-1980*, Paris, Genève, Champion-Slatkine, 1983, pp. 65-76.
2. Edition *princeps*, Bordeaux, Millanges, 1580, reproduite par Daniel Martin, Genève, Slatkine, Paris, Champion, 1976, t. I, pp. 262-263. L'édition de la Pléiade place la couche *(c)* du texte au mauvais endroit. Ni l'édition de la Pléiade ni celle de P. Villey ne font mention des modifications qu'a apportées Montaigne à l'édition de 1588.
3. Cité d'après la *Reproduction en phototypie de l'Exemplaire de Bordeaux* par F. Strowski, Paris, Hachette, 1912, I, planche 145. Les mots entre crochets ont été ajoutés par Montaigne au-dessus de la ligne. Ce sont donc des « alongeails » aux « alongeails » de l'édition de 1588. A propos de la structure de ce commentaire, voir André Tournon, *La Glose et l'Essai*, Presses Universitaires de Lyon, pp. 121-124.

volonté... »), sur l'exemplaire de Bordeaux il ajouta une proposition subordonnée relative, parallèle à celle qui existait déjà, afin de mieux faire entendre que son ami avait éprouvé une passion de la même intensité que la sienne, avec ce même sentiment de *se perdre en l'autre*. De plus, c'est le *nous* pluriel qui devait remplacer la première et la troisième personnes du singulier comme signe de conjonction parfaite des sujets, avec la marque de l'égalité inhérente à l'alternatif « *ou sien ou mien* ». On notera en passant que le fameux « Par ce que c'estoit luy; par ce que c'estoit moy » n'apparaît que comme *alongeail* sur l'exemplaire de Bordeaux, sa structure symétrique témoignant, elle aussi, d'une prise de conscience accrue du caractère réciproque de l'intensité amoureuse.

La nature tautologique de toutes ces constructions parallèles qui apparaissent dans les dernières révisions de l'auteur ne peut passer inaperçue. Les mots qui figuraient déjà dans l'édition de 1580 sont reproduits de façon spéculaire, comme si l'écrivain se croyait enfin capable de pénétrer les sentiments les plus intimes de son ami défunt pour les restituer « au vray » (1347) à son nouvel ami : le lecteur des *Essais*. Dans cet effort ultime pour traduire en termes de style l'égalité parfaite des sentiments entre deux êtres humains il y a peut-être l'exemple le plus éloquent d'une appropriation de l'autre par le texte des *Essais*[1]. Tout se passe comme si Montaigne avait intériorisé, au-delà de la mort, la conscience psychologique de La Boétie lui-même; ou encore, pour employer une métaphore chère à Montaigne lecteur de Virgile, comme s'il l'avait fait entrer dans la ruche du livre pour en faire « un miel tout sien » (I, 26, 151a), c'est-à-dire, en définitive, « ou sien ou mien » (187), accordant par là une part égalitaire à son ami dans le travail même de la création littéraire.

---

1. Pour une étude de la problématique du même et de l'autre chez Montaigne, voir Gérard Defaux, Un Cannibale en haut de chausses : Montaigne, la différence et la logique de l'identité, *Modern Language Notes*, 97, 4, mai 1982, pp. 919-957.

Il existe donc une sorte d'équilibre stylistique du sens de la *perte* dans l'économie des écrits de Montaigne. Perte *dans* l'autre et perte *de* l'autre se répondent comme *Eros* et *Thanatos*, dans une rhétorique de la Mort : au propre c'est le décès, au figuré c'est l'amour. On ne s'étonnera donc pas de trouver dans un autre *alongeail* tardif du même essai la réflexion suivante :

L'unique et principale amitié descoust toutes autres obligations. Le secret que j'ay juré ne deceller à nul autre, je le puis sans parjure, communiquer à *celuy qui n'est pas autre* : c'est moy. C'est un assez grand miracle de se doubler. (190*c*.)

Le dédoublement du moi dans l'autre est un corollaire obligé de « cette parfaicte amitié... indivisible, la chose la plus une et unie » qui soit au monde (190*c*). Aussi, lorsque la présence physique de l'*Autre* — c'est-à-dire du *Même* — disparaît avec la mort, l'unité (« une et unie ») qui s'était ainsi formée perd-elle son caractère « indivisible ». On assiste à la division de l'Androgyne originel et le survivant se trouve réduit à n'être plus qu'une moitié de lui-même, un demi-soi-même. Cela, Montaigne nous le dit explicitement, et dès la première version de son essai :

J'estois désjà si fait et accoustumé à estre deuxiesme par tout, qu'il me semble n'estre plus qu'*à demy*. (192*a*.)

Une insécurité omniprésente grève désormais la conscience du survivant, privée de son double, qui va devoir se chercher un remède, un divertissement comme dira bientôt Pascal, pour « contrepoiser cette perte » (240*a*). Dans le chapitre « De la Solitude » (I, 39), Montaigne nous dit que le Sage est celui qui se forge une cuirasse psychologique contre les malheurs personnels qui peuvent s'abattre sur lui. Se souvenant d'un passage d'une lettre de Sénèque (*Lettres*, IX), il nous rappelle l'histoire de Stilpon qui, ayant « perdu femme, enfans et chevance [*i.e.* sa fortune, ses biens] » dans un incendie, déclarait calmement « qu'il n'y avoit, Dieu mercy, rien perdu du sien » (235*a*). De toute évidence, l'essayiste admire et adopte l'attitude stoïque de Stilpon dans le fameux passage de l' « arrière-boutique » qui figure immédiatement après l'anecdote :

Il faut avoir femmes, enfans, biens, et sur tout de la santé, qui peut; mais non pas s'y attacher en manière que nostre heur en despende. Il faut se reserver une arriere boutique toute nostre, toute franche, en laquelle nous establissons nostre vraye liberté et principale retraicte et solitude. (235a.)

Il n'est pas étonnant de retrouver ici l'allusion à la perte des êtres chers dans un vocabulaire qui nous est familier. Certes la Tour et la Librairie de Montaigne auront été la traduction de cette cuirasse en termes de topographie littéraire. La consolidation du « moy », ou plutôt du demi-moi, au milieu des ruines qui l'entourent est sans doute une des grandes leçons des *Essais* en cette période de guerres civiles où règne partout et vis-à-vis de tous l'insécurité la plus totale. Le Sage le proclamera haut et fort comme pour mieux s'en convaincre : « Certes l'homme d'entendement n'a rien perdu, s'il a soy mesme. » (235a.)

Cependant Montaigne a perdu beaucoup plus que « femme, enfans et chevance »; il a été privé de l'autre moitié de lui-même. Dès lors, il lui faut trouver autre chose qu'une simple cuirasse psychologique contre les malheurs du commun des mortels. On le verra donc passer des *Lettres* de Sénèque à d'autres écrits anciens, sans doute mieux appropriés à sa situation personnelle. Toujours dans le chapitre « De la Solitude » il écrit :

Mais oyons le conseil que donne le jeune Pline à Cornelius Rufus, son amy, sur ce propos de la solitude : « Je te conseille [...] de t'adonner à l'estude des *lettres*, pour en tirer quelque chose qui soit *toute tienne*. » (239a.)

Du « miel tout sien » (151a) nous voilà passés à une « reputation » « toute tienne » (239a). Il est significatif que cette invitation à faire de sa solitude une activité productive comme « l'estude des lettres » soit donnée elle-même sous forme épistolaire : par référence à une lettre de Pline le Jeune (I, 1, 3). La polysémie du signifiant « lettre », qui peut désigner aussi bien l'art littéraire que l'art épistolaire, semble remotivée pour servir ici de substitut symbolique à une absence originelle. Afin de « contrepoiser cette perte » inaugurale (240a), Montaigne va citer les lettres de Cicéron, de Pline et de Sénèque, comme s'il avait besoin d'établir la priorité de la forme épistolaire en tant que *signifiant flottant*, pour la détourner et mieux en prolonger le trajet tout au long des *Essais*. Tout se passe donc comme si « l'estude des lettres » (239a), conseillée à un ami dans une lettre ancienne par un illustre représentant des lettres latines, devait servir d'emblème au texte des *Essais*; et cela, au moment même où Montaigne cherche un remède à son intolérable solitude.

Au commencement était la Mort, et au commencement était la lettre. Le sens symbolique de la lettre que Montaigne écrivait à son père au sujet de la mort de La Boétie poursuit son écriture bien au-delà de cette mort. Instance incontournable, le signifiant de la lettre semble se déplacer avec insistance dans l'inconscient du texte[1].

LES LETTRES DE LA BOÉTIE

Le testament littéraire de La Boétie, dans lequel il faisait don de sa « Bibliothecque » à son unique ami, nous est présenté par Montaigne au centre de la lettre fameuse de 1563. Le passage mérite d'être cité en entier :

Mon frere, dit-il, que j'ayme si cherement, & que j'avois choisy parmy tant d'hommes, pour renouveller avec vous

---

1. On se réfère ici au vocabulaire psychanalytique tel qu'on le trouve utilisé par J. Lacan (*Ecrits*, Editions du Seuil, 1966) et J. Bellemin-Noël (*Vers l'inconscient du texte*, Presses Universitaires de France, 1979).

ceste vertueuse & sincere amitié, de laquelle l'usage est par les vices dès si long temps esloigné d'entre nous, qu'il n'en reste que quelques vieilles traces en la memoire de l'antiquité : Je vous supplie pour signal de mon affection envers vous, vouloir estre successeur de ma Bibliothecque & de mes livres, que je vous donne : present bien petit, mais qui part de bon cueur : & qui vous est convenable pour l'affection que vous avez aux *lettres*. Ce vous sera μνημόσυνον *tui sodalis* [un souvenir de votre ami]. (1352.)

Ces admirables paroles, éloquentes et pourtant modestes, nous sont présentées comme prophétiques par notre chroniqueur à plus d'un titre. Tout d'abord, l' « affection » que Montaigne est censé avoir pour les « lettres » trouve son expression dans la lettre officielle du fils au père. Or cette missive deviendra effectivement « littéraire » lorsqu'elle sera publiée comme une sorte de manifeste au monde des lettres. En effet, sept ans après la scène de la mort, Montaigne publiera les *Œuvres* de son ami et ajoutera cette lettre en appendice, à la fin du volume. A proprement parler, elle ne sera plus une *lettre au père* puisqu'en 1570 Pierre Eyquem était mort depuis environ deux ans. La lettre sera devenue un prétexte pour manifester au public des lecteurs cette nouvelle réalité qu'est, pour le monde des lettres, la naissance de Montaigne écrivain, littéralement *homme de lettres*.

Tous les poèmes et toutes les traductions de La Boétie seront publiés selon un rituel identique, c'est-à-dire avec une lettre-dédicace signée de son éditeur, héritier présomptif et « successeur de (sa) Bibliothecque et de (ses) livres » (1352). Dans l' « Advertissement au lecteur » des *Traductions*, Montaigne forme des vœux pour que, par le biais de cette édition, la perte de son ami soit pour ainsi dire compensée, du moins en partie, par la mise au monde de ses œuvres :

Lecteur, *tu me dois tout* ce dont tu jouis de feu M. Estienne de La Boëtie [...]. N'ayant trouvé autre chose dans sa Librairie, qu'il me laissa par son testament, ancore n'ay-je pas voulu qu'il *se perdist*. [...] Asseure toy que *j'y ay faict ce que j'ay peu*, et que, depuis sept ans que nous l'avons *perdu*, je n'ay peu *recouvrer* que ce que tu en vois... (1719.)

La phrase : « ancore n'ay je voulu qu'il se perdist » est merveilleusement ambiguë dans la mesure où l'on ne sait trop quel est l'antécédent du « il » : perte de l'œuvre ou perte de l'homme ? Nous avons là une nouvelle instance de la lettre dans l'inconscient du texte. En outre, le thème de la perte se trouve maintenant lié à un effort très conscient de la part de Montaigne pour se placer en tant qu'éditeur au centre de la scène. *Toutes ces « bonnes lettres », Lecteur, c'est à moi que tu les dois : Je me pose comme étant à leur origine en tant que littérature.*

Montaigne écrira des lettres-dédicaces à des amis (Henri de Mesmes pour la traduction des *Règles de Mariage* de Plutarque; Louis de Lansac pour le *Mesnagerie* de Xénophon) et à sa propre épouse (pour la *Lettre de Consolation de Plutarque à sa femme*). Les *Poemata* et le livre de *Vers françois* seront également préfacés par des épîtres à Michel de L'Hospital et à Paul de Foix. On pourrait véritablement parler ici d'une « compulsion à la répétition » (*Wiederholungszwang* freudien, « automatisme » lacanien). Car, pour la production littéraire de Montaigne, la « scène primitive » n'est pas la scène purement référentielle de la mort de La Boétie, mais la scène inaugurale de la lettre qui désormais se répète et ne peut se répéter qu'en une série de déplacements et de métonymies : telle est, en somme, sa « branloire perenne » (III, 2, 782*b*).

Sur son lit de mort, La Boétie avait fait l'éloge de son oncle qu'il considérait comme son « vray pere » (1351-1352); et il l'avait remercié avec profusion de lui avoir donné une éducation humaniste :

Tout ce que un tressage, tresbon & tresliberal pere pouvoit faire pour son fils, tout cela avez vous fait pour moy, [...] *pour le soing qu'il a fallu à m'instruire aux bonnes lettres*. (1351.)

La suite des déplacements du signifiant pourrait ici se reconstituer ainsi : les « bonnes lettres » de La Boétie auraient produit ses *Œuvres* qui, à leur tour, auraient produit les propres lettres de Montaigne destinées à accompagner leur publication. Il est révélateur que l'organisation latente des écrits de Montaigne fasse apparaître ce que Lévi-Strauss appelait une « structure d'échange » en termes de signifiants. La Boétie parle à son « vray pere », celui qui lui a permis de s'instruire aux « bonnes lettres »; et nous apprenons ce fait très important pour la « succession » montaignienne dans une lettre qu'adresse à son père le futur auteur des *Essais*. On serait tenté de placer cette étonnante *structure d'échange* dans le contexte freudien du complexe d'Œdipe, le signifiant de la lettre jouant le rôle de « fixatif » dans l'inconscient du texte.

Montaigne a sans doute voulu organiser son premier livre d'*Essais* autour du discours politique qu'il considérait comme l'œuvre la plus importante de La Boétie, la *Servitude volontaire*[1]. Dès 1574, alors qu'il composait déjà le début de son chapitre « De l'Amitié » (I, 28), il avait décidé d'honorer la mémoire de son ami en plaçant ce petit ouvrage au « plus bel endroit », c'est-à-dire au « milieu » de son premier volume d'essais (181*a*). Ou plutôt, c'est ce qu'il nous dit avoir décidé de faire en empruntant une « riche peinture » à La Boétie et en remplissant le tour de « crotesques » étranges et sans grâce :

Que sont-ce icy aussi, à la verité, que crotesques et corps monstrueux, rappiecez de divers membres, sans certaine figure, n'ayants ordre, suite ny proportion que fortuite ? (181*a*.)

---

1. Voir, par exemple, Donald M. Frame, *Montaigne : A Biography*, New York, Harcourt, 1965; Michel Butor, *Essais sur les « Essais »*, Paris, Gallimard, 1968. En outre, A. Wilden a examiné la fonction de l'essai en tant que « structure substitutive » par référence à l'intersubjectivité psychanalytique. Cf. Par divers moyens on arrive à pareille fin : A Reading of Montaigne, *Modern Language Notes*, 83, 1968, pp. 577-597. Les vues plus « littéraires » de Richard L. Regosin sur la valeur symbolique de l'amitié se rattachent également de très près à la présente discussion. Cf. *The Matter of My Book : Montaigne's « Essais » as the Book of the Self*, Berkeley, Univ. of California Press, 1977, pp. 9 sq.

Or la comparaison des essais à des grotesques n'est pas entièrement satisfaisante. Quand on y regarde de près, en effet, l'image du chef-d'œuvre au centre ne fonctionne pas bien dans l'économie du texte. Tout ce qui est qualifié d'artistique, de « riche, poly et formé selon l'art » (182*a*) est immédiatement rendu suspect dans le contexte esthétique des *Essais*. Chez Montaigne, l'art a toujours mauvaise presse dans la mesure où il signifie « artifice », donc manque de naturel, donc absence de vie et d'humanité : et cela ne pardonne pas chez le grand apôtre de l' « humaine condition » (782*b*). Ainsi le fait d'appeler la *Servitude volontaire* « un tableau elabouré » (181*a*) peut difficilement passer pour un compliment, venant d'un écrivain qui valorise le désordre et l'imperfection au nom de la nature humaine.

En outre, au début du chapitre « De l'Amitié », Montaigne nous dit que La Boétie avait écrit son discours politique « par maniere d'*essay* » (182*a*). Le mot mérite d'être noté, sous la plume de quelqu'un qui nous dit écrire des *Essais*. C'est là, en tout cas, une bien curieuse façon de parler d'un chef-d'œuvre :

Il l'escrivit par maniere d'essay, en sa premiere jeunesse, à l'honneur de la liberté contre les tyrans. Il court pieça és mains des gens d'entendement, non sans bien grande et méritée recommandation : car il est gentil, et plein ce qu'il est possible. Si y a il bien à dire que ce ne soit le mieux qu'il peut faire. (182*a*.)

Montaigne regrette presque que son ami ne se soit pas mis tout de bon à écrire des *Essais* car, alors, il aurait pu produire une œuvre digne des Anciens, donc proche de la perfection. C'est du moins ce qu'il suggère dans la suite du même paragraphe :

Si en l'aage que je l'ai conneu, plus avancé, *il eut pris un tel desseing que le mien* de mettre par escrit ses fantasies, nous verrions plusieurs choses rares et qui nous approcheroient bien près de l'honneur de l'antiquité. (182*a*.)

A lire une telle déclaration, on a l'impression qu'il y a bien peu d'écart entre la « maniere d'essay » et la manière de l'Antiquité, et donc entre les « crotesques » et le « tableau elabouré ». Une fois de plus, les « bonnes lettres » de La Boétie sont renvoyées à la périphérie. L'auteur des *Essais* serait-il alors devenu le peintre du « tableau riche, poly et formé selon l'art » ? serait-il devenu, en prenant « un tel desseing », l'héritier à part entière du « vray pere » ?

Or, on sait qu'à la fin de son chapitre « De l'Amitié » Montaigne s'est décidé à ne pas publier la *Servitude volontaire* dans son propre ouvrage; et cela, dès la première version de 1580 : « Je me suis dédit de la loger icy. » (193a.) Il répète ce qu'il avait dit au début du même chapitre pour excuser les imperfections du fameux discours de La Boétie :

Et affin que la memoire de l'auteur n'en soit interessée en l'endroit de ceux qui n'ont peu connoistre de près ses opinions et ses actions, je les advise que ce subject fut traicté par luy en son enfance, *par maniere d'exercitation* seulement, comme subject vulgaire et tracassé en mille endroits des livres. (193a.)

Le parallélisme, en début et en fin de chapitre, entre les expressions « par maniere d'essay » et « par maniere d'exercitation » est évident. On sait que dans l'idiolecte des *Essais* les mots « essay » et « exercitation » sont interchangeables. Dans le chapitre intitulé « De l'Exercitation » (II, 6), on lit en effet :

On se peut, par usage et par experience, fortifier contre les douleurs, la honte, l'indigence et tels autres accidents; mais, quant à la mort, nous ne la pouvons essayer qu'une fois; nous y sommes tous apprentifs quand nous y venons. (350a.)

La Boétie serait donc l'essayeur parfait, et donc le véritable essayiste, parce qu'il est, des deux amis, le seul à avoir jamais essayé la seule chose qui ne peut pas s'essayer dans la vie : la mort. Et nous en voilà revenu à la scène de la mort, ou plutôt à la scène primitive de l'écriture : scène de la lettre et scène de la naissance de l'essai.

Il y avait, bien sûr, de solides raisons politiques à la décision de ne pas publier la *Servitude volontaire*. Cette attaque contre la tyrannie, on le sait, avait été employée par des Protestants dans leur propagande contre le roi de France. Il aurait été extrêmement dangereux pour n'importe quel écrivain de s'y référer, sans parler de lui réserver une place centrale dans ses œuvres. Montaigne dut donc se mettre en quête d'un autre monument à ériger à la mémoire de son ami et, passant de la prose politique aux vers d'amour (donc à un sujet réputé innocent), il choisit de placer 29 sonnets de La Boétie au beau milieu de son livre, précisément au chapitre 29. Ces poèmes parurent à cet endroit dans toutes les éditions des *Essais* publiées du vivant de leur auteur. Celui-ci les biffa pourtant sur son exemplaire personnel de l'édition de 1588 et écrivit à leur place la phrase suivante, à la fin du paragraphe-dédicace à Madame de Grammont : « Ces vers se voient ailleurs. » (194*c*.)[1]

Ce déplacement doublement répété de la prose et des vers de La Boétie par son éditeur, héritier et ami a de quoi surprendre *a priori*. On ne saurait expliquer cette démarche uniquement par des raisons politiques (dans le cas de la *Servitude volontaire*) ou éditoriales (si les 29 sonnets ont été effectivement publiés « ailleurs », ce qui n'est pas prouvé). A la lumière de ce que nous avons dit ci-dessus au sujet de l'ambivalence marquée de Montaigne à l'égard de l'œuvre boétienne, il est tentant d'interpréter autrement ce double effacement successif (d'autres diraient : cette double *mise sous rature*). Si l'on se place, en effet, du point de vue de la quête d'identité qui

---

1. On a pensé que les *Sonnets* de La Boétie avaient été publiés entre 1588 et la mort de Montaigne. Mais aucun exemplaire de cette hypothétique édition n'a encore pu être retrouvé. Cf. *Œuvres complètes* de Montaigne, éd. citée, p. 1480, note 4 à la p. 194.

est celle de Montaigne écrivain à partir de 1563, il est clair qu'un échange s'est produit dans la relation intersubjective entre les deux protagonistes : entre le possesseur des « bonnes lettres » (La Boétie) et le détenteur de ces lettres héritées qui n'est autre que l'écrivain des *Essais*.

On pourrait tenter de reconstituer ce qui a pu se passer dans l'itinéraire psychologique de Montaigne. A mesure que les années passent et que Montaigne devient de plus en plus conscient de ses talents littéraires, on assiste à une déconstruction progressive du testament dans le texte des *Essais*. Le langage de l'Autre, même s'il est en apparence le plus amical qui soit, n'a plus droit à la parole, ne peut plus se poser comme point d'origine du langage de Montaigne. Pour employer les termes mêmes du chapitre « De l'Amitié », l'écrivain ne peut plus accepter de voir ses essais comme des « crotesques... rappiecez de divers membres, sans certaine figure, n'ayants ordre, suite ny proportion que fortuite » (181*a*). En d'autres termes, Montaigne en est venu peu à peu à prendre acte du fait que ses essais se sont déplacés de la périphérie vers le centre, qu'on ne peut plus les considérer comme de simples ajouts à l'œuvre de l'Autre, des lettres-dédicaces reléguées à la marge de plus imposants écrits. Les *Essais* ont dorénavant besoin d'être reconnus publiquement, officiellement comme des « bonnes lettres » à part entière. Mais ils ne peuvent le dire ouvertement. Leur plus grande singularité vient précisément du fait qu'ils expriment négativement l'unique objet de leur désir : être lettrés sans sembler l'être.

Cette logique de la dénégation, Montaigne la connaît bien puisqu'il l'expose, non pas en théorie mais dans les termes les plus concrets, comme on l'a déjà vu, dès 1580, en l'appelant le « démentir » :

Je ne dresse pas icy une statue à planter au carrefour d'une ville, ou dans une Eglise, ou place publique [...]. C'est pour le coin d'une *librairie*, et pour en amuser un voisin, un parent, *un amy*. (II, 18, 647*a*.)

Il est certain qu'au début la statue de La Boétie devait être érigée en plein centre de la place publique, dans le premier livre des *Essais*. Les choses ont ensuite changé et il n'a plus été question que de placer ses œuvres dans un « coin », à la périphérie. Maintenant nous voyons Montaigne placer son propre ouvrage au même endroit, dans une « librairie » pour « amuser », c'est-à-dire occuper, intéresser un être cher, « un amy ». Les mots « librairie » et « amy » ne sont pas sans évoquer la fameuse lettre de 1563 et le testament littéraire de La Boétie. Le geste de Montaigne, dans le chapitre « Du Démentir », n'est donc pas entièrement innocent : il nous ramène en fait à la « scène primitive » par le biais du signifiant obsédant de la « lettre » d'origine.

Alors qu'il gisait sur son lit, à demi inconscient, La Boétie avait murmuré quelques phrases assez énigmatiques à l'adresse de l'ami qui allait les consigner pour la postérité. La version que nous en a laissée Montaigne est la suivante :

Lors entre autres choses il se print à me prier & reprier avec une extreme affection, *de luy donner une place* : de sorte que j'eus peur que son jugement fust esbranlé [...]. Il redoubla encores plus fort : « *Mon frere, mon frere, me refusez-vous doncques une place ?* » Jusques à ce qu'il me contraignit de le convaincre par raison, & de luy dire, que puis qu'il respiroit & parloit, & qu'il avoit corps, *il avoit par consequent son lieu.* « Voire, voire, me respondit-il, j'en ay, mais ce n'est pas celuy qu'il me faut : & puis quand tout est dit, *je n'ay plus d'estre.* » (1359-1360.)

Une série aussi obscure d'affirmations et d'interrogations en apparence irrationnelles s'éclaire pourtant à la lumière de ce que l'histoire littéraire nous apprend de l'attitude subséquente du survivant. Montaigne ne semble pas, en effet, avoir su *donner une place* à son ami dans le monde des lettres. Il semble plutôt s'être senti coupable de s'être approprié, à la suite d'un concours de circonstances qu'il n'avait sans doute pas prévues, un héritage littéraire sans commune mesure avec celui que lui avait légué La Boétie. Tout se passe, en somme, comme si

Montaigne écrivain était tombé, *a posteriori*, sous le coup de l'accusation prémonitoire du mourant : « Mon frere, mon frere, me refusez-vous doncques une place ? » Cette question, modelée stylistiquement sur le « *Eli, Eli, lama sabachthani* » des dernières paroles du Christ, n'est pas celle que La Boétie pose à Montaigne mais, bien plutôt, celle que Montaigne, dans une sorte de remords déguisé, se pose à lui-même : « Mon frère, mon frère, pourquoi t'ai-je donc abandonné ? »[1]

Placées dans cette perspective psychologique sur la toile de fond des *ultima verba*, les paroles attribuées à La Boétie ne sont plus aussi énigmatiques. Si on les met, elles aussi, « à leur place », c'est-à-dire *sous la plume* de l'héritier et non plus dans la bouche du testateur, elles apparaissent comme appartenant à une structure extrêmement rationnelle et susceptible d'être décrite non moins rationnellement. En vérité, la « place » occupée par les œuvres de La Boétie dans le texte des *Essais* est bien maigre, surtout après la double évacuation de la *Servitude volontaire* et des 29 sonnets d'amour.

Le langage de la lettre de 1563, privé de ses guillemets et restitué à son véritable locuteur, est un signe avant-coureur de ce que sera le langage des *Essais* au cours de leur destinée, c'est-à-dire de leurs divers remaniements. Certes La Boétie conservera « son lieu » jusqu'au bout, ne serait-ce que dans l'essai « De l'Amitié » dont la place est capitale au centre du premier livre; mais ce n'est peut-être pas exactement « celuy qu'il (luy) faut ». Et à mesure que Montaigne se découvrira comme écrivain unique (et comme « unique écrivain » — sans avoir à être le préfacier de l'Autre), les « dernieres paroles » (1347) deviendront de plus en plus prophétiques. A la fin, dans l'exemplaire de Bordeaux, la métamorphose sera complète ; le mort aura eu raison de dire, vingt-cinq ans plus tôt : « quand tout est dit, je n'ay plus d'estre » (1360).

---

1. Cf. le début du Psaume XXII; et Matthieu, XXVII, 46; Marc, XV, 35.

Sans doute cette prophétie est-elle d'ordre purement rhétorique puisqu'elle est écrite et, comme nous l'avons dit, « voulue » par l'écrivain des *Essais*, auteur et narrateur de la lettre. Le « moi » textualisé de La Boétie est donc censé prophétiser sa propre mort en tant qu'homme de lettres au même moment où il annonce la naissance de l'auteur des *Essais*. Les « bonnes lettres » du mourant sont bien détournées de leur trajet, mises à l'écart au purgatoire de la célébrité, ou encore, pour reprendre le vocabulaire postal de la psychologie : mises « en souffrance ». Montaigne semble d'ailleurs s'être aperçu de ce détournement au moment où il confiait, dans le chapitre « De l'Amitié », au sujet de son ami : « Il me semble que je lui desrobe sa part. » (192*a*.) Ce serait bien alors le lieu de parler de « lettres volées » pour parodier le discours de Lacan sur Edgar Poe. Même si Montaigne ne fit pas une carrière d'épistolier mais d'essayiste, la lettre qu'il écrivit à son père au début de sa carrière ne sera pas vite oubliée; elle se maintiendra sous forme de traces mémorielles qu'il nous faut maintenant élucider. L'image de la scène de mort pourra s'effacer du souvenir; mais le signifiant de la lettre demeurera dans son opposition différentielle au nouveau genre de l'essai. Pour paraphraser Lacan encore une fois, on pourrait dire que, si Montaigne en vient à oublier la lettre comme genre littéraire, la lettre, elle, est loin de l'avoir oublié[1].

---

1. « Mais la lettre, pas plus que l'inconscient du névrosé, ne l'oublie » (*Ecrits*, I, *op. cit.*, p. 45).

4

Variétés de l'Humanisme :
l'essai et la lettre (II)

> *Et [j]eusse prins plus volontiers cette
> forme à publier mes verves, si j'eusse eu
> à qui parler.*
>
> (246c.)

Les lettres de Sénèque

A l'imitation d'Horace, Montaigne nous dit qu'il aime la littérature qui mêle l'utile à l'agréable, « plus de fruit au plaisir » (392a). Dans le chapitre « Des Livres » (II, 10), c'est sous cette perspective qu'il considère les *Opuscules* de Plutarque et les *Epistres* de Sénèque :

Ils ont tous deux cette notable commodité pour mon humeur, que la science que j'y cherche y est traictée à pieces décousues, qui ne demandent pas l'obligation d'un long travail, dequoy je suis incapable. (392a.)

Ce n'est évidemment pas le hasard qui dicte ce choix. Comme l'a montré la critique, les *Moralia* de Plutarque représentent sans doute le modèle le plus apte à donner aux *Essais* la forme unique qu'ils ont prise[1]. Or la jux-

---

1. « Les *Moralia*, avec leur mélange d'argumentations, de définitions, d'illustrations, de longues narrations et de diverses allusions, ont beaucoup en commun avec les *Essais*, bien qu'en comparaison ils semblent arides et même banals » (R. A. Sayce, The « *Essays* » of Montaigne. A Critical Exploration, Londres, Weidenfeld & Nicolson, 1972, p. 39). C'est nous qui traduisons.

taposition, dans le chapitre cité, entre les « essais » moraux de Plutarque et les « lettres » familières de Sénèque produit un effet de polarisation dont la poétique des *Essais* se trouve investie. Si, en effet, au cours des trois livres, on observe un effort constant de la part de Montaigne pour expliciter la différence radicale de l'essai et faire la théorie de la forme qu'il expérimente, la lettre, en revanche, semble occuper le pôle inverse du signifiant refoulé, inavouable parce que dangereusement contaminé par le drame de la « scène primitive ».

Or, Montaigne s'est étendu sur les *Epistres* de Sénèque plus que sur toute autre œuvre littéraire. Comme le remarquait Pierre Villey, elles sont son « livre favori »[1]. Il leur fait de nombreux emprunts, en particulier au moment où il prépare la première édition de ses *Essais*. Les chapitres I, 14; I, 20; I, 39; I, 42; II, 1; et, surtout, II, 3 sont remplis de centons tirés de Sénèque, traduits et arrangés de manière à former une « marqueterie », non pas « mal jointe », comme il le dit, mais savamment ouvragée[2]. Dans le chapitre « Des Livres » (II, 10) on lit :

Les *Epistres* de Seneque [sont] la plus belle partie de ses escrits, et la plus profitable. Il ne faut pas grande entreprinse pour m'y mettre; et les quitte où il me plait. Car elles n'ont point de suite des unes aux autres. (392*a*.)

Si le genre épistolaire plaît à Montaigne c'est, nous dit-il, qu'il lui offre une liberté de lecture incomparable. N'ayant « point de suite » les unes par rapport aux autres, les lettres peuvent s'apprécier indépendamment, sans

---

1. *Les Sources et l'Evolution des « Essais » de Montaigne*, Paris, Hachette, 1908, t. I, p. 215.
2. L'évolution de la prose latine de Sénèque dans le texte des *Essais* semble se développer parallèlement à l'évolution de la conscience qu'a Montaigne de la valeur de la prose en tant que moyen d'expression littéraire. On ne trouve qu'une seule citation des *Epîtres* de Sénèque en 1580; et Montaigne ne semble guère, à ce moment-là, apprécier la prose latine, ou du moins pas assez pour la faire figurer à côté des vers dans son livre. Tout change après 1588 : la plupart des citations des *Epîtres* sont données dans l'original latin.

exiger du lecteur un effort soutenu. Loin d'être un défaut, ce manque de continuité fait tout leur charme. L'éloge des « pieces décousues » (392*a*) n'est pas sans rappeler le style de conversation mis à l'honneur dans le chapitre sur l' « art de conferer » (III, 8) :

> Le plus fructueux et naturel exercice de nostre esprit, c'est à mon gré la conference [discussion]. J'en trouve l'usage plus doux que d'aucune autre action de nostre vie. (900*b*.)

L'art épistolaire est donc un *art sans art* (ou un art qui occulte l'art) à l'imitation de la conversation naturelle, née spontanément de la rencontre d'esprits alertes qui s'animent mutuellement dans une émulation vive et amicale. Cet échange intellectuel n'est pas sans évoquer chez Montaigne, comme par nécessité, le souvenir idéalisé de ce qui fut la grande passion de sa vie, son amitié pour Etienne de La Boétie. Et l'on ne s'étonne pas que le chapitre « De l'Art de conferer » apparaisse comme une excroissance textuelle du chapitre « De l'Amitié » :

> J'ayme une société et familiarité forte et virile, une *amitié* qui se flatte en l'aspreté et vigueur de son commerce, *comme l'amour*, és morsures et esgratigneures sanglantes. (902*b*.)

Le combat ferme et vigoureux de la discussion, de l'échange amical, enchante aussi bien l'écrivain qui se déclare prêt à accueillir toute critique constructive et de bonne foi. L'*alongeail* suivant en est le signe :

> Et, pourveu qu'on n'y procede d'une troigne trop imperieuse et magistrale, je preste l'espaule aux reprehensions que l'on faict en mes escrits. (902*c*.)

Quelques paragraphes plus loin, nous trouvons un rappel de la fameuse formule, à laquelle nous sommes maintenant habitués, qui présente le livre des *Essais* sous les traits métaphoriques d'une filiation spirituelle :

> J'aimeroy mieux que *mon fils* apprint aux tavernes à parler, qu'aux escholes de parlerie. (905*b*.)

Le livre de Montaigne est en effet une personne vivante en ce sens qu'il est un interlocuteur qui parle et « confère », non une plume qui se contente d'écrire. Et pourtant cette « personne » ne peut se communiquer que par un texte écrit. « L'art de conferer » doit nécessairement trouver une transposition de l'oral à l'écrit : autrement dit, passer d'une certitude d'amitié révolue avec une présence vivante à l'incertitude d'une amitié nouvelle avec un lecteur absent.

Nous voilà donc revenus à la métamorphose de la lettre en essai — forme qui prétend transformer les « peintures fantasques » de la conversation en « tableau élabouré » tout en restant fidèle à leur essence de « *crotesques* » (181*a*). Des « corps rappiecez » (181*a*) aux « pieces décousues » (392*a*), nous sommes toujours dans l'aporie enchanteresse de l'*art sans art*. « Ars adeo latet arte sua », avait écrit Ovide dans ses *Métamorphoses* (X, 252).

Des divers passages que nous avons cités, il semble qu'il soit possible de reconstituer l'itinéraire de Montaigne entre une conception de la lettre comme « point de départ » et une conception de l'essai comme « point d'arrivée ». En simplifiant, on pourrait représenter cet itinéraire sous forme du schéma suivant :

Lettre → style de la conversation (Sénèque) → « art de conferer » → conversation/discussion amicale → amitié idéale → d'où : accueil de la critique → l'écrivain cherche alors dans le lecteur un ami et l'équivalent d'un correspondant pour l'*Essai*.

S'il existe deux maillons manquants dans cette chaîne métonymique, le *terminus a quo* et le *terminus ad quem*, le lecteur devra les trouver non pas dans le monde textuel des *Essais* mais dans un hors-texte référentiel. Au début de la chaîne, la *lettre*, en tant que signifiant, se réfère à une absence sur l'axe paradigmatique. Car il n'y a pas de lettre possible en présence de l'autre; on n'écrit qu'à un correspondant absent, par définition. Ici, dans le contexte des *Essais*, la lettre semble présupposer, au moment où elle est publiée, l'absence de destinataire (le père et le « frère » sont tous les deux morts à ce point précis du trajet de la lettre). A l'autre bout de la chaîne, l'essai devient une possibilité, une prolongation jamais interrompue du moi, même au-delà de la mort : il est un « fils » idéal, image de l'appropriation de l'Autre, se déplaçant de l'autre côté du miroir.

Ainsi les *Essais* se présentent à la fois comme la négation de l'héritage d'autrui et l'affirmation de leur propre identité à léguer à autrui. Ecrire ses *Essais*, pour Montaigne, cela signifie changer le rapport Fils-Père en un rapport Père-Fils, tout en remplaçant l'auteur-lecteur du passé (La Boétie) par un lecteur-auteur de l'avenir (le fameux « suffisant lecteur » qui découvrira aux écrits des « perfections autres », et leur prêtera « des sens et des visages plus riches », 126*a*). Le mouvement qui va de la « lettre » à l' « essai » dans la suite métonymique du texte est la manifestation en surface d'une lutte psychologique qu'il est sans doute malaisé de définir avec plus de précision sans tomber dans les travers d'une psychocritique réductrice.

Qu'il suffise de noter que l'essai se veut l'équivalent de la lettre alors qu'en réalité il en est la négation ou l'exclusion sans cesse renouvelée. L'essai s'écrit entre les lettres-dédicaces destinées à présenter les *Œuvres* de l'Autre (la prose et les vers de La Boétie, mais aussi la *Theologia naturalis* de Sebond) et les lettres non écrites, héritées de tous les *auctores* (Sénèque d'abord, mais aussi Pline et Cicéron). L'impossibilité de trouver un terrain commun aux lettres écrites et non écrites condamne les *Essais* à un sort quasi sisyphien : ils sont voués à rester un corpus inachevé, toujours à « alonger » (ce sont les *alongeails*), toujours à récrire. Comme nous le verrons bientôt, Montaigne aurait aimé que ses essais aient un statut épistolaire; et il écrira effectivement certains de ses chapitres sous forme de lettre[1].

---

1. Cf. I, 26 (« A Madame Diane de Foix... »); I, 29 (« A Madame de Grammont... »); II, 8 (« A Madame d'Estissac... »); II, 37 (« A Madame de Duras »). Cette remarque est même valable pour l' « Apologie de

Si l'on revient un instant au chapitre « Des Livres »
(II, 10) et aux *Epistres* de Sénèque, on remarquera que
Montaigne décrit le style de l'écrivain latin qu'il admire
en employant les adjectifs « ondoyant » et « divers » :

Plutarque est plus uniforme et constant; Seneque, plus
ondoyant et divers. (392*a*.)

Or il avait employé ces mêmes adjectifs dans le passage très important, au tout début de ses *Essais* (au
premier chapitre du premier livre) où il définit la nature
de l'être humain :

Certes, c'est un subject merveilleusement vain, *divers et
ondoyant,* que l'homme. (13*a*.)

En outre, au premier chapitre du second livre (« De
l'Inconstance de nos actions »), il avait employé l'expression « pieces rapportées » (320*a*) pour stigmatiser la
nature imprévisible et contradictoire de l'homme :

Notre faict, ce ne sont que pieces rapportées[1].

Puisque les lettres de Sénèque sont caractérisées par le
fait qu'elles traitent leur sujet « à pieces décousues » (392*a*),
il s'ensuit qu'elles doivent nécessairement épouser le trait
dominant de la nature humaine. Autrement dit, Sénèque
serait l'homme par excellence (« ondoyant et divers »
selon l'intertexte de I, 1 et de II, 10) et son style serait
le style le plus humain (selon l'intertexte de II, 1 et
de II, 10).

Il est peut-être temps d'avancer ici une hypothèse de
lecture. Sous l'*auctoritas* sénéquienne, la lettre serait,

Raimond Sebond » (II, 12) qui est probablement dédiée à Marguerite
de Valois :

   « Vous, pour qui j'ay pris la peine d'estendre un si long corps contre
ma coustume, ne refuyrez poinct de maintenir vostre Sebond par la
forme ordinaire d'argumenter dequoy vous estes tous les jours ins-
truite... » (540*a*.)

1. Cf. les expressions semblables : « r'appiesser » (315); « piece à piece »
(316); « pieces » (320); « lopins » (321).

dans la sémiotique de Montaigne, le signe codé de l'idée qu'il se fait de la nature humaine. Chez l'auteur des *Essais*, la nature humaine n'est jamais une donnée; elle échappe par définition à toute définition. La lettre serait précisément, au niveau de l'écriture, la tentative, « l'essai » de reproduire mimétiquement l'indéfinissable nature humaine. Mais elle constituerait aussi un *interdit* dans la mesure où, ayant été le signifiant de la « scène primitive », elle ne pourrait plus être qu'un obstacle, séduisant mais incontournable, à l'écriture des *Essais*.

Les lettres d'Epicure

Au commencement du chapitre « De la Gloire » (II, 6), Montaigne note que, pendant toute sa vie, Epicure s'était élevé contre ce qu'il appelait la « gloire », passion néfaste puisqu'elle conduit à modeler sa vie en fonction non pas de la vertu mais de la réputation que l'on veut se forger aux yeux du monde. Pourtant, continue Montaigne, au moment où il allait rendre l'âme, Epicure ne put cacher sa fierté à la pensée de ses propres « inventions » et « discours » (603*a*), ni réprimer un sentiment d'orgueil devant l'excellente réputation qu'il allait laisser après sa mort.

Le contraste entre les « dernieres paroles » d'Epicure (603*a*) et de La Boétie (1347) est frappant. Dans la « scène primitive » des *Essais* il est certain que l'attitude du mourant est destinée à servir d'exemple : la *constance*, le stoïcisme de son renoncement sont dignes d'admiration. A l'heure de la mort, La Boétie fait preuve du détachement serein qui avait été le sien, à en croire son hagiographe, pendant toute sa vie. A l'inverse d'Epicure, il ne se soucie pas de l' « interest de sa reputation » (1350). Seule la « gloire » de la famille de Montaigne semble lui tenir à cœur. S'adressant à Thomas, le frère de Montaigne qui avait épousé la cause protestante, il le supplie de mettre fin aux « dissentions » qui menacent non seulement l'unité mais la « bonne reputation » d'une famille pour laquelle il a tant d'affection :

> Je vous veux bien advertir, qu'ayant respect à la *bonne reputation* qu'a acquis la maison de laquelle vous estes, par une continuelle concorde : maison que j'ay autant chere que maison du monde : Mon Dieu quelle case, de laquelle il n'est jamais sorti acte que d'homme de bien ! ayant respect à la volonté de vostre pere, ce bon pere à qui vous devez tant [...], vous fuyez ces extremitez [...]. Et comme vous estes sage & bon, gardez de mettre les inconveniens parmy vostre famille, de peur de luy faire perdre la *gloire* & le bon-heur duquel elle a jouy jusques à ceste heure. (1356.)

Il faut noter en passant l'éloge indirect du père, ce « meilleur pere qui fut onques » (II, 12, 416*a*), dans une lettre justement destinée au père. Montaigne prend soin de faire prononcer cet éloge par un tiers (La Boétie) s'adressant à un tiers (Thomas) comme s'il n'était, lui, que le témoin de cet échange et le chroniqueur fidèle de l'événement. Notons aussi la réapparition du modèle évangélique des *ultima verba* avec la prière pour l'unité de la famille : « Ne faictes point de bande & de corps à part : *joignez vous ensemble.* » (1356.) On reconnaît là, bien évidemment, le thème du « ut unum sint » de la prière sacerdotale chez saint Jean, à l'heure du sacrifice :

> Père saint,
> garde en ton nom ceux que tu m'as donnés
> pour qu'ils soient un *comme nous.*
> [...]
> Je leur ai donné la gloire que tu m'as donnée,
> pour qu'ils soient *un comme nous sommes un* :
> moi en eux et eux en moi,
> pour qu'ils soient *parfaitement un.*
>
> (Jean XVII, 11, 22-23.)

Tous ces éléments, à la fois thématiques et stylistiques, montrent bien l'opposition tranchée qui existe entre les derniers moments des deux grands hommes. A l'opposé d'Epicure dont la devise était : « Cache ta vie » (602*a*) mais qui finit par la révéler avec présomption à ses disciples, La Boétie apparaît comme le véritable « épicurien ». Voulant épargner à ses proches une affliction inutile, il garde jusqu'à la fin sa bonne humeur (« il *contrefaisoit* la chere plus gaye », 1350) et dissimule la certitude qu'il a de mourir (« il leur *cacha* tousjours l'opinion certaine qu'il avoit de sa mort », 1351). On ne s'étonne pas alors que Montaigne ait regretté qu'il n'y ait pas eu une assistance plus nombreuse pour admirer l'« asseurance » et le « courage » de son ami : car ce sont les gages du véritable « honneur » et de la véritable « gloire » :

je souhaittois pour la jalousie que j'ay euë toute ma vie de sa *gloire* et de son *honneur*, qu'il y eust plus de tesmoings de tant & si belles preuves de magnanimité, y ayant plus grande compagnie en sa chambre. (1353.)

Or le parallélisme des deux scènes prend un relief encore plus net si l'on considère la forme particulière dans laquelle elles nous sont racontées. Montaigne choisit en effet de reproduire dans le corps de l'essai « De la Gloire » le texte de la lettre qu'adressa Epicure à son ami Hermaque et dans laquelle il fait état du « plaisir » que lui apportait « la souvenance de (ses) inventions et de (ses) discours » :

Voyons les dernieres paroles d'Epicurus, et qu'il dict en mourant : elles sont grandes et dignes d'un tel philosophe, mais si ont elles quelque marque de la recommendation de son nom, et de cette humeur qu'il avoit décriée par ses preceptes. Voicy une lettre qu'il dicta un peu avant son dernier soupir :

   EPICURUS A HERMACHUS SALUT,
   [suit le texte de la lettre]
   Voilà sa lettre. (603a.)

Cependant si, en apparence, le mécanisme formel de la « scène primitive » semble se répéter ici, il existe une différence essentielle entre les deux exemples de discours épistolaire. Contrairement au témoignage d'Epicure que nous connaissons par la lettre qu'il écrivit à Hermaque, celui de La Boétie ne nous est connu que par la chronique que nous en a faite Montaigne dans la lettre à son père. Comme pour le Christ, les « dernières paroles » de La Boétie ne nous sont communiquées que par l'intermédiaire de son évangéliste. Comme dans l'épisode des « Cannibales », la vérité du message dépend essentiellement de la fiabilité du « truchement » (I, 31, 213*a*).

En d'autres termes, si nous poursuivons le parallèle des deux scènes jusqu'au bout, Montaigne joue, dans la lettre qu'il a écrite à son père, à la fois le rôle de l'ami d'Epicure (le destinataire) et celui d'Epicure lui-même (l'expéditeur). Ce cumul de rôles nous en dit long sur la conception de l'essai comme forme approchante de la lettre : lettre dans laquelle l'expéditeur prétendrait être aussi le destinataire en se plaçant aux deux extrémités de la chaîne de communication. Or ce dédoublement de la situation énonciative se produit à un moment crucial de l'élaboration des *Essais*, lorsque Montaigne se demande précisément si sa voie n'est pas celle de l'épicurisme. A cet égard, la remarque qui précède toute la scène des « dernières paroles » d'Epicure a son importance :

> Nous sommes, je ne sçay comment, *doubles en nous mesmes*, qui faict que ce que nous croyons, nous ne le croyons pas, et ne nous pouvons deffaire de ce que nous condamnons. (603*a*.)

Les lettres de Pline et de Cicéron

Dans un célèbre passage du chapitre intitulé « Consideration sur Ciceron » (I, 40), Montaigne nous explique qu'à l'époque où il cherchait à savoir quel genre littéraire il adopterait pour écrire, il fixa son choix négativement en décidant de ne pas écrire de lettres. Par là il entendait se distinguer de Cicéron et de Pline le Jeune qui, par « gloire » c'est-à-dire par pure vanité, avaient publié des lettres qui étaient en fait destinées à un commerce privé :

Mais cecy surpasse toute bassesse de cœur, en personnes de tel rang, d'avoir voulu tirer quelque principale gloire du caquet et de la parlerie, jusques à y employer les lettres privées escriptes à leurs amis... (243*a*.)

Montaigne critique d'ailleurs aussi Epicure et Sénèque pour les mêmes raisons, parce qu'ils ont voulu donner « eternité aux lettres » qu'ils écrivaient et rendre « leur nom aussi conneu et fameus que pourroient faire leurs actions publiques » (245-246*a*).

Il existe, en fait, une longue tradition humaniste derrière cet ordre moral puritain du dédain de la « gloire » lorsqu'il s'agit de l'art épistolaire. Pétrarque partageait à peu près les mêmes sentiments vis-à-vis de Cicéron : quelle que fût son admiration pour les *Familiares,* il était profondément troublé par les mobiles mesquins qui avaient pu pousser leur auteur à les publier. L'utilisation politique qu'en avait faite l'homme public dénonçait l'authenticité des sentiments que l'homme privé y exprimait. Il est paradoxal de trouver ici, chez un Montaigne très critique des publicistes anciens, une attitude d'écrivain qui pourrait bien tomber sous le coup de la même accusation. La lettre qu'il écrivit à son père sur la mort de La Boétie est peut-être l'exemple le plus flagrant d'une exploitation de la vie privée à des fins délibérément publiques. Or cette « scène primitive », nous l'avons vu, devait inaugurer, avec sa publication, la carrière de l'homme de lettres. Les lettres-dédicaces qui suivront confirmeront le même penchant, parce qu'elles appartiennent à ce genre hybride qui demande à être livré au public alors qu'il s'adresse à des proches : un père (lettres 1 et 2), une épouse (lettre 7), ou des amis (lettres 3, 4, 5 et 6).

Des sept lettres-dédicaces que nous avons conservées six sont censées préfacer et présenter une ou plusieurs œuvres de La Boétie (la lettre 2 est la dédicace à Pierre Eyquem de la *Théologie naturelle* de Sebond dans la traduction de Montaigne). Ainsi La Boétie est presque exclusivement le sujet des lettres littéraires de l'auteur des *Essais.* Certes, notre épistolier serait prompt à repousser l'accusation selon laquelle il aurait publié ses lettres pour s'attirer une réputation usurpée. Il aurait beau jeu de répondre qu'il ne cherchait pas la « gloire » pour lui-même mais pour l'ami dont il était le légataire universel et dont il avait la charge morale de répandre la bonne parole. Cependant, comme nous l'avons vu à propos du chapitre « De l'Amitié », les traces d'ambivalence ne manquent pas dans les textes mêmes qui ont pour mission de nous assurer de la bonne gestion de l'auguste succession. Devrait-on aller jusqu'à insinuer que les « bonnes lettres » du défunt sont surtout bonnes pour son légataire universel ?

Entre 1580 et 1588, Montaigne ajouta un paragraphe à sa critique des célèbres épistoliers de l'Antiquité :

Sur ce subject de *lettres*, je veux dire ce mot, que c'est un ouvrage auquel *mes amys* tiennent que je puis quelque chose. (246*b*.)

De toute évidence, Montaigne se considère comme un excellent tourneur de lettres. Mais il a besoin d'un détour rhétorique pour avouer sa maîtrise; c'est en partie la raison pour laquelle il se décharge sur cette notion d' « amys » à la fois imprécise et peu compromettante. Il y a pourtant un « amy » qui a été associé de très près à l'écriture de la première lettre littéraire de Montaigne. Il est curieux que le signifiant de l'amitié réapparaisse ici, sous un déguisement anonyme et pluriel, dans ce contexte épistolaire. Le mort ne serait pas mort; et la « scène primitive » continuerait à hanter l'écrivain par la symbolique de sa littéralité.

Dans l'édition de 1588, cette remarque « sur ce subject de lettres » est immédiatement suivie par des commentaires stylistiques qui tendent à mettre l'accent sur le caractère « serré, desordonné, couppé, particulier » de ses écrits (246*b*). Montaigne semble vouloir nous prouver ici que son style est « inepte aux negociations publiques » et qu'il en sera donc d'autant mieux approprié à l'activité, à l'en croire, essentiellement privée de l'art épistolaire :

[Je] ne m'entens pas en *lettres ceremonieuses*, qui n'ont autre substance que d'une belle enfileure de paroles courtoises. (246*b*.)

A la vérité, il serait bien difficile de refuser aux lettres-dédicaces l'appellation de « lettres ceremonieuses ». Après tout, n'est-ce pas la « ceremonie » qui définit le mieux la lettre-dédicace ? Et Montaigne ne devrait-il pas reconnaître, comme dans l'essai « De la Praesumption », qu'il se « trouve icy empestré és loix de la ceremonie » (II, 17, 615*a*) ? Or cet *alongeail* a été placé dans le chapitre sur Cicéron entre 1580 et 1588, c'est-à-dire plus de dix ans après la publication des sept lettres-dédicaces, toutes composées entre 1563 et 1570. Il serait trop facile d'expliquer cette contradiction en la mettant sur le compte de la « mauvaise mémoire » de Montaigne. Freud et Lacan nous ont appris à distinguer entre ce que l'on dit de sa bonne ou de sa mauvaise mémoire dans un texte et ce que disent à l'analyste les « traces mémorielles » que véhicule ce texte. Si « l'inconscient est le discours de l'Autre », alors pour Montaigne toute lettre qu'il écrit doit nécessairement passer pour le discours du Moi, c'est-à-dire pour une affaire résolument privée.

Il y aurait alors comme une double *cérémonie* dans cet exercice de la lettre : celle qui dénonce, de l'extérieur, l'intolérable « praesumption » des hommes; et celle, tout intérieure, qui se cache sous l'affirmation du manque de « ceremonie » pour établir le discours du Moi, « sans science et sans art » :

Est-ce raison que, si particulier en usage, je pretende me *rendre public* en cognoissance ? Est-il aussi raison que je *produise au monde*, où la façon et l'art ont tant de credit et de commandement, des effects de nature crus et simples, et d'une nature encore bien foiblette ? Est-ce pas faire une muraille sans pierre, ou chose semblable, que de bastir des livres *sans science et sans art* ? (783*b*.)

Ces propos, extraits du chapitre « Du Repentir » (III, 2) posent sous forme de questions oratoires le problème central de l'écriture des *Essais* : comment garder à son écriture toute sa spontanéité si l'on sait que l'on écrit pour l'« approbation publique » (783*b*) ? Les *Essais* se voudraient un style aussi proche que possible de la conversation amicale *ou* de son équivalent écrit, le style épistolaire : autrement dit, un « art de conferer » par lettres, et non un « art de former » pour lettrés. Ce sont « les autres » qui « forment l'homme »; lui, Montaigne, nous dit le « reciter » et en représenter « un particulier bien mal formé » (782*b*).

Ce n'est pas à dire, cependant, que les *Essais* veuillent se libérer de l'influence ancienne et médiévale des *artes dicendi*; mais ils ne peuvent oublier le fait que le style épistolaire est le style même de la lettre d'origine, de la « scène primitive ». Montaigne est d'ailleurs loin d'être seul dans cette entreprise de valorisation stylistique; il se rattache à une tradition qui remonte aux premiers humanistes : à la lecture que faisait Pétrarque, dans ses propres lettres, des *Familiares* de Cicéron et aux recommandations d'Erasme dans le *De Conscribendis Epistolis* (1522) et le *Ciceronianus* (1528)[1]. Et pourtant, lorsqu'il nous dit qu'il écrit ses lettres « tousjours en poste et si precipiteusement » qu'il ne peut trouver personne pour les lui recopier; quand il prétend écrire « sans project » et critique « les lettres de ce temps » parce qu'elles « sont plus en bordures et prefaces, qu'en matiere » (247*b*), la violence même de ces déclarations ne peut s'interpréter que comme une tentative désespérée pour annuler tout acte d'écriture qui ne se conformerait pas au style inaugural de la lettre primitive, celle de l'Amitié dans sa parfaite immédiateté.

---

1. Cf. M. Fumaroli, Genèse de l'épistolographie classique : rhétorique humaniste de la lettre, de Pétrarque à Juste Lipse, *Revue d'Histoire littéraire de la France*, 78, 4, juillet-août 1978, pp. 888-891. Sur les rapports entre la lettre familière et le nouveau genre inventé par Montaigne, on consultera aussi l'article de Michel Beaujour, L'Alongeail comme marque générique : la lettre et l'essai, *Actes du Colloque international Montaigne*, éd. M. Tétel, Nizet, 1983, pp. 16-35.

Une telle hypothèse se vérifiera encore si l'on prend en considération un *alongeail* de l'exemplaire de Bordeaux où s'affirme avec encore plus de vigueur la parenté indéniable entre la lettre et l'essai dans le contexte de la disparition de La Boétie :

Et eusse prins plus volontiers ceste forme à publier mes verves [c'est-à-dire : la forme épistolaire], si j'eusse eu à qui parler. *Il me falloit, comme je l'ay eu autrefois, un certain commerce qui m'attirast, qui me soustinst et soulevast.* Car de negocier au vent, comme d'autres, je ne sçauroy que de songes, ny forger des vains noms à entretenir en chose serieuse : *ennemy juré de toute falsification.* J'eusse esté plus attentif et plus seur, ayant une addresse forte et *amye*, que je ne suis, regardant les divers visages d'un peuple. *Et suis deceu, s'il ne m'eust mieux succédé* [c'est-à-dire : et si je ne me trompe, j'aurais eu plus de succès]. (246*c*.)

La perte irréparable de l' « addresse forte et *amye* » signifie donc aussi, pour l'auteur des *Essais*, la perte de la plénitude du genre idéal : la lettre. Le souvenir de La Boétie aura donc continué à hanter Montaigne non seulement parce que c'est une tragédie personnelle mais aussi parce qu'il en a résulté un changement de destinée littéraire. Si l'essai s'est substitué à la lettre chez l'héritier des « bonnes lettres », la lettre se doit de réapparaître dans le texte des *Essais* pour garantir la nature authentique du « commerce » qui s'y livre : elle est le *caractère* (au sens typographique) privé d'un ouvrage que l'on fait imprimer pour le remettre au public.

De ce point de vue, Montaigne a certainement voulu donner le statut de *lettre* à l'avis « Au Lecteur » qu'il a placé en tête de son livre. Daté de « ce premier de Mars mille cinq cens quatre ving » (9), il enregistre non pas le processus de la composition privée mais le jour glorieux de la finition et de la remise à l'imprimeur. La date n'est plus celle des « crotesques » mais du « tableau élabouré » :

AU LECTEUR

C'est icy un livre de bonne foy, lecteur. Il t'advertit dès l'entrée, que je ne m'y suis proposé aucune *fin*, que *domestique et privée.* Je n'y ay eu nulle consideration de ton service, ny de ma gloire. Mes forces ne sont pas capables d'un tel dessein. Je l'ay voué à la commodité particuliere de mes parens et *amis...* (9.)

Comme dans sa remarque sur ses talents d'épistolier, Montaigne emploie ici le mot « amis » au pluriel anonyme; et il est troublant de constater encore une fois que le débat sur l'écriture publique et privée (cf. cette « fin domestique et privée » affirmée dans le document même qui présente l'ouvrage à son public !) n'est pas séparable du souvenir conjoint de la lettre comme forme (« Au Lecteur ») et de l'importance de l'amitié (« Je l'ay voué à... mes parens et amis »).

Si l'on revient alors au chapitre intitulé « Consideration sur Ciceron » (I, 40) et à l'*alongeail* tardif déjà cité (246*c*), on notera que, dans son exemplaire personnel, Montaigne a surchargé le texte de ses propres additions manuscrites en ajoutant entre les lignes déjà inscrites, et dans une encre différente, les mots : « ennemy juré de toute falsification ». Il semble qu'il y ait là un geste archétypal d'épistolier, exhibant, selon les termes de l'avis « Au Lecteur », les principes mêmes de sa poétique : une « façon simple, naturelle et ordinaire, sans contantion et artifice » (9). L'essai est donc voué à rester un genre inadéquat, un pis-aller de la lettre impossible à écrire. La sûreté avec laquelle Montaigne affirme qu'il aurait remporté plus de succès à cultiver l'*art sans art* de l'épistolier en est le signe flagrant : « Et suis deceu, s'il ne m'eust mieux succédé. » (246*c*.) Par là Montaigne pose et dépose la lettre comme origine à jamais perdue de sa poétique. Les *Essais* resteront hantés par ce souvenir générique, cette trace mémorielle irrécupérable. Ils seront donc condamnés à se récrire à l'infini : entreprise « enquesteuse, non resolutive » (1007*c*) d'infinies métamorphoses. Nés de la mort d'un homme de lettres, ils ne pourront prendre fin qu'avec la mort de l'auteur des *Essais*.

5

Transformation de la Morale :
éthique et esthétique

Composer nos mœurs est nostre office,
non pas composer des livres.

(III, 13, 1088*c*.)

Tout « suffisant lecteur » (I, 24, 126*a*) aura noté, dès
l' « Avis » liminaire, le soin avec lequel Montaigne veut
nous assurer de sa « bonne foy », de sa « franchise »,
« simplesse » et « nayveté ». Il s'agit pour lui d'établir les
bases solides d'une éthique de la loyauté qui garantisse
l'authenticité de la représentation de soi. Certes cette
éthique ne peut se passer de rhétorique; mais ce sera une
rhétorique légitimée et réconciliée avec elle-même, parce
qu'elle est fondée sur le respect de la « parole donnée »[1].
Les termes d'un tel contrat demandent une adhésion
totale du lecteur à la véracité, à la fidélité du portrait.
L' « approbation publique » trouvera alors sa justification pleine et entière; elle aura perdu son « trop incertain
et trouble fondement » (785*b*)[2].

---

1. Sur l'ambiguïté de cette poétique de la sincérité, voir A. Compagnon,
   Montaigne ou la parole donnée, in *Rhétorique de Montaigne, op. cit.*,
   pp. 9-19.
2. La critique moderne a mis en question la prétention de Montaigne
   à la plénitude mimétique. Pour un état présent du problème, voir
   l'article de synthèse de Richard L. Regosin, *Renaissance Quarterly*,
   XXXVII, 1, 1984, pp. 34-54. C'est en ce sens aussi que Jean Staro-

Montaigne se déclare « heureux outre (son) mérite » s'il peut « faire sentir aux gens d'entendement » la *conformité* du livre à son auteur. Le projet de l'autoportrait réclame donc, pour être crédible, une démonstration de fiabilité; et cette fiabilité sera d'autant plus grande que l'auteur se sera donné *publiquement* un visage *privé*, paré, si l'on peut dire, des défauts qui le rendent véridique. Une fois établie la véracité de l' « ethos » montaignien, le lecteur pourra accepter le « pathos » de l'authenticité du portrait.

C'est sans doute la raison pour laquelle Montaigne annonce, au début de l'essai « Du Repentir » (III, 2), qu'il offrira une représentation aussi banale que possible de lui-même :

Je propose *une vie basse et sans lustre*, c'est tout un. (782*b*.)

Une « vie populaire et privée », nous assure-t-il, reflète aussi bien la nature humaine qu'une « vie de plus riche estoffe » car « chaque homme porte la forme entière de l'humaine condition » *(ibid.)*. Cette protestation d'humilité se retrouvera reprise sous la forme d'un *rabaissement* systématique tout au long de l'essai : « vie basse et sans lustre » (782*b*), « ce bas exemple » (786*c*), « ces actions basses et privées » (787*b*), cette « vie retirée » *(ibid.)*, cette « exercitation basse et obscure » *(ibid.)*. Tout conspire à établir un climat propice à l'acceptation d'une authentique philosophie morale.

Si Montaigne insiste sur la modestie, la *médiocrité* de sa vie — en la comparant à celle de son projet littéraire —, s'il se détourne des « actions esclatantes » (787*b*) pour considérer la banalité d'un quotidien sans héroïsme, c'est

binski parle du « *pathos de l'expression fidèle* ». « On ne s'étonnera donc pas de voir Rousseau reprendre à Montaigne et aux épistoliers latins le *quicquid in buccam venit*, pour lui attribuer cette fois une valeur quasi ontologique : la spontanéité de l'écriture, calquée en principe sur la spontanéité du sentiment actuel (lequel se donne comme une émotion ancienne revêcue) assure l'absolue authenticité de la narration » (Le Style de l'autobiographie, *Poétique*, 3, 1970, p. 263).

pour mieux nous acheminer vers l'intérieur, vers ce fameux « dedans » auquel tend toute la poétique des *Essais*. Une « vie basse » refuse toute nostalgie des sommets (« L'homme ne peut estre que ce qu'il est », II, 12, 501*a*). Elle se satisfait du rase-mottes, trop contente de rester, tel Panurge, sur le plancher des vaches. Montaigne a horreur des élévations, des ascensions; elles lui donnent le vertige. Il cherche constamment des points d'appui où il puisse trouver une assise stable. Puisque « le monde n'est qu'une branloire perenne » (782*b*) et que « la constance mesme n'est autre chose qu'un branle plus languissant », alors tous les stratagèmes sont bons pour trouver quelque *asseurance*, quelque position de repli soustraite à la dérive universelle. Ecrire les *Essais*, c'est en un sens mettre à l'épreuve, un à un, ces stratagèmes. Devant l'impossibilité congénitale de l'homme à *se résoudre*, Montaigne va tenter de *s'essayer*, de se saisir dans ses mouvements les plus fugaces pour les fixer sur le papier :

Si mon ame pouvoit *prendre pied*, je ne *m'essaierois* pas, je *me resoudrois*; elle est tousjours en apprentissage et en *espreuve*. (782*b*.)

Dans la tradition aristotélicienne qu'il récuse tout en y participant, Montaigne sait que l'âme est une substance fluide, perpétuellement changeante alors que le corps oppose sa matière pesante, son inertie aux exigences de l'âme[1]. L'expression « si mon *ame* pouvoit prendre *pied* » signifie au figuré : « si je pouvais me résoudre une bonne fois pour toutes »; mais, au propre, elle correspond à vouloir transformer l'âme en corps, à la défaire de sa fluidité pour lui donner une pesanteur corporelle. C'est là, bien sûr, une impossibilité, voire une absurdité. On pense au mot de Mascarille : « Mon *cœur* est écorché depuis la tête jusques aux *pieds*. » La réactivation de la

---

1. Cf. Jean Starobinski, Montaigne en mouvement (fin), *NRF*, 86, février 1960, p. 260.

métaphore, sa « délexicalisation », signale à la fois le désir d'arrêter l'éphémère, de fixer l'évanescent, et la reconnaissance quasi comique, c'est-à-dire humaine, de son impossibilité[1].

Aussi, lorsque Montaigne déclare : « Je propose une vie basse et sans lustre », donne-t-il sa préférence pour un état symbolique où l'âme et le corps sembleront le moins écartelés possible, les plus proches de la symbiose harmonieuse à laquelle il donnera le nom de « reglement » (787*b*) :

> C'est une vie exquise, celle qui se maintient en ordre jusques en son privé. Chacun peut avoir part au battelage et representer un honneste personnage en l'eschaffaut, mais au dedans et en sa poictrine, où tout nous est loisible, où tout est caché, d'y estre *reglé*, c'est le poinct. (786*b*.)

En revanche, les âmes qui cherchent à tout prix à se hausser mordront d'autant plus durement la poussière. En moraliste, Montaigne se chargera de « rabattre » le caquet aux outrecuidants : ils se *dé-régleront* à force de se vouloir grandir. On connaît le passage de l' « Apologie de Raymond Sebond » où l'homme, paradigme de la démesure, se voit contraint à embrasser, malgré sa volonté, « une vie basse et obscure » :

> Le moyen que je prens pour *rabatre* cette frenaisie et qui me semble le plus propre, c'est de froisser et *fouler aux pieds* l'orgueil et humaine fierté; leur faire sentir l'inanité, la vanité et dénéantise de l'homme (...); leur faire *baisser la teste* et *mordre la terre* soubs l'autorité et reverance de la majesté divine. (426*a*.)

La force physique des verbes *(rabatre, fouler aux pieds, faire baisser la teste, mordre la terre)*, la flagellation obtenue par la quadruple allitération en *f (frenaisie, froisser, fouler, fierté)* et le schème sonore en *n (inanité, vanité, dénéantise)*

---

1. Les expressions où figure le mot « pied » sont nombreuses dans les *Essais*. Citons : « planter son pied » (II, 17, 629*b*); « gaigner pied à pied » (III, 2, 796*b*); « aller de la plume comme des pieds » (III, 9, 969*b*).

contribuent à faire sentir au lecteur, homme lui aussi et juge de l'homme, le néant qui le menace s'il s'écarte des sentiers battus.

Ce rabaissement systématique s'inscrit d'ailleurs dans une intertextualité de la parole divine — celle des *Psaumes* et du *Magnificat* qui promettent l'abaissement des orgueilleux et l'élévation des humbles :

Deposuit potentes de sede, et exaltavit humiles. [Il a renversé les puissants de leur trône et il a élevé les humbles.]

Quia respexit humilitatem ancillae suae : ecce enim ex hoc beatam me dicent omnes generationes. [Il a jeté les yeux sur la *bassesse* de sa servante et voici que toutes les générations me diront bienheureuse.]

La vie « basse et sans lustre » est promise, en somme, à une glorification future, grâce à l' « approbation publique » garantie par la rhétorique de la référence, ce « coup de force » de la *mimèsis*. « Divine et miraculeuse metamorphose. » (II, 12, 589*c*.)

Comme le dira plus tard Pascal, « nous sommes embarqués »; et Montaigne fait tout ce qu'il peut pour créer les conditions optimales de cet embarquement. Dans un *alongeail* tardif, par exemple, il emploie la première personne du pluriel pour entraîner le lecteur dans son entreprise d'humiliation. C'est le fameux : « *Abattons* ce cuider. » (426*c*.) Ce « nous » communautaire peut d'ailleurs s'employer en sens inverse, pour tourner en dérision l'effort de l' « autre », de cet « outre-cuydant » nommé l'homme qui, telle la grenouille de la fable, « s'enfle et se travaille » au point d'en crever :

Estirons, eslevons et grossissons les qualitez humaines tant qu'il nous plaira ! (512*b*.)

L'interpellation ironique à la seconde personne prendra encore mieux à partie cet être dérisoirement présomptueux, en mimant comiquement son enflure grotesque :

Enfle toy, pauvre homme, et encore, et encore, et encore. *(Ibid.)*

Rabaissement *a contrario* que viendra sceller le vers satirique d'Horace :

Non, si te ruperis, inquit.
[Non, pas même si tu en crevais, dit-il.][1]

Mieux vaut donc, selon Montaigne, s'en tenir « aux creances communes et legitimes » (784*b*) et vivre « une vie privée qui n'est en montre qu'à nous » (785*b*). Autrement dit, ne pas monter sur l' « échaffaut » (l'estrade), ne pas grimper sur « les hauts throsnes » (788*c*) comme il dit, mais se soumettre au mouvement, au « branle » universel qui, paradoxalement, individualise et particularise dans le temps toute « essence » humaine.

C'est peut-être pourquoi Montaigne refuse le repentir :

Excusons icy ce que je dy souv*ent*, que je me rep*ens* rarem*ent*... (784*b*.)

La formule est frappante et la triple assonance en [en] lui donne valeur de *rime* et une « alleure poëtique ». Se repentir, en effet, ce serait aller à rebours du temps; ce serait refuser la temporalité et céder aux tentations abusives de l'absolu. En tant qu'il implique un « désaveu » du passé (786*b*), le repentir est une attitude anti-naturelle vis-à-vis de l'écoulement de la vie, de la fluidité de l'existence. Se repentir, ce serait en somme tenter de remonter la *pente* du temps, chercher *l'être* au lieu d'accepter *le passage* : « Je ne peints pas l'estre. Je peints le passage. » (782*b*.)

Le « je » qui parle dans les *Essais* représente l'homme de l'instant présent, instant qui, autre paradoxe, s'éternise dès qu'il se peint sur la page. Or le texte même des *Essais* s'affirme aussi comme un texte de l'instant présent. Le point de vue de l'observateur s'y définit, au cours des éditions, comme celui du moment de la réécriture. Les additions successives, les fameux *alongeails*, prononcent

1. Montaigne stigmatise ailleurs les prétentions de l'enflure : cf. III, 8, 920*b* (« Ils aymoyent tant à s'enfler... ») et III, 10, 989*b* (« Ils enflent et grossissent leur ame et leurs discours à la hauteur de leur siege magistral »).

le caractère instable, la « branloire perenne » de l'*essai*
— dont le terme même est incertain. S'essayer, ce n'est
pas se prendre ou se saisir; c'est se goûter, se tâter,
s'éprouver — autant de synonymes sur lesquels joue
l'auteur des *Essais*.

Il y a d'ailleurs une rhétorique de l'*alongeail* comme il
y a une rhétorique de l'authenticité. Nous avons déjà
cité la phrase célèbre : « J'adjouste, mais ne corrige pas »
(941*b*); elle ne correspond évidemment pas à la réalité.
Montaigne se corrige; il fait même de nombreuses ratures,
surtout après 1588. Et sur ce point il faut noter la variante
apportée tardivement au dernier essai de 1580. Le texte
original portait :

Je ne corrige point mes premieres imaginations par les
secondes. (736*a*.)

L'exemplaire de Bordeaux ajoute après ces mots :

Ouy, à l'adventure, quelque mot, mais pour diversifier,
non pour oster. (737*c*.)

En écriture aussi Montaigne « se repent rarement ».

Le repentir est jugé inefficace, parce qu'il *pèse* sur l'âme
inutilement. « Il n'est personne, écrit Montaigne, s'il
s'escoute, qui ne descouvre en soy une forme sienne, une
forme maistresse, qui luicte contre l'institution. » (789*b*.)
Or cette « forme » s'exprime aussi en tant que *pesanteur*
naturelle de l'être (« Je me trouve quasi toujours en ma
place, comme font les corps lourds et *poisans* », 789*b*).
L'habitude est une des *formes* de cette pesanteur « qui
nous incorpore au vice et y *conforme* nostre entendement
mesme » (790*b*). Montaigne joue sur plusieurs sens du
verbe *peser*. On y trouve l'équivalent sémantique des
deux verbes latins *pendere* [*peser* au sens de considérer,
estimer, par exemple dans peser le pour et le contre] et
gravare [*peser lourd*, opprimer, accabler : « cela me *poise* »][1].

---

1. Cf. Carol Clark, *The Web of Metaphor. Studies in the Imagery of Montaigne's Essays*, Lexington, Kentucky, French Forum Monographs, 1978, p. 96. Sur les « jeux de pesées », voir Floyd Gray, *La Balance de Montaigne*, Paris, Nizet, 1982, pp. 75 sq.

CARL A. RUDISILL LIBRARY
LENOIR-RHYNE COLLEGE

C'est en ce sens qu'il faut lire : « A d'autres (duquel regiment je suis) le vice *poise* » (789*b*), c'est-à-dire le vice fait mal; il « laisse comme un ulcere en la chair, une *repentance* en l'ame » (784*b*). *Pesanteur* et *repentance* se trouvent donc liées. Le vice « poise » et laisse en l'âme sa *pesée*, le repentir :

Le repentance [...] est plus *griefve*, d'autant qu'elle naist au dedans. (784*b*.)[1]

L'association entre le repentir et la pesanteur se trouve encore confirmée par une citation de Cicéron dans un *alongeail* (785*c*) où les mots latins *grave* et *pondus* servent à ponctuer la conscience du vice et de la vertu :

Virtutis et vitiorum *grave* ipsius conscientiae *pondus* est : qua sublata, jacent omnia. (*De Natura Deorum*, III, xxxv.)

Cependant la véritable pesanteur, celle qui compte ou devrait compter pour l'homme, c'est celle qui appartient à la « forme sienne » de l'être, à sa « forme maistresse » : c'est la *pente* des « inclinations naturelles » (788*b*). Et c'est pourquoi Montaigne en vient, au cours de son essai « Du Repentir », à parler d'un sujet en apparence très différent, celui de la vieillesse. L'analogie est pourtant évidente : il faut adopter une attitude semblable vis-à-vis des faiblesses de la vieillesse et des lâchetés du repentir. Vieillesse et repentir, en effet, entraînent l'homme sur la mauvaise pente, celle qui déshumanise en lui faisant accepter, malgré lui, des licences qui sont indignes de lui. C'est une chose que de « se laisser entraîner »; c'en est une autre que d' « être entraîné » malgré soi. Dans le premier cas, il y a « consentement actif »; dans le second, il s'agit d'une pure démission devant des forces iné-vitables[2].

Puisque le livre, comme nous en assure son auteur, est

---

1. Au début du chapitre « Sur des Vers de Virgile », le vice est encore considéré parmi les sujets « *graves* et qui *grevent* » (818*b*).
2. Cf. J. Starobinski, art. cit., *NRF*, 86, p. 265.

« consubstantiel » à la personnalité de celui qui l'écrit (II, 18, 648), sa pesanteur doit nécessairement refléter celle qu'éprouve l'homme qui nous laisse ce témoignage. En particulier, si la vieillesse « gaigne pied à pied » (796*b*) sur le sujet observé, le texte doit rapporter cette observation selon un mouvement semblable, en suivant la même *pente*. L'essai « Du Repentir » se terminera donc en associant *vieillesse* et *repentir* :

> Au demeurant, je hay cet accidental repentir que l'aage apporte. (793*b*.)

Si Montaigne déteste tant la vieillesse, c'est surtout parce qu'il craint qu'elle n'altère ses facultés et ses désirs, tout en lui faisant se reprocher de n'en avoir pas joui comme il fallait :

> Quelles *Metamorphoses* luy voy-je faire tous les jours en plusieurs de mes cognoissans ! (796*d*.)

Vieillir, c'est être soumis au processus naturel de « l'humaine condition ». Montaigne ne nie pas sa temporalité; mais il se souvient peut-être ici d'un passage d'Ovide où, par la magie du mythe, il était possible de rebrousser le cours du temps. Rappelons le rajeunissement d'Eson :

> A peine Eson a-t-il absorbé [la potion préparée par Médée] que sa barbe et ses cheveux blancs noircissent; sa maigreur disparaît; la pâleur et la flétrissure de son visage s'évanouissent; une substance nouvelle comble le creux de ses rides et ses membres reprennent toute leur vigueur. Eson s'étonne : il se retrouve tel qu'il était quarante ans plus tôt. (*Métamorphoses*, VII, vv. 287-293.)

Prodige extraordinaire, certes, mais que Montaigne sait impossible dans le monde réel. Il n'y a pas de Médée pour rajeunir l'auteur des *Essais*. De là, la charge ironique de l'expression « Métamorphoses » pour parler des ravages de sa propre vieillesse. Les seules métamorphoses auxquelles croit désormais Montaigne sont celles de l'écriture qui peut, elle, par sa magie, transformer le fardeau des ans et lui donner un autre sens.

Face à cette vieillesse qui le tenaille, le vœu le plus cher qu'entretient Montaigne est de pouvoir rester fidèle à lui-même, à sa « *forme* maitresse », jusqu'à la fin; et il emploie un adverbe précisément dérivé du mot « forme » pour le dire :

Je me veux presenter et faire veoir par tout *uniformément*. (794*c*.)

Il aimerait pouvoir accepter la pente naturelle de la vie sans la « repenser », c'est-à-dire sans la « re-peser » :

J'en ay vu l'herbe et les fleurs et le fruit (de la vie); et en vois la secheresse. Heureusement, puisque c'est naturellement. *(Ibid.)*

La vieillesse se fait pressante; il résiste le mieux qu'il peut (« Je soustien tant que je puis », 796*b*). Il tente de s'embusquer contre elle dans toutes sortes de « retranchemens » — et la rédaction de ses *Essais* n'en est pas le moindre. La métaphore militaire prépare la chute finale de l'essai qui est aussi celle du protagoniste : celui-ci tombe, plume en main, comme un soldat au champ d'honneur :

A toutes avantures, je suis content qu'on sache d'où je seray *tombé*. (796*b*.)

Tels sont les derniers mots de l'essai « Du Repentir ». Le verbe « tombé » signale à la fois la mort du héros et l'arrêt de l'écriture. Certes, Hugo Friedrich avait raison de placer ce chapitre au nombre des essais où Montaigne montrait qu'il était « un maître de la pointe ramassée »[1]. Mais, en cet instant, le livre n'est plus « consubstantiel à son autheur »; une béance s'ouvre entre le discours et le sujet qui l'écrit. De là le recours au futur antérieur (« d'où je *seray tombé* »), projection d'un avenir dont il faut néces-

---

1. *Montaigne*, trad. R. Rovini, Gallimard, 1968, p. 362.

sairement parler au passé. Car l'autobiographie peut parler de tout sauf de la mort. Si Montaigne nous dit choisir « une vie basse et sans lustre », c'est aussi par crainte de tomber *avant* la chute finale, *avant* la mort de l'homme et la fin des *Essais*. On pense au passage des *Métamorphoses* qui sert d'épigraphe à l'un des premiers chapitres des *Essais* : « Scilicet ultima semper / Expectanda dies homini est... » (*Métamorphoses*, III, 135-136.) Il faut toujours attendre un homme au dernier jour (I, 19, 77*a*).

Les à-coups, les « secousses » comme il dit (789*b*, 790*b*), rebutent Montaigne — sauf lorsqu'il s'agit de la « vive secousse » que produit en lui un texte poétique (I, 26, 145*a*). Il leur préfère un mouvement régulier de l'âme, obtenu à force de menus combats, lents et obscurs, mais tenaces, contre le branle universel du monde; car, comme il le dit ailleurs, « tout ce qui branle ne *tombe* pas » (III, 9, 938*b*) :

> Le pris de l'ame ne consiste pas à aller haut, mais ordonnéement. (787*b*.)
> Sa grandeur ne s'exerce pas en la grandeur, c'est en la médiocrité. (787*c*.)

La négation de la hauteur, de la grandeur — thème majeur des *Essais* et qu'illustre particulièrement le chapitre « De l'Incommodité de la grandeur » (III, 7, 894*b*)[1] — est nécessaire pour que la pente ne soit pas trop raide ni la descente trop vertigineuse. Le narrateur ne peut permettre à son *alter ego* d'être juché, tel « un *grand* President » tout en *haut* de la tribune; ce serait, pour parler comme Bergson, « plaquer du mécanique sur du vivant », ridiculiser le personnage qu'il incarne et donc rompre le contrat qu'il s'est proposé de tenir avec son lecteur.

La charge de la preuve, que doit administrer l'écrivain

1. Voir aussi I, 37, 225*a* : « Rampant au limon de la terre, je ne laisse pas de remerquer, jusques dans les nues, la *hauteur* inimitable d'aucunes ames heroiques »; II, 17, 628*b* : « La plus basse marche est la plus ferme. C'est le siege de la constance »; I, 42, 258*a* : « Ma *hauteur* m'a mis hors du commerce des hommes. »

Montaigne soucieux de convaincre de la fidélité de la représentation, l'*onus probandi* du magistrat Montaigne, pour qui la tribune du « President » n'est pas une métaphore innocente, consiste à accuser les « autres », les « hauts magistrats », les « grands Presidents » de « former l'homme » du haut de leurs perchoirs :

> Il nous semble que de ces hauts thrones ils ne s'*abaissent* pas jusques à vivre. (788*c*.)

Cette phrase annonce la fameuse formule qui est aussi le dernier *alongeail* important du dernier essai :

> Et au plus eslevé throne du monde, si ne sommes assis que sus nostre cul. (III, 13, 1096*c*.)

Le contraste « hauts thrones »/« s'abaissent à vivre » se fait alors encore plus brutal par la conjonction du « throne » et du « cul ». Retour au corps et à sa partie la plus « basse », « sans lustre », en cette fin des *Essais* où se produit, dans tous les sens, la « chute » du livre.

Tout se passe donc comme si, au cours de l'écriture des *Essais*, le texte semblait résister à l'entraînement fatal qui le lancerait sur la mauvaise pente, celle-là même que le philosophe moral s'est choisie pour thème de réflexion. Dans la mission salvatrice que celui-ci s'est donnée d'abaisser les orgueilleux et d'élever les humbles, les admonestations du Psalmiste sont reprises pour déposer les Puissants de leur trône et fouler aux pieds l'arrogance des Superbes. Devant le « branle » universel qui réduit les « outrecuidants » au silence, Dieu prête alors à l'homme « extraordinairement la main » et consent à l'élever jusqu'à Lui. Et ce n'est pas sans épouser mimétiquement ce geste céleste que la poétique des *Essais* reproduit « cette divine et miraculeuse metamorphose » (II, 12, 789*c*). Tels sont les derniers mots, écrits sur le tard et non sans ratures, de l' « Apologie de Raymond Sebond ».

Les lecteurs des *Essais*, au moins depuis Pascal, se sont divisés entre partisans et adversaires du « laisser aller » de Montaigne, de ses fameuses « nonchalances ». « Il inspire une nonchalance de salut, sans crainte et sans repentir », écrivait l'auteur des *Pensées*[1]. Aux bien-pensants qui lui reprochaient de suivre « sa pente naturelle vers toutes les voluptés », André Gide répondait, en une formule célèbre : « Suivre sa pente, oui, mais en montant. »[2]

Montaigne emploie le mot « pente » pour signifier une tendance, un penchant, une propension — l'équivalent d'*inclination*, l'un de ses mots préférés (« nostre pente vers la haine », II, 12, 421c). Tel est le cas des deux exemples relevés dans le chapitre I, 26, « De l'Institution des enfans ». Rencontrant au milieu d'un ouvrage de son époque un passage poétique ancien, Montaigne nous dit éprouver une élévation soudaine et brutale; il croit « s'envoler en l'autre monde » et précise :

Si j'eusse trouvé la *pente* douce et la montée un peu alongée, cela eust esté excusable. (146a.)

« Pente douce » s'oppose à la fois au « precipice si droit et si coupé » de la véritable poésie et à la « fondriere... si basse et si profonde » de la mauvaise littérature. Au milieu du même essai I, 26, l'*alongeail* célèbre sur la « fabuleuse sagesse » place la vertu, contrairement aux enseignements de l'école, « dans une belle plaine fertile et fleurissante » (160c) à laquelle on arrive « plaisamment » et en suivant « une *pante* facile et polie » (161c).

Or le repentir, pour revenir à lui, constitue au contraire pour Montaigne une mauvaise inclination, une mauvaise pente, celle qui est formée par les « autres », ceux qui « forment l'homme » et qui ont placé la vertu « à la teste d'un mont coupé, raboteux et inaccessible » (160c). Contrairement à la véritable philosophie morale, le repentir offre « cette sotte image, triste » (c'est la contrition), « quereleuse » (c'est le reproche), « despite » (c'est le

1. *Pensées et Opuscules*, éd. Brunschvicq, sect. II, # 63.
2. Cf. M. Rat, Introduction à l'édition de la Pléiade, citée, p. 6. Le mot de Gide est cité par Guy Mermier dans son article, L'Essai « Du Repentir » de Montaigne, *French Review*, 41, février 1968, pp. 485-492.

regret), « menaceuse » (c'est la peur du châtiment), « mineuse » (c'est le remords enfin) (161c). Tout se passe, en somme, comme si, dans le texte des *Essais*, le signifiant même de « repentir » se trouvait prendre un nouveau sens en se décomposant en *re-pentir*, où « pente » serait le radical sous-jacent, un mot sous les mots[1].

Il faut rappeler ici que Montaigne est très sensible à la fois à l'étymologie latine des mots français qu'il emploie et aux ressemblances formelles, aux homophonies du langage en général. La digression sur le latin, qui se produit précisément dans le chapitre « Du Repentir », est une indication précieuse des rémanences vivaces de la sémantisation latine de son vocabulaire. Il écrit :

Le langage latin m'est *comme naturel*, je l'entens mieux que le François. (788b.)

Sans doute n'est-ce pas sans arrière-pensées que Montaigne *pose* le latin *comme* sa langue naturelle : naturelle, oui, mais pas maternelle. Il est très fier de cette éducation latine que son père avait voulue « exemplaire » et dont il nous parle longuement dans l'essai « De l'Institution des enfans » (I, 26, 172-173) :

Et, *sans* art, *sans* livre, *sans* grammaire ou precepte, *sans* fouet et *sans* larmes, j'avois appris du Latin, tout aussi *pur* que mon maistre d'eschole le sçavoit : car je ne le pouvois avoir meslé ny alteré. (173a.)

La répétition de la préposition « sans » tend à confirmer à la fois la pureté et le naturel de cet apprentissage linguistique sans précédent.

Dans l'essai « Du Repentir », Montaigne cherchera encore à en convaincre son lecteur en rapportant que,

---

1. Cf. J. Starobinski, *Les Mots sous les mots*, Gallimard, 1971, qui offre un commentaire aux décompositions de Saussure et propose de voir dans l'anagramme une « palilalie génératrice » (pp. 150 sq.). Pour une discussion de la remotivation sémantique de « repentir », nous renvoyons à notre étude, La pente du repentir, in *Columbia Montaigne Conference Papers*, *op. cit.*, pp. 128-130.

dans des cas d' « extremes et soudaines emotions », ce sont les mots latins qui lui échappent de la bouche — parce qu'ils lui viennent « du fond des entrailles » (788*b*). Il est révélateur que ce soit cet exemple linguistique qui serve à illustrer la thèse selon laquelle on ne peut rien contre « les inclinations naturelles » *(ibid.)*. Dans la dernière couche du texte, Montaigne revient même sur cette intrusion fortuite de la « nature » dans le langage de la « culture » : « nature se sourdant [s'échappant] et s'exprimant à force, à l'encontre d'un long usage » (788*c*).

Il y aurait donc aussi une *pente naturelle du langage*, celle du latin, langue mère du français et langue autorisée par le père, langue de l'origine et de la plénitude du sens. Mais l'écrivain refuse d'écrire en latin, lui préférant un *medium* dégradé, « meslé » et « altéré » (173*a*), celui de son temps, celui de la communication entre « parens et amis » (« Au Lecteur », 9), celui de la diffusion « vulgaire », même si ce *medium* est soumis, lui aussi, à la dérive universelle. Seule une langue pédestre pourra garantir l'authenticité du *sermo pedestris* de la philosophie morale, du discours parfaitement adéquat à la « vie basse et sans lustre ».

Le vertige devant les sommets de l'écriture appartient à un vaste champ sémantique qui éclaire, dans une large mesure, notre compréhension des *Essais*. Le choix de la langue s'inscrit dans la même perspective : « horreur de la cheute » (II, 17, 628*b*), souci d'éviter « les costez pandans et glissans » (627*b*), recherche de la « seurté » (« d'où je ne puisse aller plus *bas* », 628*b*) :

La plus *basse marche* est la plus ferme. C'est le siege de la constance. [...] Je m'atache à ce que je voy et que je tiens, et ne m'eslongne guiere du port. (628*b*.)

Or il n'est pas sans intérêt de rapprocher cette poétique du rabaissement de ce que dit Montaigne de l'interprétation de son nom propre[1]. On sait que Montaigne est sensible à la signification des noms de lieu et des noms de personne, comme en témoignent son chapitre intitulé « Des Noms » (I, 46) et plusieurs passage de l'essai « De la Gloire » (II, 16). On sait aussi que, dans un *alongeail* au *Troisième Livre*, il se plaît à remotiver le sens de son nom de famille en jouant sur la toponymie :

Ma maison est juchée sur un tertre, *comme dict son nom.* (III, 3, 807*c.*)

Or ce « tertre » (petite « montaigne »), nom de lieu devenu nom de personne, est dominé par un château, lui-même surmonté d'une tour, au dernier étage de laquelle se conçoivent les *Essais.* Au moment où l'écrivain déclare « ramper au limon de la terre » (I, 37, 225*a*) et cherche à nous convaincre de la nécessité d'un discours pédestre *(sermo pedestris),* il écrit ces lignes dans sa « librairie », au lieu le plus élevé de son domaine :

Chez moy, je me destourne un peu plus souvent à ma librairie, d'où tout d'une main *je commande* à mon mesnage. Je suis sur l'entrée et vois *soubs moy* mon jardin, ma *basse* court, ma court, et dans la pluspart des membres de ma maison. [...] C'est là mon siege. J'*essaie* à m'en rendre la *domination pure,* et à soustraire ce seul coin à la communauté et conjugale, et filiale, et civile. (III, 3, 806*b* et 807*c.*)

Il est significatif que ces propos sur le splendide isolement de la « librairie », véritable poste de commandement de l'écriture, fassent suite à la déclaration fondamentale sur la signification du nom propre : prise de conscience tardive qui se situe dans la dernière couche du texte et correspond donc à un regard panoramique, en surplomb du texte.

Ainsi, paradoxalement, l' « exercitation basse et

---

1. Sur l'appropriation du nom du père et son rapport avec le nominalisme et le réalisme, voir le livre d'Antoine Compagnon, *Nous, Michel de Montaigne,* Paris, Editions du Seuil, 1980.

obscure » (787b) se produit depuis le lieu de la « domination pure », de l'autorité absolue, de la monarchie sans rivale. Comme le roi dont il mime le langage dans un chapitre au titre révélateur (« De l'*Inégalité* qui est entre nous », I, 42), Montaigne pourrait dire : « Ma hauteur m'a mis hors du commerce des hommes » (258a), si tous les *Essais* ne visaient pas à reproduire l'illusion d'un dialogue possible avec le commun des mortels. Tel est l'enjeu du discours de Montaigne : viser à la *médiocrité* — cette *sancta mediocritas* à laquelle ont rêvé tous les humanistes du XVIe siècle. Eviter la facilité du vulgaire et les fausses difficultés du savant : telle est la poétique idéale que l'on se propose.

Dans le chapitre intitulé « Des Vaines Subtilitez » (I, 54), Montaigne écrivait :

> Si ces *essays* estoyent dignes qu'on en jugeat, il en pourroit advenir, à mon advis, qu'ils ne plairoient guiere aux esprits communs et vulgaires, ny guiere aux singuliers et excellens; ceux-là n'y entendroient pas assez, ceux-cy y entendroient trop; ils pourroient *vivoter en la moyenne region.* (300.)

Or on ne peut se permettre de « vivoter » dans la médiocrité que si l'on a la garantie d'une solution de rechange : celle qu'affiche Montaigne sur la page de titre de son livre dans l'édition de 1580. « Messire Michel de Montaigne » s'y présente comme « chevalier de l'Ordre du roy, & Gentil-homme ordinaire de sa chambre ». Sans cette sublimation par le nom et le renom, serait-il possible à la philosophie morale de renoncer à toutes les poses et de cultiver sereinement l'humilité ? Lui serait-il possible de « proposer une vie basse et sans lustre » ? Montaigne connaît le discours des Béatitudes : « Bienheureux les pauvres en esprit car ils verront Dieu. » Serait-ce forcer les mots que de dire que la poétique qu'il choisit est celle du *Sermon sur la Monta(i)gne* ? S'il se range parmi les *Beati pauperes* de la littérature, c'est qu'il a l'assurance, par avance, qu'à eux sera donnée la pleine mesure d'une métamorphose éternelle.

6

Défis à la Rhétorique (1) : entrées en matière

Il ne sçait pas la rhetorique, ny. pour avant-jeu, capter la benivolence du candide lecteur.

(169*a*.)

A considérer la façon dont Montaigne commence les chapitres de ses *Essais*, on a d'abord l'impression qu'il n'existe pas d'ordre logique dans la composition et le choix des arguments; ou, que s'il y a quelque principe d'organisation, c'est celui du hasard, de la fortune, un « ordre fortuit » qui nierait tout dessein raisonné de composition, toute « disposition » au sens rhétorique du terme, en somme tout « art » et tout « artifice ». Fidèle à la position qu'il a prise dès l'Avis « Au Lecteur » (« Je veus qu'on m'y voie en ma façon simple, naturelle et ordinaire, sans contantion et artifice », 9), Montaigne semble adopter un style décousu, qui refléterait le parti qu'il a adopté et ferait preuve de sa « bonne foy » *(ibid.)* : il ne ferait qu'improviser.

Ce n'est pourtant là qu'une illusion, savamment entretenue tout au long de l'ouvrage. Comme l'a montré la critique textuelle, par divers procédés de liaisons, d'enchaînements, d'échos et de rappels, les différents essais se rattachent plus ou moins directement les uns aux autres, au point de mériter l'appellation de « chapitres » consti-

tutifs d'un même *livre*, quoi qu'en ait pu dire leur auteur[1].
Les « entrées en matière » de Montaigne nous donneront
l'occasion d'interroger ce paradoxe[2].

Il semble légitime de s'intéresser à la façon dont commencent des unités discrètes de discours pour plusieurs
raisons. Tout d'abord depuis Aristote, la poétique et la
rhétorique nous enseignent l'importance de ce qu'on
appelle les « signaux d'ouverture » pour comprendre un
texte. Les premiers mots de tout énoncé servent d'*aver-
tisseurs* ou d'*embrayeurs* qui renseignent le destinataire du
message sur le type de communication dans laquelle il
se trouve impliqué. Aucune formule liminaire n'est innocente, qu'elle soit effectivement à l'origine du texte que
l'on a sous les yeux ou qu'elle ait été placée en position
initiale après coup. Si le critique littéraire ne peut plus
aujourd'hui ignorer la linguistique, sa tâche consistera
donc, en partie, à tenter de déterminer la spécificité des
signaux d'ouverture du texte dont il veut expliciter le sens.
Pour cela, il devra considérer ces « entrées en matière »
à la fois dans la *synchronie* (c'est-à-dire pour un état donné
du texte : par exemple, l'édition de 1580) et dans la
diachronie (c'est-à-dire compte tenu des remaniements
ultérieurs dont l'existence est elle-même porteuse de
sens). Inutile de dire que cette double étude, à la fois
synchronique et diachronique, est particulièrement importante pour un texte comme celui des *Essais* qui s'est récrit
jusqu'à la mort de son auteur[3].

1. Montaigne montre à plusieurs reprises son mépris pour les faiseurs
de livre : « Je n'ay aucunement estudié pour faire un livre » (II, 18,
648*c*). A propos de l'ordre des *Essais* on consultera en particulier les
articles de R. A. Sayce (*Bibliothèque d'Humanisme et Renaissance*, XVIII,
1, 1956, pp. 7-22) et de M. S. Meijer (*Journal of Medieval and Renaissance
Studies*, XII, 2, 1982, pp. 259-274).
2. Au sujet du paradoxe chez Montaigne, voir l'ouvrage d'Alfred Glauser,
Montaigne paradoxal, Paris, Nizet, 1972.
3. La bibliographie sur les signaux d'ouverture est abondante. Il faudrait,
bien sûr, partir de la notion d'*exordium* (ou *proemium*) de la rhétorique
traditionnelle. Signalons, pour la critique moderne, le passage des
Essais de linguistique générale de Roman Jakobson (Editions de Minuit,

L'analyse des débuts d'essais se trouve également justifiée pour une autre raison. En effet, Montaigne, qui a longuement réfléchi aux problèmes d'écriture et s'est penché maintes fois sur la nature de ses *Essais*, s'est prononcé à plusieurs reprises sur ce point capital. Dans un passage de « l'Institution des enfans » (I, 26) il oppose à l'orateur cicéronien, rompu au jeu de la *captatio benevolentiae*, l'écrivain « simple et naïf » qui dit d'emblée ce qu'il a à dire :

Il ne sçait pas la rhetorique, ny, pour avant-jeu, *capter la benivolence* du candide lecteur, ny le luy chaut de la sçavoir. (169*a*.)

Dans le chapitre « De la Praesumption » (II, 17), Montaigne revient sur cette question pour signaler la difficulté des entrées en matière et cite Cicéron, cette fois pour l'approuver, dans un « alongeail » tardif :

Cicero estime que ès traictez de la philosophie le plus difficile membre ce soit l'*exorde*. (621*c*.)

Si l'on considère le défilé des *Essais* entre leur conception et leur état final, on constate une évolution à la fois dans la structure des « ouvertures » et dans la réflexion de l'auteur sur cette pratique. C'est pourquoi nous nous proposons d'examiner ici brièvement les lignes de force de cette évolution après avoir recensé les caractéristiques

1963) intitulé « Embrayeurs et autres structures doubles », pp. 176 sq. Les embrayeurs (en anglais : *shifters*) sont des « unités du code qui *embrayent* le message sur la situation », rappelle Nicolas Ruwet dans sa traduction (p. 178, note 3). Sur les « informants », voir la *Rhétorique générale* du groupe μ (J. Dubois *et al.*), Larousse, 1970, pp. 194 sq. Sur l'ouverture des contes on consultera Vladimir Propp, *Morphologie du conte*, Seuil, 1965, trad. M. Derrida, pp. 36 sq. Il faudrait aussi citer, dans une veine plus poétique, le livre où Louis Aragon a raconté le processus par lequel, « sans aucune conscience préalable de ses possibilités », un roman « réaliste » s'est mis à s'écrire à partir d'une première phrase « arbitraire » (*Je n'ai jamais appris à écrire, ou Les incipit*, Genève, Skira, 1969, p. 78). Il y a là une « nonchalance d'écriture » que Montaigne, certes, n'aurait pas désavouée ; et le titre même du livre d'Aragon fait preuve d'une (fausse) modestie très montaignienne.

principales de l'*incipit* dans les divers états du texte. On entendra par *incipit* la première unité d'énonciation, c'est-à-dire un fragment plus ou moins long du début d'un chapitre (généralement la première phrase grammaticale complète de ce chapitre), « fragment où sont censés se révéler les conditions de lisibilité de ce texte et le dispositif intertextuel qu'il met en place »[1].

Une étude synchronique de l'édition *princeps* de 1580 révèle d'abord la très faible proportion des *débuts formulaïques* : *auctoritas, sententia*, proverbe, etc. Au premier livre, trois chapitres seulement sur 57 commencent par un nom d'auteur : I, 20 (Cicéron); I, 24 (Amyot) et I, 42 (Plutarque). Ces mentions se réduisent à deux sur 37 chapitres au second livre : II, 26 (Tacite) et II, 31 (Plutarque). Ces chiffres sont éloquents : la proportion des marques d'autorité est pratiquement restée la même dans les deux premiers livres et se trouve réduite à des épigraphes. Dans le premier livre on ne relève qu'une citation grecque (*Iliade*, I, 47), deux latines (Virgile, I, 18, et Ovide, I, 19), une française (La Boétie, I, 10) et un seul proverbe, d'ailleurs latin (I, 21). Cette tendance s'affirme dans le second livre dont les *incipit* ne contiennent plus ni citation ni proverbe. Ainsi le recours aux marques d'ouvertures canoniques s'avère minimal dans les deux premiers livres de 1580, comme si Montaigne, voulant déjà se démarquer nettement de la rhétorique traditionnelle, cherchait à éviter les signaux trop voyants de l'*onus probandi* : « ils sont bons », nous dit-il, en parlant des discours de Cicéron, « pour l'escole, pour le barreau et pour le sermon » (II, 10, 393*a*).

Cherchant à retracer la chronologie de la composition des *Essais*, Pierre Villey distinguait entre plusieurs « groupes de chapitres » élaborés à différentes époques. Le premier « groupe », composé aux environs de 1572,

---

1. Nous empruntons cette définition du *Glossaire pratique de la critique contemporaine* de Marc Angenot (Québec, Hurtebise, 1979). L'épigraphe, rare chez Montaigne, ne sera pas considérée comme un *incipit* suffisant pour les besoins de la présente analyse.

aurait trouvé place en grande partie dans le livre I; mais les deux autres « groupes » se répartiraient inégalement entre les livres I et II, et rien n'expliquerait pourquoi tel chapitre a trouvé place dans tel ou tel livre. En fait, la répartition des chapitres entre le livre I et le livre II tient peut-être aussi à un autre principe de classement qui n'a plus pour critère la chronologie des lectures (ce que Montaigne lisait à telle époque et donc ce dont il informait son écriture) mais la *typologie des ouvertures* (marquage qui dénote moins une lecture qu'il ne connote une écriture)[1].

Si la proportion des *incipit* impersonnels est de deux fois supérieure à celle des personnels (livre I : 17 chapitres sur 57; livre II : 15 chapitres sur 37), il faut remarquer que la première personne du singulier est relativement plus employée dans le second livre que dans le premier. Dans le livre II près d'un chapitre sur deux commence par une phrase contenant l'expression du *je* locuteur alors que, dans le livre I, cette expression apparaît dans moins d'un chapitre sur trois. Cette personnalisation accrue des débuts de chapitres dans le second livre permettrait peut-être de repenser les principes de composition de cette première édition et de reformuler les conclusions de Pierre Villey.

Il faut remarquer en outre que les substantifs jouent un rôle nettement plus modeste dans le lancement des essais du second livre. Les substantifs clés sont réduits de 6 à 2 pour les noms propres, de 14 à 2 pour les noms communs; le « nous » généralisateur, équivalent du substantif « les hommes », diminue de 9 à 3 occurrences en même temps. La conjonction de ces deux phénomènes — personnalisation accrue et baisse de la densité substantive — peut s'interpréter comme la marque linguistique d'une régression des essences. Le discours de l'essai renonce de

---

1. Pour un résumé de la thèse de P. Villey, voir son Introduction, « La vie et l'œuvre de Montaigne » dans le premier tome de l'édition des *Essais*, PUF, 1965 et 1978, pp. XXII et sq.

plus en plus à poser au départ des données abstraites, générales et autorisées. C'est déjà, avant la lettre, le signe d'une peinture non pas de l'*être* mais du *passage* et une critique du concept qui trouvera son explicitation véritable au troisième livre[1].

Autre caractéristique grammaticale importante, l'immense majorité des chapitres commence par des propositions indépendantes ou principales. Le premier livre en comporte 49 sur un total de 57 chapitres et le second, 33 sur un total de 37 chapitres. Les seules subordonnées recensées se classent de la façon suivante :

Livre I	*Livre II*
2 comparatives (I, 8 et 30)	o
2 concessives (I, 36 et 46)	o
1 conditionnelle (I, 53)	2 (II, 3 et 36)
1 participiale temporelle (I, 28)	1 (II, 5)
2 temporelles (I, 31 et 38)	1 (II, 13)

L'absence de subordonnées causales, consécutives et finales est en elle-même révélatrice; elle s'accorde bien avec le *caractère non prescriptif* de l'essai en tant que genre littéraire. De même, la suppression des comparatives et des concessives au livre II signale une tendance anti-rhétorique accentuée. On pourrait y voir une réaction de l'homme de loi contre les « attendu » de la chicane et, en tout cas, la marque d'une libération de l'écriture vis-à-vis des contraintes causalistes de l'*onus probandi*. Il est remarquable que seules des propositions temporelles et conditionnelles se trouvent à l'*incipit* du second livre. Cette indication grammaticale souligne bien le parti pris philosophique de Montaigne pour la temporalité et la relativité. On a là une vérification partielle mais remarquable de la *théorie de la consubstantialité* qui ne verra le jour que tardivement dans un *alongeail* du livre II (chap. 18, 648*c*) : « Je n'ay pas plus faict mon livre que mon livre m'a faict, livre consubstantiel à son autheur. » Sachant

---

1. Sur la critique du concept, voir *infra*, chap. 2.

que les « ornements » du style hypotactique dénoncent l'artifice du discours, Montaigne tend instinctivement à éviter la subordination là où elle pèserait le plus lourd, là où elle serait la plus voyante : au début de ses chapitres.

Lorsque l'on passe au livre III et à l'édition de 1588, on est surpris, au premier abord, de noter la fréquence du caractère impersonnel des entrées en matière. On penserait *a priori* que le « je » intime de Montaigne y trouverait son expression grammaticale la plus évidente, puisque le portrait qu'il peint de lui-même y occupe une place considérable. En fait, sur les treize nouveaux chapitres, un seul *incipit* contient le pronom « je » (III, 41) :

J'ay autresfois esté emploié à consoler une dame vraiement affligée... (*De la Diversion*, 808*b*.)

Le caractère atypique de ce début vient du fait qu'il est le seul à présenter d'emblée un souvenir personnel. Tous les autres essais du livre III, en effet, s'arrangent pour offrir des considérations générales *constatives* ou *prescriptives* par rapport auxquelles le *moi* va ensuite, mais ensuite seulement, se situer. Les douze cas du troisième livre méritent qu'on s'y arrête pour en analyser le processus d'opposition.

Chapitre 1 (« De l'Utile et de l'Honneste ») : « *Personne* n'est exempt de dire des fadaises... » (767*b*.) A cette affirmation constative s'oppose une notation personnelle négative : « Cela ne *me* touche pas », se présentant à l'encontre du principe généralisateur initial.

Chapitre 2 (« Du Repentir ») : « *Les autres* forment l'homme; *je* le recite et en represente un *particulier* bien mal formé... » (782*b*.) A la constatation générale du principe d'altérité s'oppose la représentation du *moi* particulier de l'essai.

Chapitre 3 (« De Trois Commerces ») : « *Il ne faut pas* se clouer si fort à ses humeurs et complexions... » (796*b*.) Déclaration prescriptive qui pose la généralité du précepte pour pouvoir ensuite ménager l'*écart* du moi qui oppose sa différence : « Si c'estoit à *moy* à *me* dresser à *ma* mode, il n'est aucune si bonne façon où *je* vouleusse estre fiché pour ne *m'*en sçavoir desprendre. » Le choix de « se desprendre », c'est-à-dire le refus d' « estre fiché », est bien l'illustration thématique de l'opposition entre la fixation des « usages » et la « souplesse » du *singulier Montaigne*. « C'est *estre*, mais ce n'est pas *vivre*. »

Chapitre 5 (« Sur des vers de Virgile ») : « A mesure que les *pensemens* utiles sont plus plains et solides, ils sont aussi plus *empeschans* et plus *onereux...* » (818*b*.) Ce commencement *pesant* représente un de ces « subjets *graves* et qui *grevent* » dont parle Montaigne dans la phrase suivante. Ici le latiniste joue sur l'étymologie commune de *peser* et *penser*, et la synonymie de *grave (gravis)* et *onéreux (onus)*[1]. A cette lourdeur voulue (et qu'accroît encore le départ hypotactique du « A mesure que... ») s'opposera le début du paragraphe suivant conduit par un « je » prometteur de « gayeté » : « *J'*avoy besoing en *jeunesse* de *m'*advertir et solliciter pour *me* tenir en office; l'*alegresse* et la *santé* ne conviennent pas tant bien, dict-on, avec ces discours serieux et sages. » Cette « jeunesse » de l'expression ne peut s'apprécier que par le biais du repoussoir de l'*incipit* qui est chargé de mimer, pour ainsi dire par avance, sa vieillesse. On reconnaît alors tout le sens symbolique de l'incisive qui suit : « Je suis à present en un *autre* estat. » (818*b*.)

Chapitre 6 (« Des Coches ») : « Il est bien aisé à verifier que les grands autheurs, escrivant des causes, ne se servent pas seulement de celles qu'ils estiment estre vraies, mais de celles encore qu'ils ne croient pas, pourveu qu'elles ayent quelque invention et beauté. » (876*b*.) A cette constatation générale sur l'artifice de la cause, plus esthétique que véridique, et qu'une citation de Lucrèce vient ensuite autoriser, s'oppose le discours personnel de Montaigne : « *Me* demandez-vous d'où vient cette coustume

---

1. A propos de ce jeu étymologique, voir Carol Clark, *The Web of Metaphor. Studies in the Imagery of Montaigne's « Essais »*, *op. cit.*, p. 96, et *infra*, pp. 101 sq.

de benire ceux qui estrenuent ? » Le contraste est frappant à divers niveaux : thématique (l'éternuement contraste avec la philosophie causaliste), stylistique (l'interrogation remet en cause l'affirmation précédente), grammatical (l'impersonnel « Il est bien aisé » est remplacé par le personnel « Me demandez-vous ? »), rhétorique enfin (la question « Me demandez-vous ? » est un artifice pour dire en fait « Je vous demande, lecteur, si vous savez; mais comme vous ne le savez pas, je vais vous apprendre que... » et tout cela, sans avoir l'air d'enseigner — « *les autres* forment l'homme » — et en feignant de simplement « reciter »).

Chapitre 7 (« De l'Incommodité de la grandeur ») : « Puisque nous ne la pouvons aveindre, vengeons-nous à en mesdire » [de la grandeur] (894*b*). Ce mouvement délibéré de vengeance, proclamé par un « nous » collectif et généralisateur correspond à une première étape de l'exposé : phase de violence qui vise à « ravaller » la grandeur, à la faire tomber de toute sa « hauteur ». A cet écrasement initial fait suite une phase de reconstruction : celle du bonheur par le « contentement d'une *mediocre mesure de fortune* » où le *moi* élabore le discours de son expérience. A l'abri de la folie des grandeurs, le locuteur peut en effet se bâtir un *nid* à moyenne hauteur. Fuir la célébrité, « c'est une vertu, ce *me* semble, où *moy, qui ne suis qu'un oyson*, arriverois sans beaucoup de contention ».

Chapitre 8 (« De l'Art de conferer ») : « C'est un usage de nostre justice, d'en condamner aucuns par l'advertissement des autres. » (899*b*.) Dans l'édition de 1588, le texte continue ainsi : « On ne corrige pas celuy qu'on pend, on corrige les autres par luy. *Je faicts de mesmes.* » Cette similarité initiale entre l'usage collectif et l'attitude individuelle n'est qu'apparente. Elle tient moins de la *convenientia* que de la *coincidentia oppositorum*. Le doute est immédiatement levé dans la phrase suivante lorsque Montaigne déclare : « ce que les honneste hommes profitent au public en se faisant *imiter*, je le profiteray à l'avanture à me faire *eviter* ». L'opposition plaisante des paronymes *(imiter/eviter)* déjoue le parallélisme de la phrase : il y a *aemulatio* des opposés. On aurait d'ailleurs pu soupçonner la vraisemblance du « Je faicts de mesmes » (Je « m'instruis mieux par contrariété que par exemple, et par *fuite* que par *suite* »). En montrant que la ressemblance des paronymes est trompeuse (ce sont des antonymes), Montaigne nous invite à remettre en question ses aveux d'imperfections : « Publiant et accusant mes imperfections, quelqu'un apprendra de les craindre. » (899*b*.)

Il n'est pas possible de développer ici tous les rapports d'opposition qui régissent le reste des essais du livre III. Disons rapidement qu'au chapitre 9 (« De la Vanité »), à l'affirmation de la vanité d'écrire succède une remise en question de cette présupposition et qu'on a en présence deux Montaigne qui dialoguent : le porte-parole de ses opposants virtuels qui accuseraient de vacuité ses écrits et l'avocat de cette même vacuité qui, en lui donnant des dimensions hyperboliques, réussit à la rendre universelle : « Tant de paroles pour les paroles seules ! » (923*b*.) Au chapitre 10 (« De mesnager sa volonté »), l'*incipit* opère de lui-même la distinction entre *les autres* et *moy* : « Au pris du *commun des hommes*, peu de choses *me* touchent, ou, pour mieux dire, *me* tiennent. » L'opposition entre la loi universelle, symbolisée par le nouveau calendrier grégorien, et les exigences de la subjectivité du locuteur, suggérée par le tour familier (« Je *ravassois* presentement... »), caractérise aussi bien le début du chapitre 11 (« Des Boyteux »).

Quant aux deux derniers essais, on constate que leur *incipit* suit la règle de généralisation : « *Quasi toutes* les opinions que nous avons sont prinses par authorité et à crédit » (III, 12, 1013*b*); « *Il n'est desir plus naturel* que le desir de connoissance » (III, 13, 1041*b*). Cependant l'opposition de la voix singulière s'y fait sentir par personnages interposés. Dans le chapitre « De la Phisionomie » (III, 12), c'est le personnage de Socrate qui représente la réaction contre l' « authorité » et le « credit » :

par sa « nayfveté » et sa « simplicité ». Et c'est par le biais d'un « nous » faussement collectif que l'essayiste fait entendre sa voix dans l'essai « De l'Experience » (III, 13) qui clôt le livre : « Nous *essayons* tous les moyens qui nous y peuvent mener. » L'*essai* s'oppose à la forme logique du discours comme l'expérience s'oppose à la raison. Ayant ouvert le procès de la *curiosité* (1050c), de la *libido sciendi*, vice naturel de l'homme, la voix personnelle se prononce *contre* l'*incipit* qui établit le « desir de connaissance » comme une donnée originelle, rattachée à la scène primitive de la Chute (*Genèse*, 2, 17).

Il ressort de tout ceci que le caractère général et impersonnel des débuts d'essais du livre III apparaît comme un subterfuge rhétorique pour mieux ancrer dialectiquement la singularité du *moi* écrivant. Dans douze cas sur treize, Montaigne diffère l'entrée en scène de son personnage, un peu comme Molière retardera l'arrivée de son Tartuffe. Il crée par là une attente, un suspense, un vide à combler. Il commencera par le général pour en dénoncer l'erreur et le remplacer par un « particulier bien mal formé » (782b); or ce « particulier », il montrera qu'il représente tout aussi bien le général car « chaque homme porte la forme entière de l'humaine condition » *(ibid.)*. Cette mutation du discours sur les formes particulière et générale a donc une évolution. Au dernier livre, « le patron s'en est *fermy* et aucunement *formé* soy mesmes » et les « couleurs » en sont « plus nettes que n'estoyent les (siennes) premieres » (II, 18, 647-648c).

Les récurrences typologiques que nous avons notées dans la synchronie subissent des modifications quand on considère les états successifs du texte. Quantitativement celles-ci sont en réalité très faibles; elles n'affectent que trois essais au livre I (les chapitres 2, 3 et 56), un seul au livre II (le chapitre 22), et restent totalement absentes du livre III. Nous examinerons brièvement maintenant la nature et la fonction de ces changements en tentant de mesurer leur *portée sémantique* dans l'épaississement progressif du texte.

Pour ce qui est des chapitres 2 et 3 du premier livre, il semble que l'*alongeail* à l'*incipit* ait essentiellement pour but de retarder l'*exemplum* et de ménager une transition entre le titre et le corps du texte. Dans la version originale de 1580, ces deux essais commencent en effet ainsi :

Le conte dit que Psammenitus, roy d'Egypte... se tint coy sans mot dire, les yeux fichez en terre. (I, 2, « De la Tristesse », 15*a*.)
Bertrand du Glesquin mourut au siege du chasteau de Rancon près du Puy en Auvergne. (I, 3, « Nos Affections s'emportent au dela de nous », 18*b*.)

En revanche, la formulation définitive de l'*ouverture*, qui date de 1588, avec les remaniements partiels qui l'amplifient jusqu'à la mort de Montaigne, opère une distanciation du conte et ménage une entrée en matière plus « naturelle », moins rigide, de l'essai. Du même coup, la rupture primitive avec le titre du récit se trouve adoucie, sinon supprimée. Le texte semble se dérouler, pour parler comme Montaigne, « selon son inclination naturelle » :

Chapitre II : De la Tristesse
(b) Je suis des plus exempts de *cette passion*
(c) et ne *l'*ayme ny *l'*estime, quoy que le monde ayt prins, comme à prix faict, de *l'*honorer de faveur particuliere.

Chapitre III : Nos Affections s'emportent au dela de nous.
(b) Ceux qui accusent les hommes d'aller tousjours *béant* après les choses futures, et *nous* apprennent à *nous* saisir des biens presens et *nous* rassoir en ceux-là [...] touchent la plus commune des humaines erreurs [...] *Nous* ne sommes jamais chez *nous*, *nous* sommes tousjours *au-delà*.

La reprise des termes ou de l'idée du titre dans la refonte de l'*incipit* est flagrante. Au chapitre 2, la « Tristesse » n'est même pas renommée au début du texte, comme si le titre devait se lire comme faisant déjà partie de la première phrase narrative. De même, au chapitre 3, le « Nos » se répercute en « nous » tout au long du paragraphe jusqu'à la fin de cette première unité d'énonciation.

Tout se passe comme si ces remaniements d'ouverture visaient à gommer l'autorité fondatrice de l'*exemple*, avec la part d'altérité qu'elle comporte, à l'époque où s'écrit un troisième livre qui s'en prend justement aux *autres* qui prétendent *former l'homme* (782*b*). En somme, Montaigne cherche déjà à « naturaliser l'art » de ses premiers essais; à les personnaliser aussi, ou du moins à leur ôter cette « estrangeté » qui les grevait au départ. Dans le même passage où il parle de naturaliser l'art, et dans la même couche de texte, l'essayiste déclare : « de mes premiers essays, aucuns puent un peu à l'estranger » (853*b*). La réécriture de l'*incipit* est donc aussi une façon de se départir de l'*imitation*; de l'écriture il en va comme de la mort : « Ostons luy l'estrangeté ! » (85*a*.)

On pourrait faire des remarques semblables à propos du début de l'essai II, 22, « Des Postes », le seul chapitre du second livre dont l'*incipit* ait été remanié. Le texte original commençait ainsi :

> *Je lisois à cette heure* que le Roy Cyrus [...] fit regarder combien un cheval pouvoit faire de chemin en un jour tout d'une traite... (661*a*.)

Ce renvoi à la lecture de la *Cyropédie* de Xénophon, placé en tête de chapitre comme une « fleur estrangere », un « parement emprunté » (1033*b*), appartient à la même soumission primitive à l'autorité. En revanche, l'addition d'un nouvel *incipit* en 1588 correspond à la « forme sienne » (789*b*). Elle est un remords de l'écriture chez ce grand critique du repentir qui, précisément en 1588, écrivait :

> Je « ne veux faire montre que du mien, et de ce qui est mien par nature; et si je m'en feusse creu, à tout hazard, j'eusse parlé *tout fin seul* ». (1033*b*.)

L'ouverture définitive de l'essai devient alors :

Je n'ay pas esté des plus foibles *en cet exercice*, qui est propre à gens de ma taille, ferme et courte; mais j'en quitte le mestier; il nous *essaye* trop pour y durer long temps. (661*b*.)

« Cet exercice » renvoie désormais au titre, aux « postes » (au fait de *courir la poste*) et, par ce biais, à un commentaire sur les capacités physiques de Montaigne : sa taille, sa force, ses qualités de coureur de fond. A la lecture (« Je lisois à cette heure... »), occupation passive où l'âme se dissout dans l'altérité, fait place une occupation active, la course, où le corps participe dynamiquement à la transmission du message.

Or cette activité nous est rapportée au passé, comme un « exercice » révolu : « mais j'en quitte le *mestier*; il nous *essaye* trop pour y durer longtemps ». La proximité sur la page des mots « mestier » et « essaye » ne peut être un hasard; et il est tentant de voir dans ce nouveau « mestier » celui de la rédaction des *Essais*. Après tout, le chapitre « Des Postes » n'est-il pas consacré à l'acheminement des *lettres* ? Si, comme nous le dit Montaigne dans son chapitre sur Cicéron, les *Essais* sont le substitut des *lettres* qu'il n'a pu écrire faute de correspondant (« Si j'eusse eu à qui parler... », I, 40, 246*c*), il n'est guère étonnant de trouver ici un parallèle implicite entre l'abandon des *lettres* et l'abandon des *postes*[1]. L'association des deux termes est d'ailleurs explicite dans le chapitre sur Cicéron quand Montaigne nous dit :

J'escris mes *lettres* tousjours en *poste*. (247*b*.)

« En poste » signifie *à la hâte*, « precipiteusement » comme on dit alors; c'est bien là le sens que Montaigne retient dans les « postes » lorsqu'il parle de « cet *exercice*, qui est propre à gens de [sa] taille, ferme et courte ». Ainsi l'adjonction d'un nouvel *incipit* signalerait aussi le caractère réflexif, *spéculaire*, de la relecture de l'auteur

1. Cf. *infra*, chapitres 3 et 4.

par lui-même. En relisant « Je lisois... » Montaigne met, pour ainsi dire, sa propre lecture « en abyme »[1].

Il n'est pas étonnant non plus que ce soit précisément dans ce même chapitre sur Cicéron que Montaigne nous révèle sa réflexion sur la pratique de l'*incipit*. Quelques lignes après avoir parlé de ses « lettres... en poste », il écrit :

> Je *commence* volontiers sans project; le *premier* traict produict le second. (247*b*.)

Il y a là l'ébauche d'une *théorie de la génération* du texte, bâtie sur le modèle de celle qu'il avait pu lire dans les *Métamorphoses* d'Ovide. Ce parti pris pour l'absence de plan, pour l'enchaînement libre et continu, qui s'exprime dans la couche *(b)* du livre, s'explique, certes, par la revendication du mouvement naturel, « sans contantion et artifice » (9). Il dit encore : « *Je me jette naturellement à un parler sec, rond et cru* » (247*b*.) Cependant on voit que ce commencement soi-disant naturel et « sans project » est le produit d'une relecture et d'une réécriture, et que la génération donnée pour spontanée est paradoxalement issue d'une théorie réfléchie, pensée en somme après les premiers « coups d'essay ».

En fait, le discours de Montaigne contre l'éloquence s'affirme autant contre les *autres* (ceux qui pretendent « former » leur discours pour « former l'homme ») — c'est le fameux « Fy de l'eloquence » de la couche *(a)* — que contre cet *autre* que Montaigne découvre en lui-même en se relisant. La condamnation d'un ordre préétabli, imposé de l'extérieur à l'intentionnalité du sujet lisant, affecte également le Montaigne de 1588 et celui de 1580;

---

1. Il faut sans doute ajouter à « exercice » le sens libre que lui donne Montaigne par jeu intertextuel. Cf. la communication de Marianne S. Meijer, *Des Postes* et *Des Pouces* : Plaisanterie ou point de repère ?, *Columbia Montaigne Conference Papers*, Lexington, Kentucky, French Forum, 1981, pp. 105-118. Sur le caractère réflexif du texte littéraire voir Lucien Dällenbach, *Le Récit spéculaire : Essais sur la mise en abyme*, Editions du Seuil, 1977, pp. 52 sq.

mais le lecteur de l'intertexte est devenu lecteur de son propre texte. La mise en place d'un nouvel *incipit* est bien la marque de cette évolution : le sujet s'est déplacé et a entraîné dans son déplacement l'objet de sa critique. Le biais anti-rhétorique s'est pour ainsi dire intériorisé[1].

Dans le long préambule sur lequel s'ouvre le chapitre « De Democritus et Heraclitus » (I, 50), Montaigne nous parle de la façon dont il aborde ses sujets et définit par là même sa conception de l'essai. On lit dans l'édition originale :

> Je prends de la *fortune* le *premier argument*. Ils me sont egalement bons. Et ne desseigne jamais de les produire entiers & à fons de cuve : de mille visages qu'ils ont chacun, j'en prens *celuy qui me plait*. (289*a*.)

Le texte reste le même en 1588 mais, sur l'exemplaire de Bordeaux, il est raturé à partir de « & à fons de cuve ». Montaigne ajoute alors un long commentaire qui renforce le caractère décousu, fragmentaire, improvisé de ses débuts d'essais. Ce n'est pas exactement qu'il choisisse « celuy qui (lui) plait » (de là la rature); c'est plutôt qu'il « aime le plus souvent les saisir par quelque *lustre inusité* » (289*c*). Et d'en donner un « eschantillon » dans cette ouverture inhabituelle. Cette insistance sur le hasard (la « fortune ») et le caractère insolite du *premier argument* semblent démentis par les remaniements effectifs des *incipit*. En effet, s'il y a un *ordo fortuitus* qui s'affirme hautement dans les déclarations de l'auteur (cf. le « sans dessein et sans promesse » de I, 50 qui fait écho au « sans project », I, 40), l'épreuve de relecture semble imposer un processus d'organisation qui s'oppose au prétendu règne du *bon plaisir*. Tel est l'aspect, peut-être le plus inattendu, des « métamorphoses » de Montaigne.

---

1. En un sens, le texte des *Essais* s'est « littérarisé » puisqu'il rend compte, à un degré supérieur d'explicitation, de son « mode rhétorique »; autrement dit, pour parler comme Paul de Man, son langage est moins aveugle, plus lucide à sa propre formulation. Cf. P. de Man, Rhétorique de la cécité, *Poétique*, 4, 1970, p. 471.

Le cas du chapitre I, 56, « Des Prieres », mérite un examen particulier. Montaigne devait, en effet, insérer un nouvel *incipit* dans l'édition préparée après son retour d'Italie, en 1582. Comme l'a fait remarquer Pierre Villey, c'est pour des raisons politiques que Montaigne aurait opéré ce changement — ce qui confirme, entre parenthèses, l'importance qu'il accordait à ses débuts d'essais[1].

A son retour de Rome, le nouveau « Maire et Gouverneur de Bordeaux » aurait jugé bon de commencer par des « formules générales de soumission » à l'autorité pontificale, d'autant plus qu'il « avait reçu du pape des témoignages favorables pour son *affection envers l'Eglise* »[2]. Le nouvel *incipit* se lit comme suit :

Je propose des fantasies informes et irresolues, comme font ceux qui publient des questions doubteuses à debattre aux escholes; non pour establir la verité, mais pour la chercher. Et les *soubmets* au jugement de ceux à qui il touche de regler non seulement mes actions et mes escris, mais encore mes pensées. Esgalement m'en sera acceptable et utile la condemnation comme l'approbation. Et pourtant, *me remettant tousjours à l'authorité de leur censure*, qui peut tout sur moy, je me mesle ainsi temerairement à toute sorte de propos, comme icy.

L'exemplaire de Bordeaux et l'édition de 1595 apporteront encore des correctifs par l'insertion de plusieurs lignes précisant les « sainctes prescriptions de l'Eglise catholique, apostolique et Romaine, en laquelle je meurs et en laquelle je suis nay » (303*c*).

Ce qui frappe évidemment ici ce sont les formules de prudence dont s'assortit un discours dont l'auteur se dit l'ennemi fieffé des précautions oratoires. On connaît l'impatience qu'il manifeste à entrer dans le vif du sujet

1. *Les Essais*, éd. cit., t. 1, p. 317.
2. Ed. Thibaudet-Rat, p. 1519, chap. 56, note 2. Il est curieux que cette édition ne signale pas le nouvel *incipit* de 1582.

lorsqu'il lit Cicéron. Dans le chapitre intitulé « Des Livres » il déclare :

Il ne me faut point d'alechement ny de sause : je menge bien la viande toute crue; et, au lieu de m'eguiser l'apetit par *ces preparatoires et avant-jeux*, on me le lasse et affadit. (394*a*.)

Que dire des ouvertures diplomatiques de Montaigne sinon que ce sont des « avant-jeux » ? Ne prétend-il pas dans « l'Institution des enfans » qu' « il ne sçait pas la rhetorique, ny, pour *avant-jeu*, capter la benivolence du candide lecteur » (169*a*) ? Oui certes, dira-t-on, mais c'était la couche *(a)* du texte, avant le voyage en Italie. De plus, il ne s'agit pas véritablement de « prefaces » à la manière cicéronienne (393*a*). Ce que Montaigne reproche à l'orateur romain ce sont ses « longueries d'apprets » *(ibid.)*. L'art de la préparation concertée exaspère l'essayiste qui aimerait pouvoir nous faire croire que ses propres « apprets » n'ont pas de « longueries », ou que ses « longueries » n'ont pas d' « apprets ». Il écrit encore à propos des « Livres » :

Je veux qu'on commence par le dernier point...
Je cherche des raisons bonnes et fermes d'arrivée...
Je veux des discours qui donnent la premiere charge dans le plus fort du doubte : les siens [ceux de Cicéron] languissent autour du pot. (393*a*.)

Cette fermeté, cette virilité du langage, qui s'exprime ici avec tant de vigueur, montre assez l'anomalie du début remanié des « Prieres ». Nous avons vu, à plusieurs reprises, que les ouvertures des essais se caractérisaient, dans la diachronie, par la distanciation ou le gommage des marques d'autorité. Le chapitre « Des Prieres » fait exception. Nous avons noté aussi l'ancrage dialectique d'une voix singulière et dont l'apparition sert à assurer une transition plus souple entre le titre et le corps du texte. Ici encore les « Prieres » font exception. La soumission au « jugement » d'autrui et à « l'authorité de (la) censure » est une entorse considérable à une poétique de l'*ordo fortuitus et neglectus*. Les « escris » passent désormais pour « réglés » par les « prescriptions » de l'Autorité ecclésiale, par définition étrangère aux approximations, aux expérimentations des *Essais*.

La tendance générale des entrées en matière et de leurs remaniements, cependant, va dans le sens d'une mise en question des prétentions du discours bien formé, conformément aux déclarations d'intention explicites de l'auteur. Le « premier argument » est prononcé naturel, spontané, improvisé; ou, s'il ne l'est pas dans la première version — elle-même résultat probable de plusieurs états de texte non conservés —, les additions successives se chargent de lui donner cette apparence de naturel, de spontanéité et d'improvisation. Ainsi se vérifierait, au seuil même de chaque essai, le parti pris anti-rhétorique de Montaigne rhétoricien, et ses corollaires obligés : la recherche obsédante de la différence, le rejet de la signification préétablie et l'accueil d'une forme changeante, reflétant un sujet en proie à d'infinies métamorphoses[1].

---

1. Parmi les nombreux travaux sur le parti pris anti-rhétorique de Montaigne, signalons l'ouvrage de Lawrence K. Kritzman, *Destruction/ Découverte. Le Fonctionnement de la rhétorique dans les « Essais » de Montaigne*, Lexington, French Forum, 1980, et l'article d'Edwin M. Duval, Rhetorical Composition and « open from » in Montaigne's Early *Essais, Bibliothèque d'Humanisme et Renaissance*, XLIII, 1981, pp. 269-287.

7

Défis à la Rhétorique (II) : sorties de matière

> *Ces longues harengues, offres et prieres que nous logeons sur la fin, [je] desire que quelque nouvel usage nous en descharge.*
>
> (247-248*b*.)

Poursuivant notre étude des lieux stratégiques des *Essais*, nous tenterons maintenant de préciser la nature et la fonction des signaux de fermeture du texte. La fin d'un chapitre, point ultime de l'unité textuelle, constitue, en effet, un seuil discursif dont les règles de composition font l'objet de réflexions complexes de la part des rhétoriciens[1]. Bien que Montaigne nous dise abhorrer la rhétorique, « art piperesse et mensongere » (I, 51, 292*a*), il ne cesse, comme nous l'avons vu, d'en appliquer et d'en transgresser les règles, en particulier en ces moments privilégiés du discours où il s'agit de « capter la benivolence du candide lecteur » (I, 26, 169*a*)[2].

---

1. « Ne faudrait-il pas écrire tout un livre sur les phrases terminales ? » demandait Louis Aragon (*Je n'ai jamais appris à écrire, ou les incipit*, Genève, Skira, 1969, p. 95).
2. Pour l'étude théorique des signaux de fermeture du texte, nous rappellerons les travaux suivants : Frank Kermode, *The Sense of an Ending*, New York, Oxford Univ. Press, 1967; Barbara Herrnstein-Smith, *Poetic Closure, A Study of How Poems End*, Univ. of Chicago Press, 1968; Philippe Hamon, *Clausules*, in *Poétique*, 24, 1975, pp. 495-526. Un numéro spécial de *Nineteenth-Century Fiction* a été consacré aux « Narrative Endings » (vol. 33, juin 1978). Voir aussi le livre récent d'Armine Kotin Mortimer, *La Clôture narrative*, Paris, J. Corti, 1985, pour la bibliographie.

Dans les pages qui suivent, on appellera *excipit*, sur le modèle des *incipit* en débuts d'essais, la dernière phrase grammaticale complète d'un chapitre, c'est-à-dire la dernière unité d'énonciation d'un fragment textuel considéré comme autonome pour les besoins de l'analyse. Notre démarche ici sera double : d'une part, il s'agira d'examiner et de définir les caractéristiques principales de ces « clausules » dans le premier état du texte (éditions de 1580 pour les livres I et II, de 1588 pour le livre III) ; d'autre part, on tentera de formuler un certain nombre d'hypothèses sur la nature et la fonction de leurs remaniements dans les éditions ultérieures. Bien sûr, il n'est possible de présenter ici que des résultats partiels d'une étude qui, pour bien faire, devrait prendre en considération non seulement les cent sept chapitres des *Essais* mais la totalité des additions et des ratures dans les états successifs du texte[1].

Si la linguistique moderne rejoint les rhétoriques classiques pour rappeler qu'aucune clausule textuelle n'est innocente, les poétiques de la Renaissance témoignent d'une longue tradition de la *forme brève* que n'ignorait pas Montaigne. D'Érasme à Gracián, de l'adage au *concepto*, les manifestations et les métamorphoses de la *sententia* sont multiples[2]. Hugo Friedrich, l'un des rares critiques à consacrer quelques lignes aux *phrases de conclusion* des *Essais*, fait remarquer que « chez Montaigne aussi

---

1. On se heurte dans une telle étude à de nombreuses difficultés. Certains *alongeails* sont très longs (II, 6, 357-360*c*) et d'autres très courts (un seul mot, « insupportable », ajouté à II, 3, 343*b*). Peut-on dire que les cinq mots de la couche *(c)* de II, 35 représentent une modification suffisante pour modifier le sens de l'*excipit* ? En outre, il existe des différences entre l'exemplaire de Bordeaux et l'édition de 1595 dans les chapitres suivants : I, 3, 24*c*; II, 22, 662*c*; II, 24, 556*c*; II, 29, 690*c*; II, 36, 736*c*. Il va sans dire qu'une étude approfondie devrait tenir compte de ces variantes que les éditions modernes ne signalent pas toujours.
2. Cf. le numéro de la *Revue des Sciences humaines* sur la « Rhétorique du proverbe », 163, 1976, celui de la *Licorne* sur les « Formes brèves », Publications de l'Université de Poitiers, 3, 1979, et les études réunies par Jean Lafond sous le titre *Les Formes brèves de la prose et le discours discontinu (XVIe-XVIIe siècles)*, Paris, Vrin, 1984.

s'éveille [...] ce vieux sens artistique roman » de la *pointe*[1]. Cependant Montaigne se déclare, en fait, contre l'esthétique du *concetto*, s'étonnant par exemple, à propos de l'Italie, que l'on y apprécie « une façon de parler bouffie et bouillonnée de *pointes, ingenieuses* à la verité, mais recherchées de loing et fantasques » (I, 51, 295*a*). L'*ingéniosité* a très souvent mauvaise presse chez lui (« Je voy la pluspart des esprits de mon temps faire les *ingenieux* à obscurcir la gloire des belles et genereuses actions anciennes... », I, 37, 226*a*). C'est au nom du naturel qu'il critique cette inclination répréhensible, qu'il associe d'ailleurs souvent à la *subtilité* (par exemple : 226*b*, *c*; 228*c*). La *pointe* appartient au champ sémantique du masque et du fard : « Tout ce qu'ils me disent et font, ce n'est que fard [...] Je ne voy rien autour de moy que couvert et masqué. » (258*a*.)

De même, dans le chapitre « De l'Art de conferer » (III, 8), Montaigne reproche à Tacite sa « façon *pointue* et *subtile* » et déplore « le style affecté du siecle » :

Ils aymoyent tant à s'enfler qu'où ils ne trouvoyent de la *pointe et subtilité* aux choses, ils l'empruntoyent des parolles. (920*b*.)

Or la lecture des *Essais* révèle une pratique de la pointe qu'on ne peut mettre au compte des « vaines subtilitez » (c'est le titre du chapitre I, 54). La plus célèbre d'entre elles se trouve sans doute à la fin du chapitre « Des Cannibales » sur laquelle nous reviendrons bientôt :

Tout cela ne va pas trop mal : mais quoy, ils ne portent pas de haut de chausses. (213*a*.)

Parmi les raisons qui l'ont poussé à renoncer à écrire des lettres, Montaigne donne l'aversion qu'il éprouve

---

1. Hugo Friedrich, *Montaigne*, trad. de Robert Rovini, Gallimard, 1968. Montaigne serait le « maître de la pointe ramassée et suggestive », p. 362.

pour les souhaits et les formules de politesse que le correspondant se croit obligé de plaquer à la fin de son texte :

> Quand la matiere est achevée, je donrois volontiers à quelqu'un la charge d'y adjouster ces longues harengues, offres et prieres que nous logeons sur la fin, et desire que quelque nouvel usage nous en descharge. (247-248*b*.)

On aurait tort pourtant de croire que, suivant cette déclaration de principes, l'essayiste dédaigne d'employer toute formule stéréotypée qui annonce la terminaison de ses chapitres.

En fait, le texte des *Essais* signale souvent, de façon explicite, la fin de son message. Ce peut être en plaçant simplement l'expression « Voylà » à un endroit stratégique, généralement avant l'*excipit* qu'il annonce :

> *Voylà* une creance trèssalutaire, toute vaine qu'elle puisse estre. (II, 16, 614*a*.)
> *Voylà* tout ce que j'ay connu, jusques à cette heure, d'extraordinaire grandeur et non commune. (II, 17, 646*a*.)
> *Voylà* ses mots à peu près : en quoy cela est digne de consideration... (II, 19, 654*a*.)
> *Voylà* ce que dit Seneque, qui m'a emporté hors de mon propos; mais il y a du profit au change. (II, 25, 670*a*.)
> *Voylà* mes trois contes très-veritables... [repris dans la derniere phrase par :] *Voylà* ses mots [de Sénèque]. (II, 35, 728*a* et 729*a*.)

Il peut s'agir aussi d'un signal de fermeture beaucoup plus accentué, qui précise l'*horizon d'attente* de la clausule. On trouvera ainsi l'impératif « adjoustons... » (I, 36, 223*a*), le futur « j'adjousteray... » (I, 40, 246*a*), le présent « je veux adjouster » (II, 36, 736*a*). Au verbe « ajouster », Montaigne préfère parfois « allonger » même s'il ne s'agit pas d'un « alongeail ». Ainsi : « Mais alongeons ce chapitre et le bigarrons d'une autre piece, à propos de la cécité » (II, 35, 669*a*). La terminaison sémantique la plus accentuée sera signalée par l'introduction des verbes « clore », « finir », « achever » qui marquent la fin imminente du texte :

Je m'en vais *clorre* ce pas par ce verset ancien... (I, 42, 259*a*.
Encore un mot pour *clorre* ce pas. (II, 31, 698*a*.)
Pour *finir* ce notable commentaire... (III, 5, 875*b*.)
Mais pour *achever* par où j'ay commencé... (III, 7, 898*b*.)

Il va sans dire que, connaissant Montaigne, il faut
s'attendre à des promesses non tenues. Ainsi, dans l'essai
« Des Noms », après avoir écrit : « Pour clorre nostre
conte... » (I, 46, 267*a*), Montaigne change d'avis et se
résout à rouvrir une parenthèse sur la gloire. La clôture
anticipée se trouve démentie de la manière qui suit :

Mais cette consideration me tire par force à un autre champ...
(*Ibid.*, 269*a*.)

Nous avons là un exemple de *fausse fermeture* ou plutôt
de jeu sur la norme de la fermeture annoncée. On pense
au procédé bien connu des *Métamorphoses* par lequel Ovide
se permet, sans cesse, de leurrer le lecteur sur l'approche
imminente de la fin d'un récit pour mieux redoubler le
plaisir attaché à cette attente.

L'exemple le plus typique de ce jeu sur la conclusion
différée est sans doute fourni par le texte de l' « Apologie
de Raymond Sebond » (II, 12). Au moment où le chapitre
le plus long des *Essais* va se terminer, Montaigne déclare
en effet :

Par quoy il faut *conclure* que Dieu seul est [...] sans commencement et *sans fin*. (588*a*.)

Cette possibilité de conclure sur l'impossibilité d'en
finir avec Dieu est immédiatement remise en question :

A cette *conclusion* [...] je veux joindre seulement ce mot
d'un tesmoing de mesme condition [Sénèque], pour la *fin*
de ce long et ennuyeux discours qui me fourniroit de matiere
sans fin. *(Ibid.)*

Il semble que le texte cherche à maintenir une tension
entre l'essence infinie du sujet (Dieu « sans fin ») et la
nécessité de mettre fin au discours dont la « matiere »
elle-même est « sans fin ». Un alongeail au chapitre I, 40,

« Consideration sur Ciceron », reprendra ce thème de l'infinitude de l'écriture. Montaigne nous dit n' « entasser que les testes » de ses sujets (« Que j'y attache leur suitte, je multiplieray plusieurs fois ce volume »), car il ne veut en « exprimer davantage ». Et il ajoute :

Qui voudra espucher un peu ingenieusement [la matiere ici traitée] en produira infinis *Essais*. (245*c*.)

On comprend mieux après cela la tendance anti-clausurale du texte des *Essais* ou, plus exactement, la réaction qui se manifeste dans de nombreux chapitres contre une rhétorique de la fermeture trop spécifiquement marquée. Si les *Essais* sont un texte fondamentalement non conclusif, ce n'est pas qu'ils manquent de signaux de clôture; c'est bien plutôt qu'ils se servent des modèles programmés à cet effet pour subvertir la notion même de *limite*. L'*excipit* est bien souvent là pour dénoncer la futilité de croire qu'on puisse jamais conclure. L'aporie de la *fin sans fin* s'inscrit naturellement dans une poétique de la métamorphose dont nous proposons de continuer ici l'étude[1].

Dans le prolongement de ce jeu clausural il convient de considérer un autre aspect important des fins d'essais, ce que l'on pourrait appeler la *thématisation de la terminaison*. Plus de 50 % des chapitres, en effet, se terminent par des considérations sur un arrêt, une cessation, une chute, une mort : c'est le récit de la fin tragique d'un personnage historique (ainsi la mort de Caton qui obsède Montaigne surtout au livre II) ou ce sont des réflexions particulières et générales sur la mort. Tout se passe comme si le chapitre cherchait à reproduire mimétiquement, en ses derniers instants, le sujet même dont il annonce la

---

1. C'est aussi ce que Lawrence Kritzman appelle une « rhétorique de la dissuation ». Cf. *Destruction/Découverte : Le Fonctionnement de la rhétorique dans les « Essais » de Montaigne*, Lexington, Kentucky, French Forum, 1980, pp. 8-12. Terence Cave écrit de son côté : « The *Essais* always remain to be rewritten » (*The Cornucopian Text. Problems of Writing in the French Renaissance*, Oxford, 1979, p. 283).

cessation. On a là un phénomène d'« allusion clausurale » qui n'est certes pas propre à Montaigne mais qui prend dans les *Essais* un relief tel qu'il équivaut pratiquement à un « commentaire métalinguistique implicite sur le texte lui-même »[1]. Remarquons d'ailleurs que ce mimétisme de l'*excipit* se produit aussi bien dans la synchronie (c'est-à-dire pour un état donné du texte) que dans la diachronie (c'est-à-dire compte tenu des remaniements ultérieurs). Pour simplifier la présentation, on se concentrera sur les treize chapitres du livre III dont l'*excipit* offre la particularité de n'être pratiquement pas retouché après 1588 et permet donc une étude synchronique quasiment homogène.

La conclusion du premier chapitre, « De l'Utile et de l'Honneste », reprend et résume le sujet annoncé par le titre :

> On argumente mal l'honnesteté et la beauté d'une action par son utilité, et *conclud on* mal d'estimer que chacun y soit obligé si elle est utile. (781*b*.)

Ici le « on » qui conclut son raisonnement est doublé par l'écrivain qui conclut son chapitre. Si le « mariage » est la conclusion qui s'impose (« Choisissons la plus necessaire et plus utile de l'humaine société, ce sera le mariage ») parce qu'il est « utile », le célibat, reconnu par saint Paul comme « plus honneste », vient remettre cette conclusion en question (« le conseil des saincts trouve le *contraire* party plus honneste et en *exclut* la plus venerable vacation des hommes »). L'opposition des verbes « conclure » et « exclure » reproduit bien, au niveau thématique, le dilemme de l'*excipit* : conclure (*cum-claudere* : fermer) et en même temps exclure (*ex-claudere* : rejeter à l'extérieur).

Les chapitres 2 et 3 (« Du Repentir » et « De Trois Commerces ») se terminent sur le thème de la vieillesse,

---

1. Cf. B. Herrnstein-Smith citée par Ph. Hamon, art. cit., p. 516.

ennemie implacable dont on essaie vainement d'arrêter les progrès :

Je sens que nonobstant tous mes retranchemens, elle gaigne pied à pied sur moy. Je soustien tant que je puis. Mais je ne sçay *en fin* où elle me menera moy-mesme. A toutes avantures, je suis content qu'on sache d'ou je seray *tombé*. (796*b*.)

L'allusion à la chute finale (« en fin ») est claire : le protagoniste « tombe » au moment où se produit la « chute » (c'est-à-dire la *pointe*) de l'essai. Telle est la fin du second chapitre; mais on observe un mouvement semblable au suivant lorsque Montaigne nous parle des « incommoditez » de la lecture :

L'ame s'y exerce, mais le corps, duquel je n'ay non plus oublié le soing, demeure ce pendant sans action, s'atterre et s'attriste. Je ne sçache excez plus dommageable pour moy, ny plus à eviter *en cette declinaison d'aage*. (807*b*.)

La « Declinaison d'aage » rejoint la déclinaison de l'écriture à l'endroit même où se reconnaît le déclin de la lecture qui a tant nourri la substance des *Essais*. Le protagoniste vieillit, ses livres l'abandonnent : contrairement au mythe ovidien d'Eson, il n'y a pas de rajeunissement possible dans la « réalité » montaignienne. La « declinaison » est le signe avant-coureur d'une triple fin : celle de l'homme, du lecteur et de l'écrivain — en cette fin des « *trois* commerces ». Survient alors la phrase terminale, l'*excipit* proprement dit :

Voilà mes trois occupations favories et particulieres. *Je ne parle point* de celles que je doibs au monde par obligation civile.

On retrouve là le couple *conclusion/exclusion* déjà signalé. La fermeture du texte est accentuée par le « Voylà » récapitulatif qui ne donne une sensation de complétude que pour mieux la dénoncer : la négation (« Je ne parle point ») met en échec, en ce point ultime du chapitre, la plénitude rassurante programmée par le titre (« trois commerces ») et réalisée dans l'*excipit* (« trois occupations »)[1].

Le triomphe de l'âme sur la « misere du corps » que proclame la fin du chapitre 4 (« De la Diversion ») est un autre exemple de jeu mimétique et de *mise en abyme* ironique de l'écriture. La citation de Properce sur laquelle se clôt l'essai évoque le mythe de la Création en mettant en scène un Prométhée, mauvais artisan, qui gâche l'argile en façonnant d'abord le corps des mortels au lieu de commencer par leur esprit :

> O *prima* infoelix fingenti Prometheo !
> Ille parum cauti pectoribus egit opus.
> Corpora disponens, mentem non vidit in arte;
> Recta animi *primum* debuit esse via !
>
> (817*b*.)

On pense évidemment par contraste à l'autre scène de genèse où, au début des *Métamorphoses*, Prométhée, excellent artisan cette fois, retient les germes du ciel (« semina caeli », I, v. 81) pour modeler l'esprit humain à l'image des dieux (« in effigiem... deorum », I, v. 83). L'insistance du texte de Properce sur la priorité, l'antériorité, signalées par les mots *prima*, *primum*, souligne ironiquement le paradoxe de cette fin d'essai. Elle ne manque pas d'attirer aussi l'attention sur cet autre *Prometheus fingens* qu'est l'auteur des *Essais*. On sait que *fingere* traduit le grec *poiein*, faire, façonner, créer. Préférant le modèle positif d'Ovide à celui de Properce, Montaigne s'identifie à l'auteur de *fictions* (*fictum*, supin de *fingere*), pour doubler Prométhée dans son travail de création. Et c'est sans doute en quoi consiste la « diversion » la plus ingénieuse d'un chapitre qui mérite, *en fin*, si bien son titre.

Les chapitres 5, 6, 7 et 8 reproduisent, sur des modes variés, le processus mimétique de la chute finale. « Pour

---

1. Voir la notion de « retrospective patterning » chez B. Herrnstein-Smith et celle de « rétrospection globalisante » chez Ph. Hamon, *op. cit.*, p. 11, et art. cit., p. 505.

finir ce notable commentaire... », lit-on dans « Sur des vers de Virgile » (III, 5) : et Montaigne met fin à ses réflexions personnelles sur la sexualité, à partir d'une méditation sur la poésie latine, en recourant à l'expression banale de la sagesse populaire :

> Il est bien plus aisé d'accuser l'un sexe, que d'excuser l'autre. C'est ce qu'on dict : le fourgon se moque de la poele. (875-876*b*.)

La « chute » se fait ici en passant d'un niveau de langue et de style à un autre : des vers de Virgile au proverbe « vulgaire ». On trouvera une « chute » encore plus littérale dans le chapitre « Des Coches » (III, 6) dont le dernier paragraphe commence par le fameux : « Retombons à nos coches. » (894*b*.) La phrase finale parle du « dernier Roy du Peru » en sa dernière extrémité; on veut le faire « choir à bas », on cherche à l' « abbatre »; finalement un cavalier (Pizarre) le saisit au corps et « l'avalle par terre ». Tels sont les derniers moments du roi et les derniers moments de l'essai. Il faut noter que les trois verbes « choir », « abbatre » et « avaller » du dernier paragraphe s'opposent à trois autres verbes de sens contraire dans le paragraphe précédent : « eschafauder », « hausser » et « eslever » (894*b*). C'est donc avec une minutie concertée que Montaigne compose la *chute* de son essai.

Minutie encore plus étonnante lorsqu'on rapproche cette fin du titre du chapitre suivant : « De l'Incommodité de la grandeur » ! Au début de l'essai nous avions été prévenus que le jeu de culbute continuait :

> On ne tombe pas de toute hauteur; il en est plus desquelles on peut descendre sans tomber. (894*b*.)

Le dernier paragraphe offrira l'illustration d'une de ces chutes en douceur : l'acceptation du bannissement en silence. Comme les modèles antiques qu'il cite, Montaigne semble dire : « Je me tais »; comme Pollion, Philoxène et Platon, il accepte le renvoi en toute tranquillité. Et il en est ainsi parce que la clausule exige ce parcours circulaire : « pour achever par où j'ay commencé » (898-899*b*). Il n'en sera pas différemment dans l'essai « De l'Art de conferer » (III, 8) où Montaigne commence par parler de ses « imperfections » (899*b*) et termine en disant :

Voilà ce que la memoire m'en represente en gros, et assez incertainement. Tous jugemens en gros sont lasches et *imparfaicts*. (922*b*.)

L'insatisfaction finale de l'essayiste devant son œuvre reflète une préoccupation constante : parce que la mémoire n'est pas un miroir fidèle, parce que la représentation est sans cesse déformée. La mémoire du texte, elle, est beaucoup plus fiable si l'on en juge par la phrase-miroir qui, au début de l'essai, publiait et accusait ses « imperfections » :

Voilà pourquoi j'y *retombe* et m'y *arreste* plus souvant. (899*b*.)

Toutes ces chutes, tous ces arrêts sont, bien sûr, de fausses chutes et de faux arrêts : autant d'expressions de la vanité du geste d'un écrivain qui pousse sans cesse vers le sommet une pierre toujours prête à retomber : « Aut petis aut urges rediturum, Sisyphe, saxum » (*Métamorphoses*, IV, v. 460). Comme le fameux supplicié mythique, Montaigne est condamné à répéter à l'infini le mouvement qu'impose la rhétorique de son discours : il se fait volontairement Sisyphe de l'écriture[1].

Cependant la fin du chapitre « De la Vanité » (III, 9) constitue plus que toute autre une véritable chute dans le vide. Montaigne reconstruit le langage d'Apollon, le « commandement paradoxe » de l'oracle de Delphes. Autour du mot « vanité » se crée d'abord un vaste schème allitératif en « V », prélude incantatoire à la perception du vide :

Regardez dans *v*ous, reconnoissez *v*ous, tenez *v*ous à *v*ous; *v*ostre esprit et *v*ostre *v*olonté, qui se consomme ailleurs,

1. La notion de « Sisyphe de l'écriture » se trouve développée par Alfred Glauser dans son étude sur le *Poème-Symbole*, Nizet, 1967, p. 22 sq.

ramenez la en soy; *vous vous* escoulez, *vous vous* respandez; appilez *vous*, soutenez *vous*; on *vous* trahit, on *vous* tient toutes ses *veues* contraintes au dedans et ses yeux ou*v*erts à se contempler soy-mesme ? C'est tousjours *v*anité pour toy, dedans et dehors, mais elle est moins *v*anité quand elle est moins estendue. (979-980*b*.)

Comme à la lecture du discours de Pythagore, à la fin des *Métamorphoses,* un sentiment de vertige s'empare du lecteur qui voit ses assises se dérober sous lui : « Il n'en est une seule [chose] si *vuide* et necessiteuse que toy qui embrasses l'univers. » (980*b*.) Montaigne a déstabilisé le cosmos externe et interne de l'homme, cet *outrecuidant* dont il avait déjà rabaissé la frénésie avec force dans l' « Apologie ». Il le dépouille finalement de son savoir et de son pouvoir :

Tu es le scrutateur *sans* connoissance, le magistrat *sans* jurisdiction, et, après tout, le badin de la farce. (Fin du chapitre, 980*b*.)

Cependant Montaigne se reconnaît aussi dans ce personnage ridicule : lui qui aurait voulu être savant et qui se plaint toujours de manquer de « connoissance »; lui qui a été « magistrat » mais qui aurait préféré rester « sans juridiction ». N'a-t-il pas quelque inclination pour une écriture enjouée, *badine* ? Ne défend-il pas les « gaillardes escapades » de la pensée et du style et ne nous déclare-t-il pas qu'il « ayme l'alleure poëtique, à sauts et à gambades » (973*b*) ? Bien plus, sur la même page, se prenant en flagrant délit de digression, ne déclare-t-il pas :

Cette *farcisseure* est un peu hors de mon theme. (973*b*)?

Entre « farcisseure » et « farce » l'équivoque est permise. En jouant au « badin de la farce », Montaigne, au moment de conclure, cite le texte latin de la bulle qui l'a fait citoyen romain — tout en insistant sur la vanité de cette transcription : c'est qu'il a intériorisé le discours de Pythagore au point de le rendre, lui aussi, « plein d'inanité et de fadaise » (979*b*).

Au chapitre 10, « De mesnager sa volonté », l'écrivain nous dit promettre moins qu'il ne tient pour laisser « regret et desir » de soi. La citation finale de l'*Enéide* renforce ce rejet de la plénitude du savoir en conjuguant le verbe « ignorare », dernier mot du chapitre, à la forme interrogative :

> me ne huic confidere monstro,
> Mene salis placidi vultum fluctusque quietos
> *Ignorare* ?
>
> (1002*b*.)

Comment *ignorer*, en effet, ce que peut cacher la paisible apparence de cette fin ? La suspension de l'écriture se fera arrêt brutal dans l'essai « Des Boyteux » (chap. 11) dont la phrase finale mime la thématique de l'interruption forcée :

> Les uns tiennent en l'*ignorance* cette mesme extremité que les autres tiennent en la science. Afin qu'on ne puisse nier que l'homme ne soit immodéré partout, et qu'il n'a point d'*arrest* que celuy de la necessité, et *impuissance d'aller outre*. (1013*b*.)

Cependant, l' « impuissance » d'écrire est bien vite oubliée dans l'essai « De la Phisionomie » (III, 12), où, tout à la joie de conter ses mésaventures, Montaigne s'étend longuement sur les circonstances inattendues de sa « delivrance » (1040*b*). On se souvient qu'assailli par des bandits, « desmonté et devalizé », il ne dut son salut, nous dit-il, qu'à la *fermeté* de son « visage ». Or cette fermeté est remise en question dans l'*excipit* quand notre héros se reproche de n'être pas assez scrupuleux vis-à-vis de ceux qui se livrent à des actions illégitimes. En montrant la faille dans la cuirasse du sage impassible, la fin de l'essai dénonce le défaut de sa rhétorique : Montaigne, l'homme et l'écrivain, a beau n'être « qu'un valet de trefles » (1041*b*), la plus faible des hautes cartes, il jouera néanmoins le jeu de l'écriture jusqu'au bout.

Reste le chapitre « De l'Expérience » (III, 13) dont la

fin est aussi la conclusion du livre et de l'ensemble des
Essais. Le dernier mot est à la poésie. Montaigne cite
quatre vers des *Odes* d'Horace (I, XXXI, 17-20) qui constituent une supplique adressée à Apollon, dieu de la poésie :

> Frui paratis et valido mihi,
> Latoe, dones, et, precor, integra
> Cum mente, nec turpem senectam
> Degere, nec *cythara* carentem.

(1097b.)

[Permets-moi de jouir, Apollon Latonien / D'un esprit
encor sain dans un corps non moins sain, / Et qu'en digne
vieillard je puisse conserver / Dessus ma lyre encor le pouvoir
de chanter.]

Une vieillesse heureuse est une vieillesse qui est encore
capable de s'accompagner de la lyre, de faire entendre son
chant poétique jusqu'au bout (les derniers mots sont :
« nec *cythara* carentem »). Cette élévation finale de la
voix, rendue possible grâce à l'ode horatienne, contraste
avec les derniers mots français du livre qui recommandent
de « ranger » sa vie « au modelle commun, sans miracle
et sans extravagance » (1096*b*). Montaigne corrigera son
texte après 1588 pour ajouter la fameuse phrase :

> Et au plus eslevé throne du monde, si ne sommes assis
> que sus nostre cul. (1096*c*.)

Le mot « cul » produit un effet de retombée brutale
après l'élévation du trône, qui prépare à son tour l'en-
volée lyrique des vers latins. Il est singulier que cet
alongeail constitue la dernière phrase grammaticale complète que Montaigne ait sans doute jamais écrite dans ses
Essais. A ce titre, on peut la considérer comme l'*excipit*
final de l'œuvre, le mot « cul » étant, diachroniquement, le
mot ultime de notre auteur[1].

---

1. Montaigne ajoute encore les mots « et humain, avec ordre » après
« modelle commun » après 1588 (1096*c*). Nous interprétons cette dernière addition plus loin. Ne constituant pas une phrase grammaticale

Le cul et la cythare : il y a là un emblème qui ne devait pas déplaire à la Renaissance. Le processus de réécriture des *Essais* nous empêche de dire lequel des deux termes doit se lire en dernier. L'ordre chronologique restitué devrait proposer : la cithare *(b)* et le cul *(c)* ; mais l'ordre de la lecture oblige à renverser le sens. Le caractère *indécidable* du texte apparaît ici en clair : la clausule lyrique doit coexister avec la clausule prosaïque, le *sermo altus* avec le *sermo pedestris*. Et c'est peut-être dans cette hésitation ultime que réside la puissance de séduction des *Essais* : à jamais transformables, ils ne consentent jamais à en finir avec leurs métamorphoses.

Ces considérations sur les modifications emblématiques du texte « De l'Expérience » (III, 13) nous amènent à aborder le problème du rôle de l'*alongeail* dans la sémantique de l'*excipit*. Une première observation s'impose : les signaux métalinguistiques explicites ne sont jamais modifiés par les additions successives. Les essais à terminaison sémantique accentuée (« Voylà », « Pour clorre », « Pour finir », « Pour achever », etc.) conservent dans les diverses couches textuelles leur valeur de clausule marquée. Il en est tout différemment des signaux implicites, ceux dont l'interprétation n'est que suggérée au « suffisant lecteur » (I, 24, 126*a*). Nous avons vu, à propos du livre III, l'ampleur de la *thématisation de la fin* dans l'économie des *Essais* de 1588. Cependant on trouvait déjà dans la première rédaction des livres I et II, en 1580, certains chapitres où se produisait une sorte d'adéquation mimétique entre le thème et la structure. Ainsi le récit de

complète, ces mots ne peuvent passer pour le dernier *excipit* dans l'ordre chronologique. Notons que l'instrument qui accompagne le plus souvent le chant poétique à la Renaissance n'est pas la cithare mais le luth. Or ce mot s'écrit « lut » ou « luc ». Cette dernière forme est l'envers exact de « cul » comme le signale Rabelais dans *Pantagruel* : « jouer du luc, sonner du cul » (chap. 12, éd. P. Jourda, Garnier, 1962, t. I, p. 281). En termes de linguistique générative, l'opposition *cul-cithare* est aussi le développement du chiasme graphique : *cul/luc* par substitution paradigmatique.

la bataille de Crécy se termine par le mot « exploit »
— terme ironique puisqu'il sert à désigner le désastre
des Français : l'*issue* de la bataille correspond donc à la
phrase *finale* du chapitre (I, 41, 249*a*). Quant à la description du bouclier d'Enée chez Virgile, elle est reprise par
Montaigne qui nous en cite la fin pour clore son essai
« Du Jeune Caton » :

> Et le maistre du chœur [Virgile], après avoir etalé le nom
> des plus grands romains en sa peinture, *finit en cette maniere* :
>
> > *his dantem jura Catonem.*

(I, 37, 228*a*.)

Avec le remaniement des chapitres des deux premiers
livres en 1588 et après 1588, on observe une évolution
dans la sémantique des *excipit* dont les principales caractéristiques peuvent être décrites de la manière suivante[1].
L'*alongeail* à l'*excipit* répond, nous semble-t-il, à quatre
motivations principales qui ne sont d'ailleurs pas exclu-
sives les unes des autres. Il obéit d'abord à une *motivation
rhétorique*, celle qui consiste à enrichir le texte par des
ornements dont le principal est la citation. Le déjà-lu
vise à renforcer la plénitude de la clausule, à en « doubler
la présence »[2].

La pratique de l'*alongeail* correspond aussi à une *motivation stylistique* : il s'agira de placer une *pointe*, le plus
souvent ironique, là où elle faisait défaut. Cette pointe à
la clausule peut avoir un effet d'ouverture aussi bien que
de fermeture, suivant les cas; elle équivaut toujours
cependant à la perception d'une terminaison euphorisante.
Le remaniement par addition peut viser encore à intro-
duire un élément personnel dans le premier état du texte.
Montaigne, relecteur de ses œuvres, ajoute son point de

---

1. Nous laissons de côté les éditions de 1582 et 1587 qui n'offrent que
   peu d'intérêt pour cette étude puisqu'on n'y observe aucune modification des *excipit*. Il en est différemment des *incipit* comme nous
   l'avons montré au chapitre précédent.
2. L'imitation exprime un désir avoué de « présence ». Cf. J. Derrida,
   De la Grammatologie, Editions de Minuit, 1967, p. 289.

vue d'auteur ou nous parle de sa propre expérience d'homme pour mettre fin à des propos antérieurs jugés trop généraux : c'est la *motivation égocentrique*. Enfin, quatrième et dernière motivation, celle qui consiste à opérer un retour sur le sujet traité qui se prolonge alors par une réflexion sur sa propre écriture : c'est la *motivation autotextuelle* ou *autoréférentielle*.

On notera dans les *Essais* la très faible fréquence de la motivation rhétorique par opposition au développement démesuré de la motivation auto-référentielle. C'est que Montaigne remanie très rarement ses chapitres pour renforcer la puissance persuasive des *excipit*, alors qu'il multiplie à plaisir le nombre des simulations analogiques. On remarquera aussi que les motivations rhétorique, stylistique et égocentrique se trouvent presque exclusivement localisées dans les chapitres du premier livre. Tout se passe comme si, dès le second livre, Montaigne avait infléchi sa relecture dans le sens de l'auto-référentialité. Cette tendance symbolisante de la clausule ira en s'amplifiant puisque, comme nous l'avons vu, le troisième livre présente une vue systématisée du procédé. Si Montaigne n'a pas modifié de façon sensible la fin des chapitres du livre III, c'est probablement qu'il pensait avoir atteint d'emblée l'*effet clausural* désiré : en particulier cette *mise en abyme* de l'écriture, cette *réflexivité* du texte sur le texte, cette spécularité enfin qui, dans les deux premiers livres, avait dû s'élaborer progressivement (et de façon sporadique) au cours des relectures successives.

Les diverses manifestations qui sous-tendent la pratique de l'*excipit* s'inscrivent donc dans un plan diachronique cohérent dont on a tenté de définir brièvement la nature et la fonction dans l'économie générale des *Essais*. Deux tendances générales semblent se dégager de cette pratique infiniment complexe. Une première tendance à la clôture implique un idéal de plénitude et de signification, qu'on pourrait placer sous le signe de la métaphore. La fin de l' « Apologie » en serait le modèle puisqu'elle fait intervenir, *in extremis*, « la grâce divine » (première version) et la « foy Chrestienne » (version finale) comme résolutions idéales et définitives :

Il [l'homme] s'eslevera, si Dieu luy preste la main; il s'eslevera abandonnant & renonçant à ses propres moyens et se laissant hausser et soubslever par la grace divine, mais non autrement. (Texte de 1580.)

C'est à nostre foy Chrestienne, non a sa vertu Stoique, de pretandre à *cette divine et miraculeuse metamorfose.* (Texte de l'exemplaire de Bordeaux.)[1]

Une seconde tendance, au contraire, à l'ouverture viserait plutôt à maintenir jusqu'au bout le plaisir du mouvement imprévisible et non conclusif de l'essai. Cela impliquerait un processus de remise en question finale où pourrait se lire le parti pris « anti-cicéronianiste » de Montaigne[2]. La figure qui caractériserait cette tendance serait la métonymie, figure de la contiguïté, de la succession temporelle et qui connote l'instabilité, le désordre et l'ambiguïté du sens. On pourrait voir dans la fameuse phrase finale des « Cannibales » le modèle de cet ébranlement métonymique :

Tout cela ne va pas trop mal : mais quoy, ils [les Cannibales] ne portent point de haut de chausses ! (I, 31, 213*a*.)

Le « haut-de-chausses » est évidemment pris pour l'Européen qui est censé porter ce vêtement. L'effet ironique de la *pointe* n'est pas sans créer une illusion de clôture, comme si l'essai ne renonçait jamais tout à fait à présenter la possibilité d'une synthèse signifiante.

On aimerait pouvoir dire que les *Essais* sont proprement et essentiellement métonymiques, que pour Mon-

---

1. Cette double fin a été elle-même l'objet de ratures manuscrites. Voir l'édition dite « municipale » des *Essais* par F. Strowski, Bordeaux, F. Pech & Cᶦᵉ, 1906, t. I, p. 370.
2. Cf. M. Tetel, Les fins d'essais : mise en question ou début de convaincre, in *Rhétorique de Montaigne, op. cit.*, p. 199.

taigne le plaisir d'écrire consiste à différer sans cesse la satisfaction de la clôture. En fait, l'étude des *excipit* ne permet pas de statuer de façon aussi décisive. Et la « divine et miraculeuse metamorphose », proposée à la fin de l' « Apologie » sur l'exemplaire de Bordeaux, invite à penser que, dans l'inconscient du texte, il existe, au long du labyrinthe des mots, la nostalgie d'un rachat final par une assomption hors de la temporalité des signes.

8

Labilité du Portrait (1) :
mutations du visage

Pourquoy n'est-il loisible de mesme à
un chascun de se peindre de la plume ?

(II, 17, 637a.)[1]

Montaigne est un écrivain qui s'intéresse particulièrement à l'aspect extérieur, au « paraître » des gens et des
choses, chez qui la vue (*visus*, vis, visage) est le sens pré-
pondérant et pour qui la « phisionomie » (III, 12) constitue un élément essentiel de l'autoportrait. L'homme,
que Montaigne définit au premier chapitre de son œuvre
comme « un subject merveilleusement vain, divers et
ondoyant » (13a), présente des « visages » (au sens d'*aspects*)
différents selon les circonstances, selon ses dispositions
internes, « selon que le vent des occasions (l')emporte »
(II, 1, 316a). Il est un caméléon aux mille visages, « cet
animal qui prend la couleur du lieu où on le couche »
(ibid.).
Comme dans les *Métamorphoses* d'Ovide, cette pluralité
des apparences n'a d'égale que le nombre d'expressions

---

1. A propos de l'autoportrait, on consultera l'ouvrage de Hugo Friedrich, *Montaigne*, A. Franke Verlag, 1949; trad. franç. par R. Rovini,
Gallimard, 1968, pp. 220-270. Les *Miroirs d'encre* de Michel Beaujour
(Editions du Seuil, 1980) constituent une excellente mise au point
sur la place de la rhétorique dans l'élaboration de l'autoportrait.

qui la désignent dans le texte des *Essais* : « tous visages »
(I, 20, 84*a*); « toute espece de visages » (I, 34, 217*a*);
« plusieurs visages » (III, 13, 1065*b*); « divers visages »
(I, 14, 54*b*; I, 40, 246c; II, 12, 495*c*); « cent visages »
(I, 26, 149*a*; I, 50, 289*c*); « mille visages » (III, 13, 1093*b*);
« tant de visages » (I, 24, 128*b*; II, 12, 453*a*; 519*a*, 528*b*;
II, 32, 704*a*; II, 33, 712*c*); « autant de visages » (II, 12,
563*a*). Montaigne semble se rouler avec délectation dans
« cette infinie diversité de visages » (III, 13, 1054*b*).
L'euphorie du multiple atteint son apogée dans les
dernières lignes de l'édition originale de 1580 :

Et a l'aduanture ne fut il iamais au monde deus opinions
entierement & exactement pareilles non plus que deux *visages*.
Leur plus propre qualité c'est la diuersité & la discordance.

FIN[1]

Dans cette conclusion aux deux premiers livres des
Essais le mot « visage » est pris au sens de *face humaine*
et sert, pour ainsi dire, de métaphore concrète à la diversité des « opinions » des hommes[2]. Cette acception propre
et concrète du mot possède une fréquence environ deux
fois plus élevée que l'autre. L'être humain peut avoir le
visage « ferme » (I, 1, 13*c*), « rassis » (I, 19, 78*a*), « hardy
et mal contant » (II, 3, 339*c*), « agreable » (II, 2, 326*c*)
ou « morne et contristé » (I, 38, 230*a*)[3]. Et l'on sait que
l'humeur qui différencie Démocrite d'Héraclite nous est

---

1. Edition de Bordeaux, Millanges, 1580, t. II, p. 650. Il faut noter que
cette mention de « visages » est absente de la *Concordance des « Essais »*
établie par R. E. Leake, Genève, Droz, 1981. C'est que cet ouvrage
ne prend pas en ligne de compte le texte des différentes éditions des
Essais et se contente de l'amalgame approximatif fourni par l'édition
Villey-Saulnier, Paris, PUF, 1965, 1978.
2. Cette métaphore sera remplacée en 1588 par « deux poils ou deux
grains ». Signalons que le texte fourni par P. Villey et celui de l'édition
de la Pléiade sont fautifs sur ce point.
3. Cette liste n'est pas limitative, tant s'en faut. On consultera la *Concordance* déjà citée pour avoir une idée plus complète des qualificatifs
attribués par Montaigne aux différents types de visages.

présentée, contrairement au texte de la source (Juvénal, X, 28-29), sous la forme d'un contraste de visages :

> Democritus et Heraclytus ont esté deux philosophes, desquels le premier, trouvant vaine et ridicule l'humaine condition, ne sortoit en public qu'avec un *visage moqueur et riant*; Heraclitus, ayant pitié et compassion de cette mesme condition nostre, en portoit le *visage continuellement atristé*, et les yeux chargez de larmes. (I, 50, 291*a*.)

Il semble, dans ces conditions, qu'on ne puisse véritablement parler de l'autoportrait de Montaigne qu'en retraçant l'itinéraire sémantique des « visages » qu'il attribue aux autres et découvre en lui-même au cours de la rédaction des *Essais*. La méthode que nous suivrons ici, tout en s'apparentant à l'analyse des structures sémantiques, ne se veut pas à proprement parler « structuraliste ». Certes, on opérera par prélèvements paradigmatiques sur le texte global des *Essais*; mais, plutôt que de traduire les énoncés partiels ainsi prélevés en code binaire, nous chercherons à affecter à chaque unité sémantique un *indice syntaxique* qui replace l'énoncé dans la chaîne syntagmatique d'un essai particulier ou de plusieurs essais associés sémantiquement[1].

Avant d'aller plus loin, quelques remarques philologiques et statistiques sont nécessaires pour éclairer l'analyse. Rappelons d'abord l'étymologie : « *Visage* se

---

1. Sur la critique de la méthode paradigmatique, voir Harald Weinrich, Structures narratives du mythe, *Poétique*, I, 1970, pp. 25-34. Notre méthode s'apparente plutôt à celle poursuivie par Jules Brody dans ses travaux sur Montaigne. Cependant nous refusons de limiter la chaîne syntagmatique au corpus d'un seul chapitre considéré comme unité totalisante de sens. Le débordement sémantique d'un chapitre sur l'autre est d'autant plus admissible que Montaigne, en se relisant, a modifié la matière première de ses essais en incorporant des réflexions qui lui étaient suggérées par d'autres passages appartenant à d'autres essais. Cela ne veut pas dire qu'il n'y ait pas d'*unité organique* au niveau du chapitre; mais cette unité ne se fait pas nécessairement à l'exclusion de toute concertation sémantique entre les divers essais de l'œuvre.

disait *vultus* en latin : ce mot n'a pas survécu en français, non plus que dans les autres langues romanes. »[1] Cependant le mot latin *visus* a donné la forme *vis*, visage, en ancien français (cf. le composé adverbial : *vis-à-vis*). Si l'on trouve encore assez souvent le mot *vis* au sens de *visage* dans la première moitié du xvie siècle (le *Dictionnaire* de Huguet donne des exemples de Jean Lemaire, Jean Bouchet et Clément Marot), ce mot est totalement exclu du vocabulaire des *Essais*[2]. Il en est de même des autres mots dont l'ancien français disposait pour désigner le visage : *viaire* était tombé depuis longtemps en désuétude et *chière*, sous la forme *chère*, n'est employé que dans l'expression « faire bonne chère » au sens déjà moderne (non pas « faire bon visage » mais « bien s'amuser »)[3].

Le mot *visage* lui-même remonte au moins à la fin du xie siècle puisqu'on le trouve employé dans la *Chanson de Roland*, concurremment avec son synonyme *vis* et déjà dans son acception moderne[4]. Les lexicologues expliquent que c'était d'abord « un mot collectif désignant l'ensemble des traits dont se compose le *vis* », que *visage* était à *vis* ce que *courage* était à *cœur*, et que l'on s'est peu à peu habitué à « employer le dérivé de préférence au mot simple »[5]. Il est peu remarquable que chez Montaigne,

1. Cf. Georges Gougenheim, *Les Mots français dans l'histoire et dans la vie*, Paris, A. et J. Picard, 2e éd., 1966, t. I, pp. 109-110. Cependant le mot « volt » (vult, voult, vuoult, etc.) existait en ancien français au sens de « visage ». Voir, par exemple, l'expression « volt a volt », « face à face ». Cf. *Dictionnaire de l'ancienne langue française* de Frédéric Godefroy, Paris, E. Bouillon, 1895, t. VIII. Le regretté Alfred Foulet avait attiré mon attention sur ce mot.
2. On trouve toutefois l'homonyme *vis* au sens d'escalier (une seule mention en II, 17, 72*c*).
3. Cf. II, 3, 340*c* : « Après avoir fait bonne chere, ils boiroient ensemble. » Il existe huit mentions de « chere », substantif, dans les *Essais* dont sept dans l'expression « faire bonne chere »; la huitième a un sens identique : « parmy leur meilleure chere » (I, 20, 85*a*).
4. « Cors ad mult gent e le *vis* fier e cler » (LXXII, v. 895) et « Vairs out les oilz e mult fier lu *visage* » (XX, v. 283). Cf. aussi : « Rollant reguardet Oliver al *visage* » (CXLVIII, v. 1978).
5. Edmont Huguet, *Mots disparus ou vieillis depuis le XVIe siècle*, Genève, Droz, 1935 et 1967, pp. 31-32.

à côté du sens concret de *visage* depuis si longtemps attesté (face humaine), il y ait place pour l'acception originelle de l'étymon latin *visus* : vue, aspect, apparence. Nous avons déjà insisté sur la prolifération de ce sens dans les *Essais* : visage(s) du monde (I, 23, 114*a*), des choses (I, 23, 115*a*; II, 12, 574*a*), de la mort (I, 20, 94*a*), de la fortune (II, 3, 343*a*) ou de la vérité (II, 12, 544*a*). Montaigne lui-même nous donne des synonymes de ce sens aspectuel du visage : « façon », « forme », « lineamens », « lustre »... (II, 12, 424*a*; 544*a*; II, 29, 684*a*; III, 12, 1036*b*). A ceux-ci il faut ajouter le mot *mine*, d'emploi relativement récent puisqu'il aurait été introduit au XV*e* siècle, et dont on trouve vingt et une mentions (19 au singulier et 3 au pluriel) dans les *Essais*. Signalons enfin que le mot *aspect*, dont on s'attendrait à trouver de nombreux exemples chez un écrivain si sensible à la vue et aux apparences, est totalement absent du vocabulaire des *Essais*. C'est peut-être qu'il possède un sens astrologique précis (« situation des astres, considérée dans son rapport avec la destinée des hommes ») et qu'on le trouve employé en ce sens chez des contemporains que Montaigne a pratiqués (en particulier chez Amyot)[1].

Nous avons dit que le mot *visage* était un substantif à fréquence élevée sous la plume de Montaigne. La *Concordance* établie par Roy E. Leake nous apprend que, dans l'édition Villey-Saulnier des *Essais*, ce mot se trouve 164 fois au singulier et 28 fois au pluriel, soit un total de 192 fois, ce qui le place au trente-deuxième rang parmi les substantifs les plus fréquents[2]. Il faut remarquer que la distinction morphologique entre singulier et pluriel

1. Cf. E. Huguet, *Dictionnaire de la langue française du XVI*e *siècle*, Paris, Didier, 1967.
2. Les 31 substantifs qui le précèdent sont des noms d'espèce abstraits ou généraux : homme(s), chose(s), raison, âme, mort, temps, corps, monde, nature, fortune, Dieu, usage, vertu, gens, vérité, science, jugement, roi, force, enfant(s), main, part, discours, jour, état, lieu, honneur, loi(s), heure, condition et esprit.

n'est pas opératoire du point de vue sémantique parce qu'elle ne recoupe pas la différence entre les deux sens fondamentaux du mot chez Montaigne. Sur les 193 (et non 192, comme l'enregistre la *Concordance*) mentions de *visage(s)* dans les *Essais*, nous avons relevé, au singulier, 117 sens propres (face) contre 47 sens figurés (aspect) et, au pluriel, 3 sens propres contre 26 sens figurés : soit, au total, près de deux fois plus de « faces » que d' « aspects » (120 contre 73). Il est évident qu'un tel dénombrement ne rend pas compte des cas marginaux (les plus intéressants, et dont nous parlerons bientôt) où se glissent des ambiguïtés entre le propre et le figuré, le concret et l'abstrait, la face des choses et la figure humaine.

Quant à la distribution des « visages » dans les trois livres complets, le tableau ci-dessous en donnera une idée approximative :

Livres	Sin-gulier	Pluriel	Total	Nombre de chapitres
I	51	8	59	57
II	70	10 (11)	80 (81)	37
III	43	10	53	13
Total	164	28 (29)	192 (193)	107

On voit que si au livre I le nombre de *visages* est pratiquement égal à celui des chapitres, il est de deux à trois fois plus grand au livre II et quatre fois plus important au livre III. Cette observation doit être pourtant corrigée par le fait que les chapitres du troisième livre sont beaucoup plus longs que ceux des livres précédents. Il reste que c'est au livre II, c'est-à-dire au moment où s'esquisse l'autoportrait de l'écrivain, que les « visages » se multiplient dans les *Essais*. Ce résultat est corroboré par le fait que les deux chapitres du livre II qui *portent le plus de visages* sont les chapitres XII (« Apologie de Raimond

Sebond ») et XVII (« De la Praesumption ») où commence à s'élaborer la représentation du *Qui suis-je ?* de Montaigne[1]. Près de la moitié des occurrences de « visage(s) » au livre II se trouvent dans l' « Apologie » : 29 sur 70 au singulier et 7 sur 10 (11) au pluriel, soit un total de 36 sur 80 (81). Sans doute est-ce le chapitre le plus long de tous les *Essais*; il reste que cette inflation lexicale en ce moment privilégié des *Essais* explique en partie la genèse de l'autoportrait comme « simulacre textuel » : le projet de peindre sa propre face et les facettes de son être propre serait, pour ainsi dire, déjà inscrit dans les « visages » qui peuplent l'essai sur l'autre (Sebond), pour l'autre (le père de Montaigne) et à la place de l'autre (La Boétie)[2].

Il convient donc d'explorer plus avant l'évolution de cette appropriation du « visage » dans le défilé des *Essais* : appropriation dont les relevés statistiques ne peuvent donner qu'une très vague idée parce qu'ils « aplatissent » le texte au lieu de le saisir dans toute sa complexité sémantique. Notons tout d'abord qu'avant d'arriver à l'essai « De la Praesumption » (II, 17), où Montaigne nous parle enfin de son propre visage à la première personne, il n'existe que deux occurrences où le moi de l'écrivain s'associe directement à la représentation de sa physionomie par l'intermédiaire du mot « visage ». Il s'agit d'abord de la comparaison avec le peintre dans le chapitre « De l'Institution des enfans » (I, 26) dont nous reparlerons bientôt et ensuite du fameux récit de l'accident de cheval dans le chapitre « De l'Exercitation » (II, 6). Dans l'un et l'autre cas Montaigne insiste sur les défauts essentiels ou occasionnels de sa figure : « non un visage parfaict, mais le mien » (147a); « Le visage tout meurtry et tout escorché » (353a).

Ces deux indications préliminaires de la représentation

---

1. Ces observations recoupent tout à fait celles auxquelles se livre Donald M. Frame dans son étude, *Montaigne's Essays : A Study*, Englewood Cliffs, NJ, Prentice Hall, 1969.
2. Sur la notion de « simulacre textuel » voir Michel Beaujour, *Miroirs d'encre, op. cit.*, p. 341, *passim*.

personnelle du visage s'inscrivent dans un triple programme cohérent aux nombreuses ramifications textuelles. Les *Essais* ont déjà mis en place une *thématique de la défiguration* avec leur recensement de balafres et de cicatrices (I, 14; I, 21; I, 39; I, 42; II, 12; II, 17; II, 33) qui trouvera son apogée avec « l'histoire de Spurina » (II, 33). Ce jeune homme à l'étonnante beauté se lacère le visage pour mettre fin à l'attirance qu'il exerçait et ne pouvait plus supporter :

(Il) détailla et troubla, à force de playes qu'il se fit à escient et de cicatrices, la parfaicte proportion et ordonnance que nature avoit si curieusement observée en son visage. (712*a*.)

Montaigne trouve cette attitude excessive : « ces excez sont ennemis de mes regles », ajoute-t-il après 1588 (712*c*). Le jeune Toscan a manqué de « prudence »; il aurait dû faire « de ces dons de Dieu un subject de vertu exemplaire et de reglement ». En jouant sur les deux sens du mot, Montaigne nous fait comprendre qu'en se lacérant *le visage* (712*a*) Spurina a en fait refusé *les visages* de la vie (« tant de visages qui lient un homme d'exacte preud'hommie en la vie civile », 712*c*).

A cette thématique de la défiguration s'ajoute une *systématique du rabaissement* dont nous avons parlé ailleurs et qui trouve son expression la plus nette dans le chapitre « Du Repentir » (III, 2) : « Je propose une vie basse et sans lustre. » (782*b*.)[1] Enfin la dépréciation volontaire du visage permet à l'écrivain de négocier un rapprochement subtil avec le héros de l'Antiquité qui devient de plus en plus son véritable modèle de sagesse, Socrate, dont l'essai « De la Phisionomie » nous dépeindra le « visage si vilain » (1034*b*).

Ce triple programme de la représentation négative trouve tout naturellement son essor dans l'essai « De la Praesumption » : il serait *présomptueux* de se donner un visage parfait alors que le lecteur attend qu'on exhibe sa

1. Cf. *infra*, chap. 5, pp. 96 sq.

« cicatrice ». On connaît le passage fondateur de l'auto-portrait dans cet essai :

> Je vis un jour, à Barleduc, qu'on presentoit au Roy Fran-çois second, pour la recommandation de la memoire de René, Roy de Sicile, *un pourtraict qu'il avoit luy-mesmes fait de soy.* Pourquoy n'est-il loisible de mesme à un chacun de se peindre de la plume, comme il se peignoit d'un creon ? (637*a*.)

Or cette anecdote historique, avec son extraordinaire parallèle entre l'autoreprésentation picturale et verbale, est immédiatement suivie d'un aveu d'incapacité qui replonge le texte de l'essai dans le système de la théma-tique négative du visage :

> *Je ne veux donc pas oublier encor cette cicatrice,* bien mal propre à produire en public : c'est l'irresolution, défaut très-incom-mode à la négociation des affaires du monde. *(Ibid.)*

Comment le texte pourrait-il « oublier » cette partie constitutive de son histoire ? Même si Michel de Mon-taigne a la mémoire courte (et l'on sait avec quel achar-nement il nous le fait savoir), il existe une « mémoire intratextuelle » qui recentre le message sur lui-même dans une « réduplication mimétique ». Le texte des *Essais* ne peut s'individualiser, semble-t-il, que dans la mesure où il ne *veut* pas (et ne peut pas) *oublier encore sa cicatrice* fondamentale[1].

On en arrive ainsi au passage où, toujours dans le même essai (II, 17), Montaigne nous donne des détails précis sur son portrait physique :

> *(a)* J'ay au demeurant la taille forte et ramassée; *le visage, non pas gras, mais plein*; la complexion, *(b)* entre le jovial et le melancholique, moiennement *(a)* sanguine et chaude. (624.)

---

1. Cf. Philip Hallie, *The Scar of Montaigne : An Essay in Personal Philo-sophy*, Middletown, Conn., 1966, en part. pp. 130-133; Michel Beau-jour, *op. cit.*, pp. 113-126.

Cette description ne nous apprend pas grand-chose sur les traits particuliers de son visage; elle est même assez décevante si on ne la considère que pour son contenu informatif. En revanche, si on la rapproche du portrait moral de La Boétie, qui figure quelques pages plus loin dans le même essai, une tout autre lecture, remarquablement plus riche, se présente alors. Voici le texte :

> Et le plus grand (homme) que j'aye conneu au vif, je dis des parties naturelles de l'ame, et le mieux né, c'estoit Estienne de la Boitie; c'estoit vrayement *un'ame pleine* et qui montroit *un beau visage à tout sens*. C'estoit proprement un'ame a la vieille merque, et qui eut produit de grands effets, si sa fortune l'eust voulu, ayant beaucoup adjousté à ce riche naturel par science et estude. (643*a*.)[1]

Le même adjectif (« plein »/« pleine ») se retrouve dans les deux passages et, chaque fois, il est associé avec ce fameux mot « visage » dont le sens est double : alors que dans le portrait physique de Montaigne il faut le prendre dans son acception propre (visage de l'homme), dans le panégyrique moral de l'ami perdu il faut lui donner un sens figuré (visage de l'âme). Or, ce qui est intéressant ici, c'est que ce jeu sémantique, auquel nous sommes maintenant habitués, se trouve encodé dans le texte par le signe récurrent de la plénitude. En se donnant un « visage plein » Montaigne tend, par avance, à s'assimiler l' « ame pleine » de son ami défunt et, par là, à récupérer ce « beau visage » moral, hélas ! disparu. Mais cela, Montaigne ne saurait l'avouer ouvertement : il faut que ce soit au gré des plis et des replis de son texte que se glisse le *non-dit* du discours; et, paradoxalement, c'est le *déjà-dit* du conscient qui sert de révélateur à son inconscient[2].

---

1. Ce texte est corrigé sur l'édition originale de 1580.
2. Il faudrait encore ajouter, à l'appui de cette thèse, l'*alongeail* sur La Boétie à propos du « visage si vilain » de Socrate. « La laideur qui revestoit une ame très belle en *La Boétie* estoit de ce predicament. » (III, 12, 1035*c*.) L'ami défunt rejoint le modèle antique en ceci qu'il partage sa « laideur superficielle » *(ibid.)*.

Ainsi, entre le « visage si vilain » de Socrate (1034*b*) et le « beau visage » de La Boétie (643*a*) se joue non seulement la *dialectique* entre le physique et le moral, le corps et l'âme, l'apparence et la réalité, mais la *rhétorique* du langage entre le concret et l'abstrait, le propre et le figuré, le signe et ce qu'il signifie. Montaigne ne saurait revendiquer la plénitude morale de ses modèles, ancien et moderne ; mais il peut revendiquer un discours qui signale, par l'écart des figures, l'espoir (et le vertige) d'une *réduplication mimétique*, d'une *imitatio* qui soit aussi *allusio* dans le grand jeu du simulacre textuel. Tel semble être en effet l'enjeu de l'autoportrait, paradigme de la *figure* en ce qu'il porte à la fois « présence *et* absence »[1].

Cet écart entre plusieurs représentations possibles se traduit aussi dans les *Essais* en termes de rapport entre deux moyens d'expression : la peinture et l'écriture. Nous avons vu qu'à propos de l'autoportrait Montaigne posait la question de l'équivalence sur le plan légal : « Pourquoy n'est-il loisible de mesme à un chacun de *se peindre de la plume* ? » (637*a*.) Or cette question se pose aussi sur le plan de la ressemblance, de la fidélité au modèle. Dans l'édition originale de 1580, le portrait de Jules César nous est donné comme suit :

Il estoit beau personnage, blanc, de belle & alegre taille, *le visage plein*, les yeux bruns & vifz. (706-707*a*.)

Montaigne suit sans broncher la description de Suétone (*Vie de César*, XLV). La plénitude du visage semble rapprocher le gentilhomme gascon de l'*imperator* romain, et l'autorité de l'historien des *Douze Césars* n'est pas une maigre garantie. Cependant, dans l'édition du retour d'Italie (1582), Montaigne croit bon d'émettre un doute sur la validité du portrait que nous a laissé Suétone de César. Après le passage cité il ajoute : « s'il en faut croire

---

1. « Figure porte absence et présence », dira Pascal, *Pensées*, n⁰ 265, éd. Lafuma ; n⁰ 677, éd. Brunschvicg.

Suetone, car les statues qui se voyent de luy à Rome ne rapportent pas bien par tout à cette peinture » (707*a*).

Tout se passe comme si Montaigne mettait la fidélité de la sculpture au-dessus de celle de l'écriture; non pas qu'il s'agisse chez lui d'un principe général qui relèverait d'une mauvaise lecture du *ut pictura poesis*; mais, semble-t-il, parce que la plénitude jalousement partagée avec l'ami défunt ne peut accueillir cet homme qui n'a pour passion que « l'ambition » et la « desbauche » (707*a*). Ce n'est d'ailleurs pas un hasard si cette écriture du « visage plein » de César est *mise sous rature* dans le chapitre consacré à « l'histoire de Spurina » (II, 33). Comme nous l'avons vu, cet essai est le lieu exemplaire de la défiguration : Spurina se lacère la face et détruit « la parfaicte proportion et ordonnance que nature avoit si curieusement observée en son visage » (712*a*). N'en est-il pas de même de Montaigne écrivain qui, sous prétexte de *rendre à César ce qui est à César*, lacère son propre texte par le doute ? Par là il ne fait que renouer avec la problématique du « beau/vilain » visage au niveau même de son écriture. S'il avait pu l'oublier en 1580, celle-ci ne l'oublie pas en 1582 : « Je ne veux donc pas oublier encor cette cicatrice. » (637*a*.)

Les occurrences lexicales du *visage* dans le texte des *Essais* ne sauraient trouver leur véritable sens (ou double sens) — disons leur « irrésolution » sémantique (leur « cicatrice ») — qu'en prenant en considération la nébuleuse contextuelle qui les éclaire. Cependant, et nous l'avons proposé au début de cette étude, tous ces prélèvements paradigmatiques restent impuissants à rendre compte de la « contexture » de l'essai (pour employer ce mot cher à Montaigne), c'est-à-dire de la manière dont ils s'organisent entre eux pour former une unité sémantique. Force est donc de réintégrer les paradigmes dans la chaîne syntagmatique, de les affecter d'un *indice syntaxique* qui serve de guide à la dissémination du sens.

Pour mettre ce dessein à exécution, nous avons choisi d'examiner en détail un chapitre particulièrement complexe, celui « De l'Institution des enfans » (I, 26), d'une part parce qu'on y trouve un nombre élevé de références au visage (huit mentions au singulier et une au pluriel) et, d'autre part, parce que c'est dans la rédaction originale de cet essai qu'apparaît pour la première fois une allusion au visage de Montaigne dans le contexte de l'auto-portrait :

> Quoy qu'il en soit, veux-je dire, et quelles que soyent ces inepties, je n'ay pas deliberé de les cacher, non plus qu'un mien pourtraict chauve et grisonnant, où le peintre auroit mis *non un visage parfaict, mais le mien.* (147*a*.)

Bien plus, l'écrivain entend exhiber son portrait dans le même mouvement où il nous dit exhiber son écriture. Le « visage » personnel auquel il est fait ici allusion se réfère donc à la fois à la chose (d)écrite et au processus de l'écriture, au moi montré et au moi qui se montre. Dans ce mot *visage* se vérifie donc, comme par avance, la loi de la consubstantialité de l'homme et du livre, de l'essayiste et des *Essais*[1].

Dans le chapitre « De l'Institution des enfans », Montaigne commence par déplorer à la fois la faiblesse de sa mémoire et l'inanité des écrivains de son temps. Et pour souligner le rapport qu'il voit entre ces deux constatations, il recourt à un vocabulaire identique dans l'un et l'autre cas. Contrairement aux autres écrivains qui se disent savants, il n'a retenu, lui, des sciences qu' « un general et informe *visage* » (144*a*); contrairement aux « anciens autheurs », les « escrivains indiscrets de (son) siècle » ont « un *visage* si pasle, si terni et si laid » (145*a*) qu'ils souffrent de « cett'infinie dissemblance ». Cette image permet, dès le début, à Montaigne de se situer en tant qu'écrivain dans le lieu propre qui est le sien et qu'il ne partage ni avec les « savants » (ceux qui ont la science

---

1. « Livre consubstantiel à son autheur », II, 18, 648*c*.

en dépôt parce qu'ils sont doués de mémoire) ni avec ses contemporains, auteurs d' « ouvrages de neant » (145*a*), « vuides de matiere et de sens » *(ibid.)*. Il présentera, lui, « non un *visage* parfaict, mais le [sien] » (147*a*).

Passant à son programme d'éducation, Montaigne remarque que, pour bien apprendre, l'élève ne devra pas s'arrêter à la surface des mots, qu'il devra en pénétrer la « substance » pour la faire « sienne » (cf. « ce seront les siennes », « le miel qui est tout leur », « un ouvrage tout sien », 150-151*a*). De là la nécessité d'accommoder la leçon « à divers subjets », de la « mettre en cent *visages* » (149). Ce pluriel, qui apparaît ici pour la seule fois dans cet essai, est comme l'indication de l'extrême variété de l'éducation qui reflète elle-même celle de la vie. « Une éducation aux cent visages », tel pourrait être le sous-titre de « l'institution des enfans ». Quant au visage de la « vraye philosophie », il doit être empreint de « fermeté », de « foy » et de « sincerité » (151*c*). Celui des autres sciences, « suivant l'*advis* de Platon », n'est que « fard » : parce qu'elles « *visent* ailleurs » *(ibid.)*. Montaigne joue sur les mots apparentés à « visage » et qui partagent avec lui le même étymon, *vis*. Le dérivé qu'il préfère est le verbe « viser » dont la récurrence est significative tout au cours de l'essai.

Aussitôt après avoir avoué qu'il n'a retenu des sciences « qu'un general et informe *visage* », il ajoute qu'il sait « grossièrement [1588 : en gros] ce à quoy elles *visent* » (144*a*). De même, après avoir assuré que ce n'est pas « un *visage* parfaict » mais le sien qui l'intéresse, il déclare : « Je ne *vise* icy qu'à descouvrir moy mesmes. » (147*a*.) Ce double montage en parallèle ne peut être l'effet du hasard, surtout en ce moment crucial où Montaigne veut nous faire entendre sa visée essentielle : celle qu'il devait exprimer dans l'avertissement « Au Lecteur » (« je suis moy-mesmes la matiere de mon livre », 9) et qui suggérera à Pascal son observation célèbre (« Le sot projet qu'il a de se peindre ! »). Cette visée est encore soulignée à propos du « jugement », point de mire de toute l'éducation de l'enfant : « Son institution, son travail et estude ne *vise* qu'à le *former* » (151*a*) — propos repris encore plus loin sous forme de rappel (« Mais que mon guide se souvienne où *vise* sa charge », 155*a*).

L'éducation de l'enfant, comme l'écriture de l'essai, semble donc consister en un apprentissage de la juste visée dans la découverte des « cent visages » de ce « grand monde ». Encore faut-il savoir « choisir et discerner » (149*a*) et ne pas s'arrêter aux détails insignifiants. La largeur du visage de Néron (152*a*) importe moins à Montaigne que la longueur du nez de Cléopâtre n'importera à Pascal. Et pourtant on ne se lassera de répéter à l'enfant qu'il doit « avoir les *yeux* par tout » (154*a*). Et Montaigne multiplie mimétiquement les notations du regard dans son texte. « J'ay *veu* », écrit-il pour souligner par un exemple personnel son « honeste curiosité »; et il ajoute : « tout ce qu'il y aura de singulier autour de luy [l'enfant], il le *verra* » (155*a*). La formation du jugement passe décidément par la vue : « viser à former » est devenu *viser, pour former*. « Mettre [l'étude] en cent visages » c'est, nous dit Montaigne dans un alongeail tardif, en « changer la *façon* et la *forme* » (150*c*).

A cet égard, la « frequentation du monde » sera le plus sûr remède à notre myopie congénitale : elle élargira notre vision et épanouira notre visage. « Nous sommes tous contraints et amoncellez en nous, et avons la *veue* racourcie à la longueur de nostre nez » (156*a*). Socrate, qui pourtant n'avait pas reçu de la nature un beau visage (III, 12, 1034*b*), avait une vision des choses « plus plaine et plus estandue » (Montaigne parle de son « imagination », ce qui est un terme d'optique : la capacité à former des images) : il « embrassoit l'univers (de sa large vue), non pas comme nous qui ne *regardons* que sous nous » (156*a*). La densité des notations visuelles devient considérable au moment où l'essayiste nous invite, comme plus tard Pascal, à contempler la « variété » du « visage » de « nostre mere nature » (157*a*). On se contentera de citer ici les passages les plus significatifs où Montaigne joue sur les différentes racines du lexique de la vue : *videre* (voir, viser, aviser, raviser...); *spectare* (spectateur, spectacle); *mirari* (admirer, miroir, miracle).

A *voir* nos guerres civiles, qui ne crie que cette machine ne bouleverse et que le jour du jugement nous prent au collet, sans *s'aviser* que plusieurs pires choses *se sont veues.* (156-157*a.*)

Moy, selon leur licence et impunité, *admire* de les *voir* si douces et molles. (157*b.*)

Mais qui se *presente*, comme dans un *tableau*, cette grande *image* de nostre mere nature en son entiere magesté; qui lit en son *visage* une si generale et constante varieté; qui se *remarque* là dedans, et non soy, mais tout un royaume, comme un traict d'une pointe très-delicate: celuy-là seul estime les choses selon leur juste grandeur. (157*a.*)

Ce grand monde, que les uns multiplient encore comme especes soubs un genre, c'est le *mirouër* où il nous faut *regarder* pour nous connoistre de bon biais. (157*a.*)

Tant de remuements d'estat et changements de fortune publique nous instruisent à ne faire pas grand *miracle* de la nostre. (157*a.*)

La magesté si enflée de tant de cours et de grandeurs, nous fermit et asseure la *veue* à soustenir l'esclat des nostres sans *siller les yeux.* (157*a.*)

A toutes ces notations visuelles accumulées sur une même page, Montaigne en ajoute une dernière quand il se relit après 1588, en citant Pythagore. Prenant exemple sur les badauds qui se rendaient aux jeux Olympiques pour « *regarder* comment et pourquoi chaque chose se faict », il ne dédaigne pas de nous conseiller, à nous aussi, d' « estre *spectateurs* de la vie des autres hommes, pour en juger et regler la [nôtre] » (157-158*c*). Remarquable morceau choisi de « récit spéculaire » où le « visage » de la nature est le lieu où se croisent les regards et où se mirent les jugements.

On ne s'étonne plus alors que Montaigne ait cru devoir commencer son essai par une curieuse rhapsodie visuelle autour de l' « informe visage » de ses *Essais*. Les douze premières lignes constituent en effet une véritable *unité rhétorique*, allant de « Je ne vis » à « elles visent », comportant quatre phrases soudées entre elles selon un montage hypotactique et représentant ce que nous avons nommé un « incipit ». Le découpage phrase par phrase nous permettra de mieux en faire l'analyse :

Phrase 1 : « Je ne *vis* jamais pere, pour teigneux ou bossé que fut son fils, qui laissast de l'avouer. »

Phrase 2 : « Non pourtant, s'il n'est du tout enyvré de cet'affection, qu'il ne s'*aperçoive* de sa defaillance; mais tant y a qu'il est sien. »

Phrase 3 : « Aussi moy, je *voy*, mieux que tout autre, que ce ne sont icy [dans les *Essais*] que resveries d'homme qui n'a gousté des sciences que la crouste premiere, en son enfance, et n'en a retenu qu'un general et informe *visage* : un peu de chaque chose, et rien du tout, à la Françoise. »

Phrase 4 : « Car, en somme, je sçay qu'il y a une Medecine, une Jurisprudence, quatre parties en la Mathematique, et grossierement ce à quoy elles *visent*. » (144a.)

Chaque phrase contient un verbe du champ sémantique visuel : (1) *vis*, (2) *aperçoive*, (3) *voy*, (4) *visent*. Le mot *visage* de la phrase (3) sert de lien graphique et phonique entre (1) *vis* et (4) *visent*. De plus, l'opposition entre (1) « Je ne vis jamais » et (3) « Aussi moy, je voy » n'est pas simplement entre le passé et le présent mais entre le « je » du conteur et celui du critique : deux *points de vue* très différents établis comme tels dès le seuil de l'essai par le biais du contraste entre deux formes du verbe *avoir*. Enfin Montaigne prouve que ce qu'il dit dans la phrase (4) est juste : il sait « ce à quoy visent » les sciences qu'il nomme. La *Médecine* renvoie à l'enfant « teigneux ou bossé » de (1); la *Jurisprudence* traite du problème de la reconnaissance en paternité (2); la *Mathématique*, qui comprend les quarte arts du *quadrivium*, préside à la composition même de cet *incipit* en « quatre parties » (4). Ce qui n'est pas juste, en revanche, c'est que cette connaissance soit appliquée « icy » (3) « grossierement » (4) ou « en gros » (selon la correction de 1588). A l'opposé de ce qu'il nous dit, Montaigne a su « former » savamment ce début d'essai, tout en nous faisant croire qu'il lui donnait un « informe visage »[1].

Si l'on quitte maintenant le début de l'essai pour examiner son centre, on n'est guère étonné de retrouver un autre visage négatif, celui de la fausse philosophie. Il s'agit du fameux passage sur la « fabuleuse sagesse » dans lequel Montaigne s'indigne que l' « eschole » la représente sous des traits repoussants et la *défigure* aux yeux des enfants :

> On a grand tort de la peindre inaccessible aux enfans, et d'un *visage renfroigné, sourcilleux et terrible.* Qui me l'a *masquée* de ce *faux visage, pasle et hideux* ? Il n'est rien plus gay, plus gaillard, plus enjoué, et à peu que je ne dise follastre. (160*a*.)

La densité lexicale qu'entraîne la répétition de « visage » en ce moment crucial de l'essai (rappelons que la philosophie est la seule visée qui compte dans l'éducation; tout le reste n'est que « fard ») et la position de cette redondance au centre même de « l'Institution des enfans » (la page 160 est exactement au milieu des pages 144-177 qui bornent l'essai dans l'édition de la Pléiade), voilà qui sert singulièrement de marquage à la visée de l'auteur. Bien plus, par le biais de la synonymie, le « faux visage » répercute son effet en toute une série de termes appartenant à son champ sémantique : *mine* (« une mine triste et transie », 160*a*); *front* (« rider le front », « renfroigné », « renfroigner », *ibid.*); *facies,* mot ultime de la citation latine de Juvénal ajoutée en 1588 (160*b*).

Or, dans ce nouveau contexte, on retrouve le *visage* et ses dérivés paronymiques et synonymiques associés à la *forme,* ou à la formation, ce qui peut se lire comme une réactivation de la matrice *viser à former* (151*a*). « L'ame

---

1. « Aucune œuvre plus que celle-ci ne doit son existence à une structure paradoxale, puisqu'elle ne veut pas de structure et cependant en impose une » (Alfred Glauser, *Montaigne paradoxal,* Paris, Nizet, 1972, p. 53).

qui loge la philosophie [...] doit *former* à son moule le *port exterieur*. » (160*a*.) Dans l'essai « De la Phisionomie » (III, 12) Montaigne dira qu'il a « un *port* favorable et en *forme* et en *interpretation* » (1037*b*). A nous d'interpréter ! Ce « port, continue-t-il, faict une contraire montre à celuy de Socrates » *(ibid.)* qui, lui, avait « un visage si vilain » (1034*b*). Or, dans l'essai « De l'Institution », Socrate est considéré comme le « premier mignon » de la philosophie (161*c*). Il est clair à travers ces ramifications textuelles que le « port » se trouve associé au « visage » dans son rapport à Socrate, à Montaigne et à la philosophie[1]. Sans la philosophie en effet, « tout cours de vie est desnaturé, turbulent et *difforme* », déclare le critique dans un alongeail final (162*c*). Ainsi l' « informe visage » des *Essais* (144*a*) cherche à ôter le « faux visage » de la philosophie (160*a*) pour empêcher le « cours... difforme » de la vie (162*c*). Tout se tient dans le cours, non difforme, de l'essai; le lecteur est convié, certes, à de « gaillardes escapades » mais, comme le rappelle Montaigne dans un autre « embleme supernuméraire » (941*c*), « C'est l'indiligent lecteur qui pert mon subject, non pas moy » (III, 9, 973*c*).

La « forme » et le « visage » se trouvent encore associés dans la seconde partie de l'essai « De l'Institution » lorsque Montaigne peint un tableau satirique de la discipline des collèges :

> Quelle maniere pour esveiller l'appetit envers leur leçon, à ces tendres ames et craintives, de les y guider d'une *troigne effroyable*, les mains armées de fouets ? Inique et pernicieuse *forme*. (165*c*.)

La « troigne » est la « forme » pervertie du visage, une face « difforme ». Elle s'oppose dans son unicité et sa singularité aux « cent visages » du savoir, à « *toutes* façons

---

1. Ceci est encore vérifié par ce passage de l' « Apologie de Raymond Sebond » : « Si nostre entendement est capable de la forme, des lineamens, *du port et du visage* de la verité, il la verroit entiere aussi bien que demi, naissante et imperfecte » (II, 12, 544*a*).

et coustumes » (166*a*) et « *toutes* choses de quoy on se pait » *(ibid.)*. Le régent se trouve figé par le texte de l'essai dans son rôle de geôlier : il est un très mauvais acteur parce qu'il ne sait pas « changer la façon et la forme » (150*c*) au gré des besoins et des circonstances. Il est prisonnier de son masque, moule grotesque plaqué sur le visage au point de faire corps avec lui.

Alcibiade, compagnon de Socrate dans le texte du *Banquet* comme dans celui des *Essais*, contrastait avec son maître par sa grande beauté, devenue aussi légendaire que la laideur de Socrate. Or Alcibiade, nous dit Montaigne, pouvait « se *transformer* si aisément à *façons si diverses* » qu'il emportait la « grand'admiration » de tous (167*a*). Il était capable de modifier sa conduite pour être « autant *reformé* en Sparte comme voluptueux en Ionie » *(ibid.)*. Une citation latine vient couper le texte pour insister sur la mutabilité des formes (« *Omnis* Aristippum decuit color, *et* status, *et* res »). L'éducateur en Montaigne ajoute, comme pour clore cette série de variations formelles : « Tel voudrois-je *former* mon disciple. » *(Ibid.)* Si l' « institution » vise à *former* le jugement, cette *formation* doit s'entendre comme un changement de forme, une *transformation* perpétuelle. C'est en tout cas ce que vient de nous démontrer l'écrivain qui a reproduit mimétiquement dans son texte la lettre même de cette mutation formelle : former, reformer, transformer.

Cette « *forme* d'institution exquise » (172*a*) qui est même une « *forme* d'ébat et d'exercice » (173-174*a*) contraste aussi avec la « *façon* particuliere et inusitée » (171-172*a*) des « latineurs de college » (168*a*) qui s'occupent bien vainement à « entrelasser [les mots] de quelque subtile *façon* » (168*a*). Car, pour Montaigne comme plus tard pour Pascal, il s'agit « de *former* non un grammairien ou logicien, mais un gentil'homme » (168*a*). Avant Boileau, Montaigne croit que « ce qui se conçoit bien s'énonce clairement » et que si les mots n'arrivent pas « aisément » c'est que des « ombrages... viennent de quelques conceptions *informes* » (168*a*), d'une « matiere *imparfaicte* » (169*a*). Les adjectifs « informe » et « imparfaict » renvoient, par le relais textuel, à l' « informe visage » des *Essais* et, *a contrario*, au « visage parfaict » (144 et 147) dont Montaigne ne veut à aucun prix.

Il semble que nous puissions une fois encore saisir Montaigne en flagrant délit de contradiction : il condamne l'informe et l'imparfait quand ils sont le produit de l'école, mais il les cultive lorsqu'ils servent à définir la poétique même des *Essais*.

Montaigne a cru bon de terminer son essai en rappelant sa carrière d'acteur au Collège de Guyenne. « Le vray *miroir* de nos discours est le cours de nos vies » (168*c*), écrit-il dans un *alongeail* qui résume en quelque sorte son *credo* éducatif : « miroir » qui, dans une *mise en abyme* singulière, renvoie l'image du « miroër » du monde (157*a*), des « discours » de la philosophie (158*a*) et du « cours de vie » qu'elle est censée *former* (162*c*). Miroir aussi de l'écriture où « cours » renvoie à « discours » et « vray » à « vies » dans la structure chiasmatique parfaitement équilibrée de la sentence. Il convient donc que Montaigne achève son « essai » en nous proposant de scruter les « cent visages » qu'il a pu se former en jouant la « comédie ».

Or, s'il a été un acteur particulièrement doué, nous dit-il, c'est en partie grâce à son « asseurance de *visage* » (176*b*). Le cercle des transformations sémantiques du « visage » se trouve ainsi bouclé. A l' « informe visage » du début de l'essai se substitue un « visage asseuré », donc *formé* tout au long du discours par le « branle » de l'écriture : non pas un « visage parfaict », mais le sien; et pourtant capable de s' « appliquer aux rolles qu'[il] entreprend » (176*b*) comme un véritable « maistre ouvrier » *(ibid.)*. On comprend mieux que le livre soit « consubstantiel à son autheur » (II, 18, 648*c*) puisque c'est à travers le défilé des « visages » de l'essai que Montaigne semble redécouvrir, à la fin, l' « asseurance de visage » que lui cachait, au début, l'opacité de l'écriture.

Il est significatif, à cet égard, que la dernière citation

latine de l'essai, rajoutée dans l'état final du texte, se termine par ces mots : « *nec* ars... ea *deformabat* » [« et ce métier (d'acteur) ne déformait pas (sa réputation) »]. Le métier (l'*ars*) de l'écrivain et celui du comédien sont liés : ils changent la substance « de façon et de forme » pour *transformer* l'être et non le déformer. On comprend mieux aussi pourquoi Montaigne nous dit, à la fin de cet essai, comment, enfant, il eut tant de plaisir à lire Ovide :

> Le premier *goust* que j'eus aux livres, il me vint du *plaisir* des fables de la *Metamorphose* d'Ovide. Car, environ l'aage de sept ou huict ans, je me desrobois de tout autre *plaisir* pour les lire. (175*a*.)

Métamorphose, meta-morphosis, trans-formation : changement de forme qui reçoit le sceau de la mythographie ovidienne et que Montaigne associe par deux fois au « plaisir » des livres. « Esjouissance » de l'origine, « premier goust » fondateur qui détermine une option irréversible : celle d'un engagement de l'écriture à reproduire, *mutatis mutandis*, une vision intériorisée des *Métamorphoses*[1].

Cette double analyse, à la fois paradigmatique et syntagmatique, semble fournir tout au moins un début de réponse à la question que tous les critiques se posent : « Comment Montaigne en est-il arrivé à se peindre lui-même ? » Ou, pour reformuler la même interrogation : comment le texte des *Essais* s'est-il acheminé du « visage des choses » au « visage de Montaigne » ? Certes, il est aisément concevable que l'essayiste ait voulu se ranger au nombre de ces êtres dont il constatait la mutabilité fondamentale. Témoin ce passage extrait du chapitre

---

1. Le démenti donné dans le chapitre « Des Livres » (II, 10, 389*a*) n'est qu'apparent. C'est un commentaire beaucoup moins sur Ovide que sur la vieillesse (« cette vieille ame poisante »).

sur lequel s'ouvre le second livre (« De l'Inconstance de nos actions ») :

Je donne à mon ame tantost un *visage*, tantost un autre, selon le costé où je la couche. Si je parle diversement de moy, c'est que je me *regarde* diversement. (319*b*.)

Cependant il ne faut pas confondre l'évidence de la multiplicité qu'apporte le philosophe avec le goût de la mutation que dénonce le moraliste. En cette fin du XVIᵉ siècle en proie aux guerres civiles, il est tentant pour les contemporains de conclure que tout est travestissement et dissimulation; le mensonge règne, paré de ses « cent mille figures » en cette période de « troubles » :

Si, comme la verité, le mensonge n'avoit qu'*un visage*, nous serions en meilleurs termes. Car nous prendrions pour certain l'opposé de ce que diroit le menteur. Mais le revers de la verité a *cent mille figures* et un champ indefini. (38*c*.)

Dans ces conditions, *visage* veut alors dire *masque*. Montaigne décrit hyperboliquement cette comédie humaine universelle : « la plus part de nos vacations (occupations) sont farcesques »; et il cite la fameuse phrase de Pétrone, *Mundus universus exercet histrioniam* : le monde entier joue la comédie (989*b*). Que faire devant ce *malaise sémiologique* puisque les référents ne semblent plus correspondre aux signes qui sont censés les représenter[1] ?

Comme l'a bien montré Jean Starobinski, il ne peut y avoir que des réponses existentielles à cette question[2]. La conséquence morale qui s'impose, Montaigne l'expose en tout cas au chapitre 14 du premier livre (« Que le goust des biens et des maux depend en bonne partie de

1. Nous avons vu, au second chapitre, comment, devant cette « crise sémiotique », la poétique des *Essais* différait de celle des *Discours* de Ronsard.
2. *Montaigne en mouvement*, Gallimard, 1982. Cf. Antoine Compagnon, Montaigne chez les post-modernes, *Critique*, 433-434, juin-juillet 1983, pp. 522-534.

l'opinion que nous en avons »). Ce que nous appelons le *mal* n'existe pas « de soy » (en soi), ou au moins « tel qu'il soit » (tel qu'il est); car « il depend de nous de luy donner autre saveur et *autre visage* » (*50a*). Il y aura donc deux étapes dans ce dévisagement de la « condition humaine » *(ibid.)*. D'abord on se devra de démystifier « cette infinie diversité de visages » (III, 13, *1054b*) qui nous cache « l'estre originel des choses » (*50a*). Ensuite, on fera le tri entre ces apparences variées en établissant entre elles « une séparation bien claire » (*989b*). C'est ici qu'intervient le *distinguo* moral de Montaigne : « *Distinguo* est le plus universel membre de ma logique. » (*319c*). Gardons-nous donc en pratique de confondre les rôles divers que nous jouons dans la vie, et surtout de prendre ces rôles pour l'essence même de notre identité, de notre « moi » :

> Il faut jouer deuement nostre rolle, mais comme rolle d'un personnage emprunté. Du masque et de l'apparence il ne faut pas faire une essence réelle, ny de l'estranger le propre. (*989b*.)

Et Montaigne ajoute en marge de son propre exemplaire, après 1588, une expression empruntée au langage du théâtre et qu'il avait déjà employée dans la première rédaction de son essai « Des Livres » :

> C'est assés de s'enfariner le visage, sans s'enfariner la poictrine. (*989c*.)

Si donc Montaigne replie sa vue du côté de son propre visage, c'est, semble-t-il, pour tenter d'échapper à la fois au vertige du multiple et à l'incertitude de l'identité du simple. La multiplicité des signes ne peut être éliminée : il faut s'en accommoder et vivre avec. Alors concentrons-la en un point privilégié de l'expérience, celui qui est le plus à notre portée, celui que nous pouvons prétendre connaître le mieux : non pas du côté du monde observé mais du côté de son observateur. Les « visages » du viseur seront l'objet de sa visée. De plus, l'identité du simple n'est pas aisément décelable chez autrui : il y a de fortes chances qu'on ait pour vis-à-vis une infinie procession de masques. Allons alors en prendre la mesure chez soi : où est le maire de Bordeaux et où est Michel de Montaigne ? Réponse : « Le Maire et Montaigne ont tousjours esté deux, d'une séparation bien claire. » (989*b*.) Textualiser cette différence c'est en prendre doublement conscience ; c'est créer un va-et-vient entre sujet et objet qui ôte la « farine », qui ausculte la « poictrine » ; c'est créer une fiction qui se place au plus près possible de cette réalité indécidable de l'être (« Nous n'avons aucune communication à l'estre »). Le mouvement vers l'intérieur, le cheminement centripète de l'écriture vers la subjectivité, s'avère être un moyen, le seul peut-être, d'échapper à la contradiction des signes — ou plutôt de tenter de la résoudre.

Cette tentative de résolution est-elle imaginaire ? C'est possible. En tout cas, elle pousse Montaigne à composer, dans son avant-dernier chapitre, une série d'anecdotes qui ont pour protagoniste son propre visage. Il nous raconte en effet, dans l'essai « De la Phisionomie » (III, 12), comment par deux fois il a pu échapper à une mort quasi certaine. Trahi, une première fois, par un voisin qui s'était réfugié chez lui sous de fallacieux prétextes, il s'est cru perdu. Mais, dans un coup de « théâtre », le traître a soudain changé d'avis : « Mon *visage* et ma franchise luy avoient arraché la trahison des poincts. » (1039*b*.) Une seconde fois, assailli par « quinze ou vingt gentils-hommes masquez », c'est encore à son « fier maintien » (comme disait Marot de Semblançay) qu'il a dû d'échapper à la mort. La « mutation » est tout aussi « soudaine et très-inopinée » : « Je devoy cette delivrance à mon *visage*, liberté et fermeté de mes parolles. » (1040*b*.)

Que s'est-il passé chez Montaigne écrivain ? Le philosophe ne se contente plus de recenser la multiplicité des apparences ; le moraliste ne cherche plus à dénoncer la duplicité des cœurs ; le rhétoricien se détourne du travestissement des figures. A leur place s'est glissée une nouvelle *persona*, celle du conteur. Celui-ci tient entre ses mains la responsabilité d'un récit intime, confidentiel, qui met en scène un témoignage et un souvenir.

Le *visage* que Montaigne se donne, il ne peut plus en parler de l'extérieur : comme un philosophe ou un moraliste ou un rhétoricien. Il ne peut même plus en parler comme le conteur qu'il était dans ses premiers essais : un compilateur d'*exempla*, un collectionneur de *singularités*. Il lui faut réinventer le genre du conte en le *naturalisant*, c'est-à-dire en lui donnant un visage « tout sien ». C'est sans doute pourquoi il répond avec quelque humeur à l'accusation de plagiat qu'il met dans la bouche d'un contradicteur imaginaire. S'il y a en vérité un « amas de fleurs estrangeres » dans les *Essais* ce n'est pas pour « cacher » ou « couvrir » son véritable visage : « C'est le rebours de mon dessein, qui ne veux faire montre que du mien, et de ce qui est mien par nature. » (1033*b*.) Et Montaigne ajoute dans un *alongeail* tardif :

Nous autres naturalistes estimons qu'il y aie grande et incomparable preference de l'honneur de l'*invention* à l'honneur de l'*allegation*. (1034*c*.)

De même qu'Ovide avait hérité d'une tradition mythographique pour la transformer par le biais d'incessantes mutations narratives, de même Montaigne reprend cette tradition pour l'intérioriser et l'acclimater aux nécessités de l'autoportrait. Montaigne voudrait être moins un *conteur de l'allegation* qu'un *conteur de l'invention*. Pourtant il n'a pu se réinventer lui-même en racontant ses « experiences » (1037*b*) qu'en accumulant des « parements empruntez » (1033*b*). Ainsi l'écrivain et son écriture ne trouvent leur vrai visage qu'en s'essayant sur les visages changeants d'autrui.

9

Labilité du Portrait (II) :
mutations du livre

> *Je n'ay pas plus faict mon livre que*
> *mon livre m'a faict, livre consubstantiel*
> *à son autheur.*
>
> (648*c*.)

Tel qu'il est constitué pour être livré à ses premiers lecteurs en 1580, le « livre » exhibe un « Avis » liminaire qui cherche à établir *a priori* (avant toute expérience de lecture) une plénitude de la représentation. Les conjurations répétées du présentateur équivalent à une véritable prise de possession du lecteur implicite; elles se résument dans la fameuse déclaration qui sert de prélude à la théorie de la *consubstantialité* : « Je suis moy mesmes la matiere de mon livre. » (9.) L'équation [JE = LIVRE] ne souffre dès l'abord aucune exception; l'écriture se veut pure transparence de l'être ou, plutôt, de ses *passages* successifs. Le portrait se donne sous sa « forme *naïfve* », c'est-à-dire native, originelle, sans déformation ni déperdition de sens; et la métaphore de la peinture est là pour médiatiser cette fabuleuse transitivité :

C'est moy que je *peins*... Je m'y fusse très-volontiers *peint* tout entier, et tout nu. (9.)

Cependant les déclarations d'intention les plus résolues restent toujours suspectes, surtout lorsqu'elles s'assortissent d'admonestations répétées. Il suffit que le pré-

sentateur dise « je veus » ou « je t'asseure » *(ibid.)* à son
lecteur pour que celui-ci s'inquiète de la force avec
laquelle lui est communiquée cette volonté ou de cette
assurance :

> *Je veus* qu'on m'y voie en ma façon simple, naturelle et
> ordinaire, sans contantion et artifice. [...] Que si j'eusse esté
> entre ces nations qu'on dit vivre encore sous la douce liberté
> des premieres loix de la nature, *je t'asseure* que je m'y fusse
> très-volontiers peint tout entier, et tout nu. *(Ibid.)*

C'est alors qu'entre la volonté exprimée et la réalité
textuelle se glisse un espace ambigu et difficile à évaluer
que la critique a problématisé dans ses recherches sur
l'*intentionnalité* du texte[1].

Il n'entre pas dans notre propos de mesurer ici la
déviation du texte par rapport aux intentions exprimées
dans l' « Avis au lecteur ». Le désir de « publier ses verves »
est, de toute évidence, en contradiction avec l'affirmation
d'une intention d'écriture essentiellement privée[2]. Ce qui
nous importe ici c'est bien plus d'évaluer la *présomption
de référentialité* qui, donnée d'emblée pour évidente dans
l'adresse « Au Lecteur », se manifeste ensuite de façon
récurrente tout au long du texte des *Essais* à travers les
éditions successives. En effet, si l' « Avis » liminaire est
une entrée en matière singulière par la position et la
nature de ses déclarations, il n'est pas le seul moment où
l'écriture des *Essais* se veut ouvertement normative et
affirme le penchant du texte pour la référentialité. Nous
avons déjà fait allusion à la *théorie de la consubstantialité*

---

1. Cf. Peter Juhl, Intention and literary Interpretation, *Deutsche Vier-
teljahrsschrift für Literaturwissenschaft und Geistesgeschichte*, XLV, 1971,
pp. 1-23; Ralph Freedman, Intentionality and the Literary Object,
in *Directions for Criticism : Structuralism and its Alternatives*, éd. M. Krieger
et L. S. Dembo, Madison, Univ. of Wisconsin Press, 1977, pp. 137-159;
et notre Intentionalité du texte et théorie de la *persona*, *Poétiques, Michigan
Romance Studies*, I, 1980, pp. 186-207.
2. Voir à ce sujet l'article de Barry Lydgate, Mortgaging One's Work
to the World : Publication and the Structure of Montaigne's, *Essais*,
PMLA, mars 1981, pp. 210-223.

qui prend sa forme la plus dense dans un *alongeail* tardif au chapitre « Du Dementir » (II, 18) :

Me peignant pour autruy, je me suis peint en moy de couleurs plus nettes que n'estoyent les miennes premieres. Je n'ay pas plus faict mon livre que mon livre m'a faict, *livre consubstantiel à son autheur*, d'une occupation propre, membre de ma vie; non d'une occupation et fin tierce et estrangere comme tous autres livres. (648*c*.)

L'équation [LIVRE = AUTHEUR] est posée très exactement par Montaigne, le signe [=] étant représenté par l'adjectif [consubstantiel]. Ainsi la « matiere » du livre se veut l'équivalent en *substance* de la « vie » de l'homme et — c'est là peut-être l'innovation de Montaigne — *réciproquement*.

Au début du chapitre « Du Repentir » (III, 2) on assiste à une tentative forcenée pour établir le principe d'une écriture totalement asservie à son objet, où, pour reprendre Cicéron cité ailleurs par Montaigne, « les choses entraînent les mots » et non le contraire : *Ipsae res verba rapiunt* (*De Finibus*, III, v, et I, 26, 169*c*). L'œuvre se présentera donc dès l'abord non comme *vraisemblable* mais comme *véridique* : et cela, en décrétant d'emblée l'antériorité absolue de la démarche :

— moy le *premier* (782*c*);
— *jamais homme* ne traita subject qu'il entendit ne cogneust mieux que je fay celuy que j'ay entrepris (783*b*);
— en celuy là je suis *le plus sçavant homme* qui vive (783*b*);
— *(b)* jamais homme [*(c)* ne penetra en sa matiere *plus avant...*] n'arriva *plus exactement et plainement* à la fin qu'il s'estoit proposé à sa besoigne (783).

Le texte décrète la *singularité* de l'objet représenté, soulignée par l'adjectif « particulier » (employé trois fois au début du texte) et l'adverbe « particulierement ». Il proclame la *fidélité* de la représentation : « je le recite [l'homme] et en represente un particulier » (782*b*). Le verbe *representer* est une traduction possible du grec *mimeisthai* (cf. *mimèsis*), au sens platonicien plus qu'aristotélicien[1]. Pour Montaigne comme pour Platon, la *mimèsis* doit être une représentation de ce qui est vrai, alors que pour Aristote ce peut être une imitation, une représentation arrangée, modifiée justement par l'*art* que récuse Montaigne[2].

La fidélité de la représentation nous est assurée à plusieurs reprises et par plusieurs moyens dont nous donnerons ici l'essentiel.

1 / Une série de protestations liminaires servent à fonder la conformité de la peinture au modèle :

— Or les traits de ma peinture *ne forvoyent point*, quoy qu'ils se changent et diversifient. (782*b*.)
— Je me contredits bien à l'adventure, mais la *vérité* (...) je ne la contredy point. *(Ibid.)*
— Pour la parfaire [ma « besoigne »], je n'ay besoing d'y apporter que la *fidelité*; celle-là y est la plus sincere et pure qui se trouve. (783*b*.)

2 / Cette *vérité*, cette *fidélité* viennent de la spécificité du sujet traité, de l'objet observé, de la méthode suivie : en cela l'auteur se donne pour incomparable. Sa souveraineté sur son sujet est totale. Personne ne le connaît mieux que lui-même :

— Jamais homme ne traicta subject qu'il *entendit* ne *cogneust* mieux que je fay celuy que j'ay entrepris, et [...] en celuy-là je suis *le plus sçavant* homme qui vive. (783*b*.)

Cet homme qui se veut « sans science » est paradoxalement rempli de science; il est « le plus sçavant » de l'inscience sur l'inscience. On pense à l'*alongeail* du chapitre

1. Il n'est donc pas besoin de savoir si Montaigne avait lu ou non la *Poétique* d'Aristote. Il est possible qu'il l'ait lue. Dès 1498, en effet, elle avait été traduite par Giorgio Valla et l'édition *princeps*, qui avait paru en 1508 chez les Alde, est suivie de nombreuses éditions au cours du xvi⁰ siècle en Italie. Voir à ce sujet René Bray, *La Formation de la doctrine classique en France*, Hachette, 1907.
2. Sur la *mimèsis* chez Platon et Aristote, voir Georg Finsler, *Platon und die Aristotelische Poetik*, Leipzig, 1900.

« De la Phisionomie » où il déclare : « Et ne traicte à
point nommé de *rien que du rien*, ny d'*aucune science* que
de celle de l'*inscience*. » (III, 12, 1034*c*.)

3 / Personne n'a jamais sondé son sujet avec tant de
profondeur et de *pénétration* :

— Jamais aucun ne *penetra* en sa matiere plus avant. (783*c*.)

4 / Aucune analyse n'en a jamais été plus *scrupuleuse-
ment* faite :

— Jamais aucun [...] n'en *esplucha* plus particulièrement les
membres et suites. (783*c*.)

5 / Aucune recherche n'a abouti à des résultats plus
exacts :

— Jamais aucun [...] n'arriva plus *exactement* et *plainement*
à la fin qu'il s'estoit proposé à sa besoigne. (783*b*.)

6 / La raison à cela : c'est que l'ouvrier et l'ouvrage
ne peuvent être en désaccord :

— Il ne peut advenir icy ce que je voy advenir souvent,
que l'artizan et sa besoigne se *contrarient*. (783*b*.)

On ne peut les séparer l'un de l'autre :

— Icy nous allons *conformément* et tout d'un trein, *mon livre
et moy*. Ailleurs, on peut recommander et accuser l'ouvrage
à part de l'ouvrier; icy, non : qui touche l'un, touche
l'autre. *(Ibid.)*

Cette série d'affirmations annonce déjà les propos sur
la *consubstantialité* au chapitre « Du Dementir » (II, 18, 648*c*).
Se démentir, c'est « se desdire de sa parolle » (649*b*)
et il n'est pas de « couardise et lâcheté de cœur [...] plus
expresse » *(ibid.)*. Or se repentir, c'est aussi se « desdire »
en un sens; et Montaigne en est conscient lorsqu'il
écrit : « Le repentir n'est qu'une *desditte* de nostre volonté. »
(785-786*b*.)

Ainsi la théorie de la *consubstantialité*, pierre angulaire
de la référentialité des *Essais*, se trouve associée théma-

tiquement au « Dementir » et au « Repentir ». Dans un cas comme dans l'autre il y a « desditte », c'est-à-dire *négation du dit*, refus de la temporalité de l'homme et de l'écriture, rejet du *principe de réalité*. Tout l'art de Montaigne aura été de faire admettre à son lecteur que ses *Essais* refusent justement cette « desditte », qu'ils suivent une pente unique (cf. « Jamais aucun... ») où le moi observant et le moi observé abolissent leur division pour *se représenter* en toute plénitude (« plainement ») et en toute transparence (« conformément »).

Des remarques semblables pourraient être faites à propos des fameuses « corrections » apportées à son livre. On connaît la déclaration dans l'essai « De la Vanité » (III, 9) :

J'adjouste, mais je ne corrige pas. (941*b*.)

Cette affirmation, démentie en partie par les faits, est très conforme à l'esprit des *Essais*. Montaigne la justifie en faisant remarquer qu'il a « hypothecqué au monde son ouvrage » *(ibid.)* et qu'il n'y a « plus de droict » *(ibid.)*. Cette remarque, elle-même, doit se lire comme un *passage*, au double sens du terme : fragment de texte et confidence momentanée, soumise au temps et à l'espace — c'est-à-dire appartenant et appartenant seulement à la couche *(b)* de l'essai III, 9. La même mutabilité régit l'homme et l'ouvrage; le même « branle » anime « moy et mon livre ».

Dans l'essai « Sur des vers de Virgile » (III, 5), la strate *(b)* du texte original apporte une correction à cette affirmation péremptoire sur les corrections :

Je corrigerois bien une erreur accidentale, dequoy je suis plain, ainsi que je cours inadvertemment; mais les imperfections qui sont *en moy* ordinaires et constantes, ce seroit trahison de les oster. (853*b*.)

On note immédiatement l'ambiguïté de ce « en moy ». Est-ce de l'écrivain ou de l'écrit qu'il s'agit ? Dans le contexte restreint de ce passage, les corrections s'appliquent autant au livre qu'à l'homme. Montaigne vient de dire : « Je l'eusse fait meilleur d'ailleurs, mais l'*ouvrage* eust esté moins *mien*; et sa fin principale et perfection, c'est d'estre *exactement mien.* » Si le *lapsus* est possible ici, c'est qu'il y a équivalence entre des termes devenus interchangeables : « c'est tout un » (782*b*). Les « imperfections qui sont en moy » *veut dire* (cherche à dire) : « les imperfections qui sont *en mon livre* », comme en témoigne la remarque qui suit :

Tout le monde me *reconnoit* en mon livre, et mon livre en moy. (853*b*.)

Merveilleuse métamorphose, soulignée par le mouvement de va-et-vient de la phrase, que l'on retrouvera, sous sa forme spéculaire la plus emblématique dans un *alongeail* tardif à l'essai « De l'Institution des enfans » (I, 26) :

Le vray miroir de nos discours est le cours de nos vies. (168*c*.)

La conception du livre comme « vray miroir » de l'homme est la condition nécessaire pour que les « defauts » mêmes de l'homme puissent s'y reproduire sans altération. Dès l'Avis « Au Lecteur », Montaigne nous en avait prévenus : « Mes *defauts* s'y liront *au vif.* » (9.) L'adjectif « vif » (ou ses dérivés) est d'ailleurs très souvent employé pour connoter la perfection du miroir. Ce qui est « vif » dénote la « vie » et donc la vérité et la fidélité du livre par rapport à l'homme. On trouve encore dans la pièce liminaire « Au Lecteur » : « Par ce moyen [en lisant mon livre] mes parens et amis [...] [nourriront] plus entiere et *vifve* la connoissance qu'ils ont eu de moy. » *(Ibid.)* Et dans le passage que nous avons commenté, dans le chapitre « Sur des vers de Virgile », on lit de la même façon :

Je corrige les fautes d'inadvertence, non celles de coustume. Est ce pas ainsi que je parle par tout ? *Me represente-je pas vivement ?* suffit ! J'ay faict ce que j'ay voulu : tout le monde me reconnoit en mon livre, et mon livre en moy. (853*b*.)

L'emploi du verbe « representer » est significatif dans le contexte de cette stratégie. La « représentation vive » est la définition que donnent les traités de rhétorique de la figure appelée *hypotypose*, ce tableau vivant qui donne l'illusion de la réalité[1]. Elle correspond, chez Montaigne, à un vœu de plénitude mimétique, celui qui s'exprime, par exemple, au début de l'essai « Du Repentir » par le verbe « representer » :

Les autres forment l'homme; je le recite et en *represente* un particulier bien mal formé... (782*b*.)

Ce qui est « bien mal *formé* » doit rester tel pour que le livre et son auteur aillent « *conformément* et tout d'un trein » (783*b*). La représentation fidèle de l' « humaine condition » est à ce prix car « chaque homme [même « mal *formé* »] porte la *forme* entiere de l'humaine condition » (782*b*). De là le refus, de la part de l'auteur, de *re-former* ou de *réformer* par l'écriture cet homme particulier qu'il croit pouvoir simplement transposer dans ses *Essais* : « lequel, si j'avoy à *façonner de nouveau*, je ferois vrayement bien autre qu'il n'est. Mes-huy c'est fait » (782*b*). Toute l'originalité du mimétisme des *Essais* consistera donc, si l'on en croit leur auteur, à *ne pas déformer le déformé* mais à le *transformer* en choisissant une *forme* d'écriture unique, qui accueille la contradiction pour ne pas contredire la vérité :

Tant y a que je me contredits bien à l'adventure, mais la vérité, comme disoit Demades, je ne la contredy point. *(Ibid.)*

Les ratures se multiplieront après 1588, mais Montaigne nous expliquera, dans un *alongeail* à son dernier texte,

---

1. L'*hypotypose* constitue une « description animée et frappante »; elle est « un tableau saisissant » dont les détails semblent « pris sur le vif ». Cf. la *Rhetorique françoise* d'Antoine Foclin, Paris, A. Wechel, in-8°, 1555, et, pour son usage chez les poètes de la Renaissance, Alex L. Gordon, *Ronsard et la rhétorique*, Genève, Droz, 1970, pp. 184 sq.

le sens de ces « corrections ». On lit en effet dans « De l'Art de conferer » (III, 8) :

> Je preste l'espaule aux reprehensions que l'on faict en mes escrits; et les ay souvent changez plus par raison de civilité que par raison d'amendement. (902*c*.)

Fidèle au principe fondamental de la mutation mythique des *Métamorphoses*, Montaigne voudrait nous faire croire que les altérations de la *forme* ne changeront pas la *substance* du message parce que la *substance* préexiste à la multiplicité de ses *formulations*. Ronsard n'écrivait-il pas à la même époque : « La matiere demeure et la forme se perd ? »[1] Lui, le styliste, sait pourtant bien que l'expression du sujet dépend au moins autant de la *forme* que de la *substance*. Ne nous dit-il pas, dans le même chapitre « De l'Art de conferer » (III, 8) et dans la même couche textuelle :

> Et tous les jours m'amuse à lire en des autheurs, sans soin de leur science, y cherchant leur *façon*, non leur *subject*. (906*c*.)

Ainsi le texte des *Essais* invite le lecteur à mettre en doute l'existence d'un sujet distinct de l'écriture qui le représente. L'imprimerie, nouvel art qui fige l'écriture, donne l'illusion qu'il existe un texte correct, c'est-à-dire corrigé pour de bon. Mais la forme même des essais et la philosophie du « branle » qui les sous-tend s'opposent à la conception d'un état final, fini et finalisé. L'écriture du livre sera le lieu où se manifestent à la fois l'accueil et le refus d'une déontologie de la correction.

Il est significatif, à ce propos, que dans l'essai « Du Repentir » (III, 2), Montaigne, re-lecteur de lui-même, ait cru devoir supprimer quelques lignes au sujet de l'imprimerie dans le dernier état du texte. Après avoir écrit :

> En mon climat de Gascongne, on tient pour drolerie de *me veoir imprimé* (786*c*),

---

1. Tel est le dernier vers de la fameuse « Elégie XXIV » contre les bûcherons de la forêt de Gastine (1584).

il supprime la phrase suivante :

Les honnestes hommes et lettrés de quoy il y a foison y passent les yeux comme sur un almanach ou matiere plus vile *si l'impression en souffre.* Ailleurs je suis mieux receu, specialement au plus loin. (1621, note 7.)

Le jugement des proches, ces « parens et amis » dont parle l'Avis « Au Lecteur », est en un sens conditionné par la qualité de l'impression. La « matiere » des *Essais* ne peut passer pour « vile », même si cela est pure futilité, à cause de négligences regrettables dans la « façon ». Montaigne ne veut offenser personne, et surtout pas ces « honnestes hommes et lettrés » de son « climat de Gascongne ». Il préfère donc raturer là où il risquerait d'y avoir mauvaise interprétation; par là il diminue la part de « drolerie » qui pourrait s'attacher à la lecture de ses pages imprimées. La censure qu'il exerce sur son écriture n'est donc pas une *censure intérieure,* dictée par une « desditte » ou un « repentir » de son âme; c'est une *censure extérieure,* étrangère à sa pensée, visant à désamorcer les critiques injustifiées qui prendraient appui sur des négligences formelles, pour attaquer une poétique de la mutation des formes.

Les *Essais* se corrigent et ne se corrigent pas : « c'est selon », dirait leur auteur. Au regard de la stratégie référentielle, certes, il ne peut y avoir d'amendement : « Je suis incapable de nouvelleté, mesme *corrective.* » (III, 10, 988*c*.) Etre soi et écrire un livre qui soit « tout sien » implique une acceptation de ses « erreurs... naturelles et *incorrigibles* » (899*b*) et donc le maintien jaloux de leur trace dans le texte de l'ouvrage. Il ne faut pas oublier cette résistance à la repentance qui anime les âmes exemplaires de l'Antiquité. « Ne relascher point, ne se desmentir poinct », voilà ce que Montaigne considère comme une chose « rare », « difficile » et « remarquable » (787*b*). Mais, ici comme ailleurs, il faut distinguer : « *Distinguo* est le plus universel membre de ma logique. » (II, 1, 319*c*.) Le jeu sur les corrections, indice ambigu de la stratégie référentielle, est un moyen de récupérer la *présence* du « moy » dans le « livre », malgré les mutations qui l'offusquent mais aussi grâce à elles.

Lorsque l'on envisage ensuite le rapport qui s'établit dans le texte des *Essais* entre *référentialité* et *intertextualité*, d'autres questions complexes se posent au sujet de la théorie qu'avance Montaigne sur la *consubstantialité* du « livre » et de l' « autheur ». Par *intertextualité* on entendra ici l'ensemble des codes littéraires qui, à une époque donnée, imposent leur autorité ou leur modèle à une œuvre donnée. L'*intertexte* est alors la réalisation particulière de cette autorité ou de ce modèle, la référence s'instaurant entre des textes spécifiquement identifiables[1].

Il est indéniable que l'intertexte classique exerce une influence considérable sur l'écriture des *Essais*. Dans le chapitre 5 du livre III, « Sur des vers de Virgile », Montaigne déclare : « Or j'ay une condition singeresse et imitatrice. » (853*b*.) Une telle déclaration montre bien le degré élevé de conscience qui accompagne la pratique intertextuelle de l'écrivain. Elle doit s'interpréter à la lumière du parti pris *mimétique* qu'il ne cesse d'exposer et reflète la difficulté essentielle d'établir un rapport entre *référent* et *intertexte*. En effet, Montaigne a peur que la « souvenance des livres » n'interrompe sa « forme » d'écriture :

Quand j'escris, je me passe bien de la compaignie et souvenance des livres, de peur qu'ils n'interrompent ma forme. (852*b*.)

L'intertexte est une menace; car il risque de « s'ingérer à vostre besongne » et de remettre en cause la fidélité de la représentation. Les « bons autheurs » exercent une telle fascination sur l'écrivain qu'il peut « malaiséement

---

1. Sur la notion d'intertextualité voir *Le Texte de la Renaissance, op. cit.*, pp. 20, 54, 77, 86, 162, 173, 185, 223, 256.

[s'en] deffaire » *(ibid.)*. Nous voyons ici ce qu'il en est d'Ovide et de ses *Métamorphoses*.

L'exemplarité souveraine des Anciens décourage notre essayiste de ne pouvoir jamais donner une illusion parfaite de la pure référentialité :

> A la vérité, les bons autheurs m'abattent par trop et rompent le courage. Je fais volontiers le tour de ce peintre, lequel, ayant miserablement *représenté* des coqs, deffendoit à ses garçons qu'ils ne laissassent venir en sa boutique aucun coq *naturel*. (852*b*.)

Cependant Montaigne reconnaît que l'intertexte doit nourrir de sa richesse la *substance* de l'écriture : il « vous tend une main liberale et inespuisable de richesses et d'embellissemens » *(ibid.)*. A la *peur* d'être absorbé par l'altérité des formes s'ajoute le *désir* de justifier, en l'accueillant, la valeur de sa propre substance.

Ce double mouvement d'accueil et de refus n'est certes pas propre à Montaigne; mais il prend chez lui une forme singulière qui mérite qu'on s'y arrête. L'ambivalence de la motivation intertextuelle des *Essais* est en effet un indice de sa force. Plus que tout autre écrivain de son époque, Montaigne est conscient de sa propre historicité et de l'écart qui le sépare de l'Antiquité. Pour contourner cette difficulté, il déclarera paradoxalement que c'est par le biais de l'intertextualité qu'il parvient à exprimer sinon la plénitude, du moins la vérité particulière de sa subjectivité. C'est la fameuse formule :

> Je ne dis les autres, sinon pour d'autant plus me dire. (I, 26, 146*c*.)

Formule tardive et qui est sans doute le produit d'une lente prise de conscience, elle-même issue d'une longue lutte entre des pressions antagonistes, mais où l'altérité du modèle finit par se faire la raison d'être de l'appréhension du moi.

Autrement dit, les mots d' « autheurs », qui peuplent le texte des *Essais*, ont un statut ambigu. D'une part, au niveau de l'*énoncé*, ils favorisent la qualité de la représentation : par leur autorité, par la plénitude de sens qu'ils apportent. Mais, d'autre part, au niveau de l'énonciation, ils introduisent un langage tiers, importé, « rare et pellegrin », comme dit Montaigne (I, 51, 294*b*), qui est en contradiction avec l'intentionnalité du texte : car on est loin du « parler simple et naïf, tel sur le papier qu'à la bouche » (I, 26, 171*a*) que nous dit aimer l'écrivain. Le *contrat d'intimité*, savamment négocié avec le lecteur, semble contenir un vice de forme à l'origine. Comment éviter la brisure, apparemment inévitable, entre l'altérité des emprunts et la garantie d'une écriture propre, indépendante, tout entière asservie à la représentation de son objet ? Montaigne ne répond pas véritablement à cette question qui est pourtant une objection légitime du « suffisant lecteur ». Il n'a que faire des problèmes théoriques. Il se contente de multiplier les affirmations et les protestations :

Pour ce *mien* dessein [d'écrire les *Essais*] [...] je l'eusse faict meilleur *ailleurs*, mais l'ouvrage eust esté moins *mien*; et sa fin principale et perfection, c'est d'estre *exactement mien*. (853*b*.)

Le problème du rapport entre intertexte et référent se double donc d'un autre problème, non moins délicat, celui du rapport entre *autorité* et *altérité*. C'est par le biais d'une analyse de l'écriture autobiographique que l'on tentera d'aborder cette question, tout en restant conscient du caractère partiel des éléments de l'analyse. Si l'intertexte est impersonnel, dans la mesure où il correspond à un ensemble de codes empruntés, l'autobiographie, elle, se définit évidemment comme personnelle et singulière. On peut se demander comment s'articulent ces deux paramètres et dans quelle mesure l'intertexte ne vient pas « parasiter » le « moi » du discours autobiographique. Le premier mouvement du chapitre

« Du Repentir » est éloquent à cet égard. Rappelons-en les premières phrases encore une fois :

> Les autres forment l'homme; je le recite et en represente un particulier bien mal formé, et lequel, si j'avoy à façonner de nouveau, je ferois vrayement bien autre qu'il n'est. Mes-huy c'est fait. (782*b*.)

Il y a là, sous sa forme la plus explicite, un discours duel où s'exprime la contradiction fondamentale de l'écriture autobiographique. D'une part, l'homme cultivé que je suis a besoin des *autres*, c'est-à-dire du patrimoine culturel et linguistique de référence, de la mémoire de l'humanité, pour s'exprimer. Mais, d'autre part, je me différencie des « autres » en choisissant non pas de parler de l' « homme » en général (car ce serait alors me laisser dissoudre dans l'intertexte) mais de « reciter » (de raconter) un homme « particulier », « moy », « bien mal formé », c'est-à-dire déjà « formé » (« Mes-huy c'est fait »), participant obligatoirement à la culture du passé, mais « *bien mal* formé », donc individualisé par rapport à la norme de référence des « autres » et des « autheurs ».

Il convient d'ailleurs de rapprocher cette ouverture de 1588 du chapitre « Du Repentir » de la seconde ouverture que pratique Montaigne en se relisant plus tard. Il ne s'agit pas d'un nouvel *incipit* à proprement parler mais du premier *alongeail* de l'essai sur l'exemplaire de Bordeaux. On y lit en effet :

> Les *autheurs* se communiquent au peuple par quelque marque *particuliere* et estrangere; moy, le premier, par mon estre *universel*, comme Michel de Montaigne, non comme gram-mairien, ou poëte, ou jurisconsulte. (782*c*.)

Ce second début ne commence pas par « les autres » mais par « les autheurs », comme si se trouvaient associés, par le parallélisme de la disposition et la paronomase des termes, les notions d'*altérité* et d'*autorité*. Si l'on peut définir le style en termes d'*écart*, on dira alors que Montaigne cherche à définir la singularité de son écriture en marquant l'écart qui la sépare des « autres » et des « autheurs » par ce double début diachronique[1].

La valeur de la peinture du « moy » (homme et livre) s'appuie donc sur le déni des « autres » et des « autheurs », confondus, pour les besoins de la cause, dans la même négativité. Cependant, ne l'oublions pas, dire « les autres » c'est aussi, en un sens, dire « je »; c'est désigner un moi antérieur, qui a lu les autres, un moi d'avant l'écriture qu'un nouveau moi, le moi écrivant, vient relayer dans l'instant même de l'écriture : d'*autre* alors je deviens *moi-même*; « je ne dis [l'autre], sinon pour d'autant plus me dire ».

Le parallèle avec les *Confessions* de saint Augustin est remarquable à cet égard. Il y a dans l'un et l'autre texte un phénomène de *conversion*. Chez Augustin le changement radical opère dans la continuité de l'individu, pécheur frappé par la grâce qui « récite » son évolution intellectuelle et religieuse. Chez l'auteur des *Essais*, en revanche, le changement est vu sous l'angle d'une relation entre cet individu et ceux qui ne sont pas *lui*. Mais il y a tout autant un aveu de conversion. On peut d'ailleurs la situer en ce *point-virgule* du « Repentir » qui, dans les deux ouvertures successives de l'essai, segmente les instances pour les opposer sans interrompre le mouvement du discours :

Ouverture *(b)* : *Les*	*autres*	forment	
l'homme	[;]	*je*	le
recite...			
Ouverture *(c)* : *Les*	*autheurs*		se
communiquent	(...)		[;]
moy, le premier...			

Le point-virgule fait basculer l'altérité (ouverture *b*) et l'autorité (ouverture *c*) dans une *présence de soi à soi*

1. Il faut apporter des réserves à la définition du style comme « écart » ou comme « infraction » par rapport à la norme. Cf. Gérard Genette, *Figures*, II, Ed. du Seuil, 1969, pp. 144 sq.; Henri Meschonnic, *Pour la poétique*, Gallimard, 1970, *passim*.

qui se veut plénitude existentielle, dans le présent de l'écriture. La différence entre « former » et « réciter » correspond moins à un changement de style qu'à une *métamorphose* de l'être : elle s'affirme très hautement, comme la foi d'un converti.

Signalons aussi, en passant, le parallèle (ou le contraste) avec les *Confessions* de Rousseau. Si le temps de l'écriture, selon la formule heureuse de Jean Starobinski, est pour Rousseau « le temps de la disgrâce »[1], il est, pour Montaigne, celui de la grâce; le moment par excellence où se goûte (où s'essaie) la saisie du moi au seuil même de l'altérité; le moment de l'intériorisation de l'autorité et donc de son désengagement; le moment enfin où s'éternise ce « passage » sur la page :

Je ne peints pas l'estre. Je peints le passage. (782*b*.)

Passage des *autres* à soi et des *auteurs* à sa propre écriture. Le point que donnent les éditions modernes entre les deux membres de la citation équivaut, en fait, à un point-virgule, à un faux arrêt de la pensée qui lie deux états d'écriture successifs en les opposant. Passage de l'altérité d'une culture qui, en cette fin du XVIe siècle, devient de plus en plus « poisante », à une réappropriation — par défaut, s'entend — d'un « moy » écrasé par ce que Montaigne appelle « l'institution ».

Car, paradoxalement, « peindre le passage » c'est se soustraire à l'envoûtement de la Librairie Universelle — assimilée au « branle », au « vertige » du Savoir — pour trouver refuge dans sa propre « librairie », incomplète, partiale et « particulière » :

Chez moy, je me destourne un peu plus souvent à ma librairie [...]. Là, je feuillette à cette heure un livre, à cette

---

1. « Visiblement, l'accent qualitatif favorise le passé au détriment du présent. Le temps où va intervenir l'écriture est le temps de la disgrâce; l'époque ancienne, elle, que Rousseau entend récupérer par l'écriture, est un paradis perdu. » (Le Style de l'autobiographie, *Poétique*, III, 1970, p. 264.)

heure un autre, *sans ordre et sans dessein, à pieces descousues* : tantost, je resve, tantost j'enregistre et dicte, en me promenant, *mes songes que voicy.* (806*b*.)

Les *Essais* sont ces « songes » fixés sur la page, comme si le peintre du « passage » pouvait s'accorder quelques moments de « constance », où la voix puisse se poser, où l'écriture puisse s'engager, quitte à nier aussitôt cette pose et cet engagement. La « librairie » fait alors office de creuset où autorité et altérité se transmuent en « estre à soy », c'est-à-dire par conséquent en « être à son livre » :

C'est là mon siege. J'essaie à m'en rendre la domination pure (...). Miserable à mon gré, qui n'a chez soy où *estre à soy.* (807*c*.)

Le projet de se peindre soi-même impose donc à l'intertexte un statut ancillaire : paradoxalement, le texte parvient à brosser un autoportrait réputé « fidèle » en se mesurant toujours aux « autres » et aux « autheurs » dans le jeu illusoire de la référentialité. *A priori,* si le livre se donne pour « un livre de bonne foy », présentant une « forme naïfve », « sans contantion et artifice » (« Au lecteur », 9), il postule implicitement un déni de motivation textuelle. L'écriture est censée s'appuyer directement sur les choses et non sur des structures ou des corrélations formelles. A l'origine des *Essais* il doit y avoir, en principe, l'expérience du « moy » (« C'est moy que je peins », *ibid.*); mais l'expérience des livres apprend à Montaigne qu'il en est tout différemment :

La verité et la raison sont communes à un chascun, et ne sont plus à qui les a dictes premierement, qu'à qui les dict après *(b)*. Ce n'est non plus selon Platon que selon moy, puis que luy et moy l'entendons et voyons de mesme. (150*c*.)

Ainsi l'affirmation du moi dépend étroitement de la pratique, bien plus : de l'*épousaille* des modèles anciens. Le mot « espouser » sert à clore le chapitre « De l'Institution des enfans » (177*a*). Il est un Montaigne qui dit n'avoir ni « science » ni « memoire » (783b); mais il en est un autre qui montre à chaque instant que son texte est fondé sur la mémoire des mots, seul moyen d'accéder à la science des choses. La plénitude de la « consubstantialité » entre le livre et son auteur ne trouverait donc sa justification que par le biais du discours des autres — ce qui ne serait pas le moindre paradoxe des métamorphoses de Montaigne[1].

1. Nous renvoyons au *Montaigne paradoxal* d'Alfred Glauser (Nizet, 1972) sur ce point. Pour une étude récente des rapports entre rhétorique et représentation, voir l'article de G. Defaux dans le volume consacré à la *Rhétorique de Montaigne, op. cit.*, pp. 21-48.

10

Le grand jeu des Métamorphoses : la chasse et la danse

> « *Mundus universus exercet histrio-
> niam* » [*Le monde entier joue la comédie*].
>
> (III, 10, 989*b*.)

On ne saurait sous-estimer la part de jeu qui entre dans
l'écriture des *Essais* : non qu'il s'agisse de réduire la
composition du livre à un passe-temps purement gratuit,
mais parce que cette pratique réputée « sérieuse » est en
fait pénétrée d'éléments ludiques aisément reconnais-
sables. Sans doute Montaigne appartient-il à une époque
dont la conception du monde accorde une large part au
serio ludere, au jeu sérieux. On sait qu'à côté d'Erasme
et de l'Arioste, Rabelais est l'incarnation de cet esprit-
joueur qui sait que la vérité se dit souvent en riant.
« Ridentem dicere verum / Quid vetat ? » écrit encore
Montaigne, citant Horace (855*b*). A la fin du XVIᵉ siècle,
on peut se demander si, malgré l'horizon troublé par les
guerres de religion, Montaigne ne reste pas fondamentalement un *homo ludens*, tenté par la possibilité de considérer la condition humaine sous son aspect ludique et
de consigner ses observations dans le grand jeu des
Essais[1].

---

1. Johan Huizinga, *Homo ludens*, trad. franç., 1951; trad. angl., Boston,
Beacon Press, 1950. Jacques Ehrmann a esquissé une critique perti-
nente de la théorie de Huizinga : « Définir le jeu c'est, en même temps
et dans le même mouvement, définir la réalité et définir la civilisation »
[nous traduisons] (*Yale French Studies*, 41, 1968, pp. 31-57).

Le statut ambigu de cette pratique du point de vue notionnel n'est plus à démontrer. On peut en effet entendre par « jeu » une distraction organisée, soumise à des règles strictes que les joueurs conviennent de respecter (le jeu de balle, le jeu de cartes), ou bien, à l'opposé, un passe-temps gratuit, sans règles ni obligations. Le terme recouvre donc des connotations quasi opposées, régulières et irrégulières, selon que l'on désigne une pratique sociale réglementée ou l'activité ludique au sens le plus général[1].

Les frontières du jeu réglé ne sont pas toujours aisées à définir. Le jeu n'est pas la fête bien qu'il n'y ait pas de fête sans jeu. Mais il faut mettre en garde, sur le plan fonctionnel, contre « une confusion qui placerait toutes les entreprises humaines sous le signe du jeu ». Sous l'Ancien Régime, la chasse est « un jeu réservé aux nobles », « le monopole de leur groupe »[2]. Montaigne, très chatouilleux sur le compte de sa noblesse, se devait de chasser sur ses terres et de connaître l'art de la vénerie et de la fauconnerie. Cependant, dans l'essai « De la Cruauté » (II, 11), il nous dit qu'il réprouve la chasse parce que c'est un sport cruel :

Je hay, entre autres vices, cruellement la cruauté, et par nature et par jugement, comme l'extreme de tous les vices. Mais c'est jusques à telle mollesse que je ne vois pas égorger un poulet sans desplaisir, et ois impatiemment gémir un lievre sous les dens de mes chiens, quoy que ce soit un plaisir violent que la chasse. (408b.)

Cela demandait sans doute un certain courage, à l'époque, de prendre personnellement position contre l'activité récréative des nobles par excellence. On connaît le tableau

1. Des distinctions plus subtiles ont été avancées par les théoriciens du jeu. Nous reviendrons plus loin sur celle qu'a proposée Roger Caillois dans *Les Jeux et les Hommes, le Masque et le vertige*, Gallimard, coll. « Idées », 1967.
2. Robert Mandrou, *Introduction à la France moderne*, 1500-1640, Albin Michel, 1961 et 1974, pp. 222-223.

saisissant où, après tant d'évocations symboliques du chevreuil par les poètes pétrarquistes, l'essayiste décrit avec un prétendu réalisme le sort pitoyable du cerf aux abois :

(*a*) De moy, je n'ay pas sceu voir seulement sans desplaisir poursuivre et tuer une beste innocente, qui est sans deffence et de qui nous ne recevons aucune offence. Et comme il advient communement que le cerf, se sentant hors d'alaine et de force, n'ayant plus autre remede, se rejette et rend à nous mesmes qui le poursuivons, nous demandant mercy par ses larmes,

(*b*) *quaestuque, cruentus*
  Atque imploranti similis,

(*a*) ce m'a tousjours semblé un spectacle très-desplaisant. (412.)

Malgré la citation de l'*Enéide* (vv. 501-502), le style du passage indique que l'image de la bête traquée trouve son origine chez Ovide : dans le fameux épisode où le chasseur Actéon, transformé par Diane en cerf, est dévoré par ses propres chiens (*Métamorphoses*, III, vv. 139 sq.)[1]. Ce qui intéresse Montaigne ici, c'est moins de peindre un tableau (négatif) de la chasse que de récrire le mythe ovidien dans le cadre d'une critique de la cruauté. Trois citations des *Métamorphoses* viendront souligner, coup sur coup, la référence textuelle de l'épisode (XV, vv. 106-107; 158-159; 160-161). On peut imaginer que le dégoût de Montaigne pour la chasse se soit fixé dans sa mémoire à l'occasion de ses lectures enfantines : il réapparaît d'autant plus fortement qu'il est lié au souvenir de mythes envoûtants.

Il existe sans doute d'autres raisons, à ce dégoût pour la chasse. D'abord, on sait le peu d'attrait qu'exercent sur Montaigne les sports violents. Pourquoi s'exposer à la mort quand on peut s'employer à des activités qui font honneur à la vie ?

---

1. Cf. Mary B. McKinley, *Words in a Corner, op. cit.*, pp. 29-30.

Il y a d'autres *jeux de mains* (écrit-il à propos des tournois), indiscrets et aspres, à la Françoise, que je hay mortellement : j'ay la peau tendre et sensible; j'en ay veu en ma vie enterrer deux Princes de nostre sang royal. (III, 8, 918*b*.)

En somme, le proverbe populaire dit vrai, et les nobles devraient se rallier à cette sapience éternelle : « jeu de mains, jeu de vilains »[1].

Dans l'essai intitulé « Couardise mere de la cruauté » (II, 27), Montaigne condamne l' « escrime » (le duel) comme une pratique faussement honorable, « desrogeant à la vraye et naïfve vertu » :

> Cet autre exercice est d'autant moins noble qu'il ne regarde qu'une fin privée, qui nous apprend à nous entreruyner, contre les loix et la justice, et qui en toute façon produict tousjours des effects dommageables. Il est bien plus digne et mieux seant de s'exercer en choses qui asseurent, non qui offencent nostre police, qui regardent la publique seurté et la gloire commune. (676*b*.)

En fait, à bien y regarder, cette attitude négative vis-à-vis du maniement des armes à des fins privées tient moins à une question d'honneur qu'à une aptitude physique, « art » dont Montaigne se sent bien incapable :

> Je say bien que c'est un *art* [...]; mais ce n'est pas proprement vertu, puisqu'elle tire son appuy de l'*addresse* et qu'elle prend autre fondement que de soy mesme. (676*b*.)

Montaigne se dit « sans addresse » comme il veut que ses *Essais* soient écrits « sans art » : « D'adresse et de dis-

---

1. Le jeu sur les mains illustre de façon frappante l'attitude ludique de Montaigne que nous venons d'évoquer. D'une part il nous dit qu'il n'a aucune habileté manuelle (« Les mains, je les ay si gourdes que je ne sçay pas écrire seulement pour moy... », II, 17, 625*b*). Mais, d'autre part, il nous convie à un jeu de mains fabuleux où il exploite toutes les possibilités de la *copia* : « Quoy des mains ? nous requerons, nous promettons, appellons, refusons... (suivent plus de *quarante* verbes à la même personne); et quoy non ? d'une variation et multiplication à l'envy de la langue. » (II, 12, 431*c*.)

position, je n'en ay point eu. » (II, 17, 625a.) S'il réprouve le duel sur le plan moral, ce n'est pas sans admettre la carence physique qui l'y oblige.

Montaigne prend d'ailleurs plaisir à rabaisser ses dispositions pour les « exercices de corps ». Par là il creuse le fossé qui le sépare de son père. Dans l'essai « De la Praesumption » (II, 17), il écrit :

> [Mon père] ne trouva guere homme de sa condition qui s'esgalast à luy en tout *exercice de corps* : comme je n'en ay trouvé guiere aucun qui ne me surmontat, sauf au courir (en quoy j'estoy des mediocres). (625a.)

A l'entendre, il serait inapte à tous les arts, à tous les jeux, à tous les sports, ou peu s'en faut :

> De la musique, ny pour la voix que j'y ay trèsinepte, ny pour les instrumens, on ne m'y a jamais sceu rien apprendre. A la danse, à la paume, à la lutte, je n'y ay peu acquerir qu'une bien fort legere et vulgaire suffisance; à nager, à escrimer, à voltiger et à sauter, nulle du tout. *(Ibid.)*

La liste de ses impérities est impressionnante; elle semble prendre à rebours, et avec une ironie à peine masquée, l'idéal du gentilhomme humaniste tel qu'il était exposé dans le *Courtisan* de Castiglione. Rabelais s'en était moqué avec le sourire dans la pédagogie nouvelle de Ponocratès; Montaigne reprend la critique plus subtilement, en se donnant pour l'anti-sujet de cette éducation utopique. A la relecture, après 1588, il ne pourra s'empêcher de consigner dans un alongeail la preuve de sa parodie en citant l'œuvre de Castiglione et, comble d'ironie, en l'approuvant : « Le *Courtisan* a bien raison... » (623c)[1].

1. Le *Livre du Courtisan* avait été traduit par J. Colin et publié à Lyon en 1537. « The *Libro del Cortegiano* insists on its ludic purpose », note Thomas M. Greene dans un article très révélateur à cet égard (*Il Cortegiano* and the Choice of a Game, *Renaissance Quarterly*, 32, 2, été 1979, p. 177). Le *Courtisan* n'est mentionné que deux fois dans les *Essais* mais, selon Pierre Villey, son influence est plus importante

Il faut rappeler ici le caractère central de l'élément ludique dans le *Libro del Cortegiano* pour apprécier le démarquage qu'en fait l'auteur des *Essais*. Le livre commence, on s'en souvient, par un jeu de société qui consiste à proposer un autre jeu (jeu de degré second) qui occupera la compagnie pendant le reste de la soirée. Ce « gioco nuovo » visera à décrire les qualités requises du parfait courtisan et fournira donc la matière même du livre qui s'écrit. Le jeu de Montaigne se situera, en revanche, à un troisième niveau puisqu'il consiste à rejouer le « gioco » du *Courtisan* selon de nouvelles règles qui, paradoxalement, finiront par prouver la supériorité non présomptueuse de l'auteur de la « Praesumption » :

(*a*) Les mains, je les ay si gourdes que je ne sçay pas escrire seulement pour moy : de façon que, ce que j'ay barbouillé, j'ayme mieux le refaire que de me donner la peine de le desmeler ;

(*c*) et ne lis guere mieux. Je me sens poiser aux escoutans. *Au demeurant, bon clerc.* (625.)

La chiquenaude du « Au demeurant, bon clerc » renverse l'édifice patiemment construit *en creux* sur la page précédente. Elle correspond à la fois à la description du Valet de Gascogne reprise pour qualifier Panurge *(Au demourant, le meilleur filz du Monde)* et au portrait de Frère Jean dans le clos de l'abbaye *(Au reste clerc jusques es dents en matiere de breviaire)*[1]. Montaigne prouve aisément qu'il est « bon clerc » en sachant justement réunir Castiglione, Marot et Rabelais dans un jeu éminemment *clérical*.

Si, comme il nous le dit dans son chapitre « Des Livres » (II, 10), notre essayiste place *Gargantua et Pantagruel*

que ces deux mentions ne laisseraient supposer. Cf. *Les Sources et l'Evolution des « Essais »*, Hachette, 1908, I, pp. 95-96. Pour une étude des rapports entre les deux écrivains, voir Marcel Tétel, The Humanistic Situation : Montaigne and Castiglione, *Sixteenth Century Journal*, X, 3, 1979, pp. 69-84.

1. Cf. Clément Marot, Epître « Au Roy, pour avoir esté desrobé » (1531), v. 12 ; *Pantagruel*, éd. de 1542, chap. 16 ; *Gargantua*, chap. 27.

« entre les livres simplement plaisans » et les juge « dignes qu'on s'y amuse » (c'est-à-dire qu'on s'en occupe, qu'on les étudie de près), c'est peut-être parce qu'il y trouve une activité ludique qu'il apprécie au point de l'imiter, à sa manière, dans sa propre œuvre. Un livre *simple* (on sait le prix que Montaigne attache à la simplicité qu'il associe à la *naïfveté* et au naturel), un livre *plaisant* (c'est-à-dire qui plaît, qui donne du *plaisir*, notion clé chez cet épicurien des lettres) : tel est aussi l'idéal que l'on nous propose ici, pour l'écriture des *Essais*[1]. Ce qui ressort, en tout cas, de l'attitude de Montaigne vis-à-vis des exercices corporels c'est un mépris circonstancié et savamment orchestré. Ces jeux physiques sont l'occasion pour lui, écrivain conscient de sa vocation, d'ironiser sur leur inhumanité et de n'en conserver que la trace linguistique. Pour l'écrivain, les activités nobiliaires n'ont d'intérêt que dans la mesure où elles sont un réservoir de métaphores où il pourra puiser pour donner de l'*énergie* à son discours. C'est ce qu'il déclare dans l'essai « Sur des vers de Virgile » :

En nostre langage je trouve assez d'estoffe, mais un peu faute de façon; car il n'est rien qu'on ne fit du jargon de nos chasses et de nostre guerre, qui est un genereux terrein à emprunter; et les formes de parler, comme les herbes, s'amendent et fortifient en les transplantant. (851.)

Le langage de la chasse et de la guerre, autorisé par les théories de la Pléiade, possède cette vertu « généreuse » — c'est-à-dire capable de générer de fortes images qui pourront exprimer, comme disait Joachim du Bellay, « la vive *énergie* de la Nature »[2].

Par contraste avec ces distractions nobiliaires, la danse est plutôt un passe-temps populaire et villageois. Vers la

---

1. L'imitation de Rabelais est assez inégale chez Montaigne. On en trouve pourtant un exemple significatif dans le chapitre 42 du premier livre des *Essais*.

2. *Deffence et Illustration de la Langue françoyse*, liv. I, chap. XI, éd. H. Chamard, Paris, Didier, 1948, p. 80.

fin du XVIᵉ siècle, la coutume l'emporte sur les interdits du clergé, et les autorités civiles ne donnent guère suite aux interdictions prononcées par l'Eglise. A la différence des moralistes et des prédicateurs qui, comme François de Sales, condamnent la danse parce qu'elle est un loisir « fort penchant et incliné du côté du mal »[1]. Montaigne se détourne de cet exercice à la fois parce qu'il n'y a « peu acquerir qu'une bien fort legere et vulgaire suffisance » (625a) et parce qu'il y voit une démesure qui choque son préjugé élitiste et son goût des bienséances. Il distingue d'ailleurs entre les danses violentes « où il y a diverses descoupeures et agitation de corps », qui sont blâmables, et celles qu'il nomme « danses de parade » et qu'il approuve, car les dames n'y « ont simplement qu'à marcher un pas *naturel* et representer un port *naïf, ordinaire* ». Si Montaigne apprécie la danse *naturelle* c'est qu'elle se rapproche de la marche et suit un *ordre négligé* qui fait oublier qu'elle est danse. On en revient à la notion de *sprezzatura* prônée dans la *Courtisan* de Castiglione (I, 26) et à son corollaire, la *grazia* — que Montaigne traduit par « grace ordinaire » — qui ne s'obtient que par « une fusion de l'artifice et du naturel ». Ici encore les *Essais* se prononcent en faveur d'un art « naturalisé » : « Si j'estois du mestier, je naturaliserois l'art comme ils artialisent la nature. » (III, 5, 852c.)[2]

Les commentaires de Montaigne sont précieux à ce sujet parce qu'ils nous permettent de préciser son préjugé élitiste. S'il réprouve dans la danse les « deportements » excessifs c'est, nous dit-il, parce qu'ils sont le fait d'« hommes de vile condition » qui « cherchent à se recommander par des sauts perilleux et autres mouvemens estranges et bateleresques » (II, 10, 391a). Parce que des gens de basse condition « en tiennent escole », la vulgarité risque de s'étendre à tous ceux qui, faute de

1. *Introduction à la vie dévote*, citée par R. Mandrou, *op. cit.*, p. 224.
2. Cf. Hugo Friedrich, *Montaigne*, trad. R. Rovini, Gallimard, 1968, p. 350; M. Tétel, art. cit., p. 75; et surtout Mark Franko, *The Dancing Body in Renaissance Choreography*, Birmingham, Summa, 1986.

posséder une *grâce* innée, ne parviennent pas à « representer le port et la decence de nostre noblesse » *(ibid.)*. La poétique de Montaigne n'est pas séparable d'une certaine aristocratie du sentir qui refuse de poser parce qu'elle n'a pas besoin de s'imposer.

Cependant il est une raison plus fondamentale pour rejeter la danse et qui semble tenir à la conception même que Montaigne a du monde. En effet la démesure, l'*hybris* du mouvement excessif, déstabilise la conscience lucide et provoque une sorte d'étourdissement artificiel. A ce compte, la danse, comme la voltige, appartient à cette catégorie que Roger Caillois a définie comme l'*ilinx*, du nom grec signifiant le tourbillon et d'où vient le mot *ilingos*, vertige[1]. Dans un monde, tel que le perçoit l'admirateur d'Ovide, où tout est naturellement en mutation perpétuelle, il n'est nul besoin de créer une mobilité artificielle. Bien plus : puisque « le monde n'est qu'une branloire perenne » (782*b*) et que « la constance mesme n'est autre chose qu'un branle plus languissant » *(ibid.)*, tous les efforts de l'homme doivent tendre à rechercher quelque « asseurance », quelque position soustraite à la dérive universelle. Précisément, devant l'impossibilité de l'homme à se « résoudre », Montaigne va tenter de s' « essayer », de se saisir dans ses mouvements les plus fugaces :

Si mon ame pouvoit *prendre pied*, je ne m'essaierois pas, je me resoudrois; elle est tousjours en apprentissage et en espreuve. (III, 2, 702*b*.)

Si l'homme des *Essais* cherche à faire « prendre pied » à son âme, la danse risque de faire « perdre pied » à son corps. Sans doute le philosophe fait-il une distinction bien nette entre l'âme et le corps. L'âme est une substance fluide, perpétuellement changeante alors que le corps est une matière pesante qui offre une résistance à ce changement. Mais Montaigne a horreur du vertige, et

1. *Op. cit.*, p. 224.

tout déséquilibre du corps risque de compromettre les points d'appui où l'âme tente de trouver une assise stable[1].

Or, il n'est pas sans intérêt de remarquer que Montaigne choisit le mot « branle » pour caractériser la fluctuation universelle du monde :

> Toutes choses y *branlent* sans cesse : la terre, les rochers du Caucase, les pyramides d'Ægypte, et du *branle* publique et du leur. (III, 2, 762*b*.)

On a fait remarquer que ce mot « branle » était « un des termes les plus fréquents et les plus significatifs des *Essais* »[2]. Comme Pythagore, au dernier livre des *Métamorphoses*, Montaigne signale par là sa conception « héraclitéenne » du monde, le sujet de la connaissance étant toujours changeant et incertain. Il faut pourtant revenir à l'origine socioculturelle de ce vocable pour en apprécier la signification dans le texte des *Essais*. En effet, au xvie siècle, le « branle » désigne avant tout la danse populaire de l'époque. Thoinot Arbeau en a énuméré les nombreuses variétés dans son *Orchésographie* (1588)[3]. Dès lors, si l'état normal du monde est celui de la danse, toute activité individuelle ou collective qui viserait à en reproduire le mouvement se condamnerait à n'être qu'une pâle imitation, une parodie dégradée du cosmos. En revanche, le refus du vertige se conçoit comme un refus d'abdiquer devant la mouvance universelle. « Les occasions et les matieres roulent et changent sans cesse » (792*c*); le devoir de l'homme est de se soustraire à la danse générale pour établir « un patron au dedans » de lui-même (785*b*) car « au dedans et en sa poictrine, où tout nous est loisible, où tout est caché, d'y estre *reglé*, c'est le poinct » (786*b*).

1. Voir à ce sujet Jean Starobinski, Montaigne en mouvement, *NRF*, 86, février 1960, p. 260.
2. Hugo Friedrich, *op. cit.*, pp. 151-152.
3. Edmond Huguet énumère diverses sortes de *branle* dans son *Dictionnaire de la langue française du XVIe siècle*. Sur Thoinot Arbeau, voir M. Franko, *op. cit.*, pp. 35 sq.

Ainsi, en disqualifiant un jeu qui le rebute pour diverses raisons, Montaigne réussit à faire de ce jeu le ressort même de sa conception du monde. Il condamne la danse, loisir populaire, comme il condamnait la chasse, passe-temps nobiliaire, au nom du même principe fondamental : pour en récupérer mieux l'*énergie* métaphorique au niveau de sa poétique. Ce n'est pas seulement que le vocabulaire de ces récréations puisse donner un surcroît de vigueur à son style; c'est aussi que l'écrivain (il vaudrait mieux dire : le poète) a besoin de distancier les jeux de la réalité quotidienne pour privilégier le *jeu de l'écriture*, c'est-à-dire le seul jeu qu'il veut posséder véritablement *en propre*, le seul vertige admissible, le seul étourdissement digne d'être cultivé.

Quelle sera l'attitude de Montaigne envers les jeux de société ? Il faut tout de suite distinguer entre un jeu intellectuel comme les échecs et les jeux de hasard comme les cartes et les dés. A propos des distractions d'Alexandre, Montaigne nous dit qu'il considère les « eschecs » comme un « niais et puerile jeu » (I, 50, 290*c*). Et il ajoute dans une parenthèse :

(Je le hay et fuy, de ce qu'il n'est pas assez jeu, et qu'il nous esbat trop serieusement, ayant honte d'y fournir l'attention qui suffiroit à quelque bonne chose.) (290*c*.)

Ce mépris pour les échecs s'inscrit dans le cadre plus vaste d'une critique de la subtilité. Dans l' « Apologie de Raymond Sebond » on trouve le conseil général suivant, ajouté d'ailleurs en 1582 après le voyage en Italie :

Tenez vous dans la route commune; il ne faict mie bon estre si *subtil* et si fin. Souvienne vous de ce que dit le proverbe Thoscan : « *Chi troppo s'assottiglia si scavezza.* » (II, 12, 540-541.)

Cette mise en garde contre l'excès d'ingéniosité ou d'habileté se retrouve dans le chapitre « De la Praesumption » à propos des « jeux où l'esprit a sa part », par exemple les « échets », auxquels Montaigne nous dit ne comprendre que « les plus grossiers traicts » :

J'ay l'esprit tardif et mousse; le moindre nuage luy arreste sa pointe, en façon que (pour exemple) je ne luy proposay jamais enigme si aisé qu'il sçeut desvelopper. Il n'est si vaine *subtilité* qui ne m'empesche. (635*a*.)

La critique de la subtilité s'étend d'ailleurs à d'autres divertissements intellectuels comme les jeux dits « poétiques » : rébus de Picardie, poèmes figurés et autres fanfreluches textuelles. Ainsi le chapitre intitulé « Des Vaines Subtilitez » commence en ces termes :

Il est de ces *subtilitez frivoles et vaines*, par le moyen desquelles les hommes cherchent quelquefois de la recommandation; comme les poëtes qui font des ouvrages entiers de vers commençans par une mesme lettre. (I, 54, 297*a*.)

Après cette allusion aux acrostiches chers à Villon, aux rhétoriqueurs et même à la Pléiade (il ne faut pas oublier que du Bellay leur accorde encore une place dans la *Deffence et Illustration*[1]), Montaigne passe en revue les *technopaegnia* de la Grèce alexandrine, ces poèmes qui prennent les contours de l'objet qu'ils évoquent :

Nous voyons des œufs, des boules, des aisles, des haches façonnées anciennement par les Grecs avec la mesure de leurs vers, en les alongeant ou accoursissant, en maniere qu'ils viennent à representer telle ou telle figure. (297*a*.)

Excellent juge en matière de poésie, Montaigne refuse de considérer ces prouesses techniques comme *poétiques*, à une époque où Tabourot des Accords consacre un ouvrage de trois cents pages aux rébus, équivoques, contrepèteries et jeux de mots en tous genres[2]. L'auteur

1. Ed. H. Chamard, Didier, 1948, II, 8, pp. 154-155.
2. « Les François se sont tellement pleus à ces rebus, que qui voudroit prendre la peine de les ramasser, il y auroit assez de papier pour charger dix mulets » (*Les Bigarrures*, fac-similé de l'édition de 1588, Notes et variantes de Francis Goyet, Genève, Droz, 1986, t. I, p. 9 v°).

des *Essais* ne s'intéresse pas à l'exploration des possibilités spatiales du langage ou, comme on dit aujourd'hui, à la « motivation analogique du signifiant »[1]. Pour lui, « la bonne, l'excessive, la divine (poésie) est au-dessus des regles et de la raison » (I, 37, 227c); elle vous « estonne » et vous « transit ». « Elle ne pratique point nostre jugement; elle le ravit et le ravage. » (228c). A ce compte, les *technopaegnia* et autres *carmina figurata* de son âge ne sont que des hochets dérisoires, « abolis bibelots d'inanité [visuelle et] sonore ». Le critère qu'il retient pour les évincer du royaume poétique est triple : c'est l'alliance de la « rareté », de la « nouvelleté » et de la « difficulté » :

C'est un tesmoignage merveilleux de la foiblesse de nostre jugement, qu'il recommande les choses par la *rareté* ou *nouvelleté*, ou encore par la *difficulté*, si la bonté et utilité n'y sont joinctes. (298a.)

Cependant Montaigne semble avoir ici une attitude ambiguë dans la mesure où sa propre œuvre paraît démentir parfois ces assertions. En effet, comme on l'a souvent noté, il y a un goût prononcé chez lui pour les cas étranges, les « singularitéz » — attirance d'époque, certes, pour les monstres et les prodiges mais qui s'accorde mal avec la répression de la rareté et de la bizarrerie. Bien plus, notre auteur n'a pas plus tôt fait le procès des « subtilitez frivoles et vaines » et de la « rare suffisance » qui les cautionne qu'il se met à les collectionner, nous disant ouvertement qu'il les cultive à ses heures :

Nous venons presentement de nous jouër chez moy à qui pourroit trouver plus de choses qui se tiennent par les deux bouts extremes... (298a.)

C'est que la condamnation du rare et de l'étrange ne saurait réprimer le goût archaïque qui lui est venu, enfant, de la lecture de mythes prodigieux qui peuplent

---

1. Cf. *Sémantique de la poésie*, éd. T. Todorov *et al.*, Paris, Editions du Seuil, 1979, pp. 161-166.

désormais son imaginaire : ils refont surface, de loin en loin, sous des guises diverses, pour se chercher un nouveau sens dans le texte des *Essais*.

A côté des passe-temps intellectuels, Montaigne fait une place aux *jeux de hasards*, dés, cartes, brelans, dont on sait qu'ils furent l'objet d'un véritable engouement dans la société urbaine du XVIe siècle[1]. Il nous dit qu'il « manie les chartes » (les cartes) « pour les doubles » (doubles deniers) et qu'il « tient compte », c'est-à-dire qu'il compte les points, lorsqu'il joue contre sa femme ou sa fille « comme lors qu'il y va de bon », autrement dit lorsqu'il joue pour de bon, pour de l'argent (I, 23, 108*c*). En moraliste, il est moins sensible aux désordres sociaux qui peuvent accompagner ces distractions (par exemple dans les tripots) qu'aux dangers personnels que la passion du jeu peut entraîner. Au troisième livre, dans le chapitre « De mesnager sa volonté », c'est au nom de la modération qu'il déconseille les pratiques où l'on s'engage trop ardemment, où « un desir impetueus » s'empare du joueur pour le leurrer et l' « esblouir » :

Celuy qui se porte plus moderéement envers le gain et la perte, il est tousjours chez soy; moins il se pique et passionne au jeu, il le conduict d'autant plus avantageusement et seurement. (III, 10, 986*b*.)

A l'en croire, il aurait abandonné depuis longtemps ces activités « vaines et frivoles » parce que, étant mauvais perdant, il ne pouvait supporter la déception qu'occasionnaient ses défaites. Toujours dans le même essai, il écrit :

J'aymois autrefois les *jeux hasardeux* des cartes et dets; je m'en suis deffaict, il y a longtemps, pour cela seulement que, quelque bonne mine que je fisse en ma perte, je ne laissois pas d'en avoir au dedans de la piqueure. (992*b*.)

1. Robert Mandrou, Les jeux envahissants, in *op. cit.*, p. 226.

Cette déclaration est en contradiction avec ce qu'il nous dit de ses parties de cartes en famille, dans une addition sur l'exemplaire de Bordeaux (I, 23, 108*c* déjà cité). Sans doute, pour des raisons « poétiques » semblables à celles que nous avons suggérées ici, l'homme a-t-il besoin d'abandonner ces *jeux hasardeux* pour que l'écrivain puisse mieux en exploiter le potentiel métaphorique. On sait en effet la place qu'occupent des notions comme le « hasard » et la « fortune » dans la philosophie des *Essais*[1].

Or, ce n'est pas seulement sur le plan général de l'épistémologie que Montaigne accorde une grande importance à la « fortune » — importance qui lui sera d'ailleurs reprochée par le Saint-Siège[2]. C'est aussi dans le travail du texte littéraire qu'apparaît l'influence féconde de ce qu'il appelle encore le « bon heur ». Si en matière de médecine l'homme doit « laisser faire nature », son attitude n'est pas différente pour ce qui est de la création artistique :

Or je dy que, non en la medecine seulement, mais en plusieurs arts plus certaines, la *fortune* y a bonne part. Les saillies poëtiques, qui emportent leur autheur et le ravissent hors de soy, pourquoy ne les attribuerons nous à son *bon heur* ?

La *fortune* montre bien encores plus evidemment la part qu'elle a en tous ces ouvrages, par des graces et beautez qui s'y treuvent, non seulement sans l'intention, mais sans la cognoissance mesme de l'ouvrier. (I, 24, 126*a*.)

Passant de ces conditions générales à sa pratique propre de l'écriture, Montaigne justifie le désordre de ses essais par la soumission aux décrets du sort : « Je n'ay d'autre sergent de bande à ranger mes pieces, que la *fortune*. » (II, 10, 388*a*.) Et il a soin de déprécier les ouvrages qui refusent cette aide bénéfique et gratuite du « sort artiste »

1. Cf. Daniel Martin, *Montaigne et la Fortune. Essai sur le hasard et le langage*, Champion, 1977.
2. Cf. Malcolm Smith, *Montaigne and the Roman Censors*, Genève, Droz, 1981, p. 83.

(218c) : « Je laisse aux artistes [...] de renger en bandes cette infinie diversité de visages, et arrester nostre inconstance et la mettre en ordre. » (1054c.) De toute façon « nous ne sçaurions eviter la *fortune* si elle entreprend de nous courre sus » (960b). Mieux vaut donc accueillir ouvertement les décrets du destin, comme le joueur qui attend que les dés s'immobilisent avec un frisson immobile et muet. D'ailleurs, dans les jeux de hasard, l'habileté n'entre pour rien dans le déroulement de la partie : « Je n'ay guiere d'art pour sçavoir gauchir la *fortune* et luy eschapper ou la forcer. » (627b.) A moins qu'on ne triche ; mais Montaigne nous confie qu'il a toujours « eu à contrecœur de mesler ny tricotterie (tricherie) ny finesse à (ses) jeux enfantins » (I, 23, 108c).

Le chapitre des *Essais* consacré plus spécialement à ces problèmes a pour titre : « La Fortune se rencontre souvent au train de la raison » (I, 34). Il est une compilation de « faictz estranges » et de curieuses coïncidences dont Pierre Villey regrettait la « puérilité »[1]. Cependant, dans le cadre global d'une sémiotique du jeu dans les *Essais*, il est aisé de rendre compte de cette accumulation de « singularitez ». L'intention ludique de l'auteur ne peut échapper au lecteur d'un chapitre qui commence ainsi :

L'inconstance du *bransle* divers de la *fortune* fait qu'elle nous doive presenter toute espece de visages. (217a.)

Pour un Montaigne qui n'apprécie ni la danse ni les jeux de hasard, la conjonction du « bransle » et de la « fortune » a de quoi faire sourire. Et cela d'autant plus lorsque notre auteur ajoute, après avoir raconté sa première anecdote : « Quelquefois il semble à point nommé qu'elle [la fortune] *se joue à nous.* » *(Ibid.)* Qui se joue de qui ? N'est-ce pas Montaigne qui double la fortune pour en magnifier les décrets ? Il faut noter le soin avec lequel il a composé son chapitre. Souvent l'*exemplum* commence

1. Cf. son édition des *Essais*, rééd. par V.-L. Saulnier, PUF, 1978, t. I, p. 220.

par une question destinée à provoquer la curiosité du lecteur tout en le persuadant des insignes vertus de la *fortune* :

— Y a il action de justice plus expresse que celle cy ?
— Semble il pas que ce soit un sort artiste ?
— Surpassa elle pas le peintre Protogenes en la science de son art ?
— N'adresse elle pas quelquefois nos conseils et les corrige ?
— La fortune a meilleur advis que nous ?
— En ce faict icy se descouvre il pas une bien expresse application de sa faveur, de bonté et piété singuliere ? (217-219.)

S'étant mis à l'abri des aléas de la fortune dans les « jeux hasardeux » de son temps, Montaigne accueille avec empressement les arrêts du sort dans l'écriture des *Essais*. Il y a là un véritable vertige devant les merveilles de ce « sort artiste », un *ilinx* de l'*alea* pour parler comme Caillois. Le texte de l'essai manifeste une exubérance contrôlée où le *ludus* s'équilibre avec la *paidia*, comme en témoigne la dernière formule ajoutée à ce chapitre en marge de l'exemplaire de Bordeaux : « Cette fortune surpasse en reglement les regles de l'humaine prudence. » (219*c*.)[1]

Montaigne apparaît donc comme ce grand joueur qui dit du mal de tous les jeux. Il exhibe même une disparité flagrante entre ses goûts personnels et les principes sur lesquels il fait reposer sa pédagogie. On se souvient en effet que dans le chapitre « De l'Institution des enfans » (I, 26) il déclarait :

Les jeux mesmes et l'exercice seront une bonne partie de l'estude. (164*a*.)

Et de citer comme essentielles « la lutte, la danse, la chasse », toutes activités qu'il critique lorsqu'il s'agit de

1. Pour la définition générale de *ludus* et *paidia*, voir R. Caillois, *op. cit.*, pp. 76 sq.

les pratiquer lui-même. Y a-t-il ici pure palinodie ou peut-on trouver sous cette discordance apparente un sens qui permette d'expliquer une pareille duplicité ?

Il faut d'abord noter que l'ambiguïté de la position se résout aisément en ce qui concerne les récréations enfantines. Montaigne désapprouve l'abondance des jouets chez les enfants. Un père économe fera mieux de dépenser son argent à leur acheter plus tard ce dont ils auront vraiment besoin (II, 8, 366a). De plus, il est déconseillé d'accorder trop d'attention aux amusements des enfants. On évitera les « niaiseries puerilles » de certains parents qui semblent aimer les leurs « pour [leur] passetemps » (366a), « comme des guenons, non comme des hommes » (366c). Le raisonnement est clair : Montaigne n'aime pas les jouets; et les parents qui s'apitoient béatement sur les jeux de leurs enfants transforment ceux-ci en jouets de leur propre complaisance. Laissons à la vieillesse le monopole de cette faiblesse :

> Je ne puis moins, en faveur de cette chetive condition où mon aage me pousse, que de luy fournir de *jouets* et d'*amusoires*, comme à l'enfance : aussi y retombons nous. (III, 5, 820b.)

En revanche, avant les psychologies modernes de Piaget ou de Bettelheim, Montaigne accorde la plus grande importance aux jeux de l'enfance, en tant que phénomènes essentiels à la maturation de la personnalité. « De vray, écrit-il, il faut noter que *les jeux des enfans ne sont pas jeux*, et [qu'il] les faut juger en eux comme leurs plus serieuses actions. » (I, 23, 108c.) Réflexion remarquablement profonde et qui sert *a posteriori* de justification à sa conception gaie, primesautière, ludique de l'éducation. On comprend alors pourquoi il approuve le Platon des *Lois* qui s'attarde longuement aux « passetemps de la jeunesse de sa cité » alors qu'il « s'amuse fort peu » aux « sciences lettrées » qui s'y produisent (166c). La caution des Anciens est importante : ceux-ci ont cru bon de donner « la conduitte et le patronage » des jeux

« aux dieux mesmes » (165*c*). Rien d'étonnant donc à ce que le chapitre « De l'Institution des enfans » soit aussi un éloge des exercices et des ébats. On reconnaît là aussi l'influence de l'éducation érasmienne, telle que le jeune Michel avait pu la recevoir au château, ou telle qu'il l'avait goûtée, adulte, en lisant le *De Pueris*[1].

Comme Erasme, Montaigne ne croit pas à la vertu pédagogique de la morosité. On connaît le passage où il se fait le chantre de la joyeuse sagesse : « il n'est rien plus gay, plus gaillard, plus enjoué, et à peu que je ne dise follastre » (160*a*). « La plus expresse marque de la sagesse, c'est une *enjouissance constante*. » (160*c*.) Ainsi, dans le cadre d'une éducation bien comprise, les jeux, exercices et distractions diverses doivent toujours s'orienter vers des fins agréables. Il en fut de même des lectures appréciées de son enfance, et en particulier d'Ovide dont la « fluidité gaye et ingenieuse » continue, malgré tout, à le hanter.

Il faudrait faire ici une place à part au théâtre qui jouait un rôle important dans les études au Collège de Guyenne. Aux yeux de Montaigne, la seule chose qui rachète le programme de cette institution c'est la possibilité d'avoir pu être acteur. La pédagogie ne se conçoit pas sans simulacre, sans illusion *(inlusio)*, sans entrée en jeu, ce que Caillois désigne par le mot anglais *mimicry*[2]. Rien d'étonnant donc que l' « institution » de Montaigne se termine par une apologie de l'art dramatique :

> Car j'ay tousjours accusé d'impertinence ceux qui condemnent ces esbattemens, et d'injustice ceux qui refusent l'entrée de nos bonnes villes aux comediens qui le valent, et envient au peuple ces plaisirs publiques. Les bonnes polices prennent soing d'assembler les citoyens et les r'allier, comme aux offices serieux de la devotion, aussi aux *exercices et jeux*; la société et amitié s'en augmente. (176-177*b*.)

---

1. Cf. Roger Trinquet, *La Jeunesse de Montaigne*, A. Nizet, 1972, pp. 341-382; Erasme, *Declamatio de Pueris statim ac liberaliter instituendis*, éd. critique de Jean-Claude Margolin, Genève, Droz, 1966, 507D, 511A.
2. Caillois, pp. 60 sq.

Les maîtres du Collège de Guyenne, Guérente, Buchanan et Muret, sont cités à propos des pièces de théâtre classiques dans lesquelles le jeune Michel tenait un rôle important : « J'ai soustenu les premiers personnages és tragédies latines [...] et m'en tenoit-on maistre ouvrier. » (176*b*.) Dans le dernier état du texte il ajoutera encore une recommandation en faveur du théâtre qui a valeur de prise de position sociale et politique :

(Et trouverois raisonnable) qu'aux villes populeuses il y eust des lieux destinez et disposez pour ces spectacles (qui constituent) quelque divertissement de pires actions et occultes. (177*c*.)

Les seuls jeux que Montaigne continue donc à priser jusqu'à la fin de sa vie sont les représentations théâtrales. C'est sans doute que celles-ci correspondent, dans la psychologie du jeu, à une postulation toute spéciale du « moi ». Pour reprendre les catégories proposées par Roger Caillois, on peut comprendre pourquoi les *Essais* refusent l'*agôn*, l'*alea* et l'*ilinx*. Par les activités compétitives (la chasse ou les échecs) on prend au sérieux les règles tout arbitraires qu'on se donne *(agôn)* ; par les jeux de hasard (les cartes ou les dés) on se soumet inconditionnellement aux arrêts du sort pour de futiles raisons *(alea)* ; par la recherche du vertige, on tente inconsidérément d'ébranler la stabilité de ses perceptions *(ilinx)*. Seule l'illusion théâtrale permet de devenir « autre » en échappant à l'aliénation et donc, en un sens, de devenir soi-même *(mimicry)*. L'interprétation dramatique est une autre façon de mimer les métamorphoses du moi. A cet égard, la fameuse formule prend tout son sens théâtral : « Je ne dis les autres, sinon pour d'autant plus me dire. » (146*c*.) Se dire, c'est s'essayer tour à tour au rôle de David et de Goliath, d'Alexandre et de Socrate : en espérant pouvoir un jour se trouver.

Le discours des *Essais* n'est peut-être, après tout, rien d'autre que la répétition, jamais « générale », toujours particulière, d'une pièce qui se joue sur le grand théâtre du monde. Dans l'essai « De mesnager sa volonté » on lit :

La plus part de nos vacations sont farcesques. « *Mundus universus exercet histrioniam.* » Il faut jouer deuement nostre rolle, mais comme rolle d'un personnage emprunté. (III, 10, 989*b*.)

Ce « rolle » a sans cesse besoin d'un « contre-rolle » (II, 1, 314*a*) pour « s'estudier à soy » (797*b*) et trouver sa « forme sienne », sa « forme maistresse » (789*b*). Autrement dit, il est peut-être nécessaire de « s'enfariner le visage » pour éviter d'avoir à « s'enfariner la poictrine » (989*c*). Toutes ces métaphores du théâtre montrent en Montaigne un homme des tréteaux qui se représente, comme il le dit à la fin de la « Vanité », sous les traits du « badin de la farce » (III, 9, 980*b*).

D'ailleurs, à mesure qu'ils s'écrivent et se récrivent, les *Essais* prennent une dimension ludique de plus en plus universelle. Les philosophes sont des joueurs, des fantaisistes; on ne peut les prendre au sérieux. La raison à cela ? l'instrument dont ils se servent est « vain et frivole », « un *jouet* à toutes mains » (II, 12, 527*a*). Montaigne aura beau dire : « Je ne suis pas philosophe » (III, 9, 927*c*), ses essais prendront de plus en plus l'allure de francs ébats, d'une « esjouissance constante » (160*c*). Passant en revue les différentes étapes de son étude, il écrit :

J'estudiay jeune, pour l'ostentation; depuis, un peu pour m'assagir; à cette heure, pour *m'esbatre*. (III, 3, 807*b*.)

L'évolution de sa réflexion l'a amené à considérer l'étude comme un « jeu », comme un « passetemps » (II, 3, 807*c*). La poésie, en particulier, qu'il découvre et dont il parle avec plus de ferveur sur le tard (voir les additions à l'essai sur le Jeune Caton), ne doit pas s'apprécier pour les vérités ou la moralité qui s'y trouvent mais pour ce que Roland Barthes appelait *le plaisir du texte* :

(b) Si quelqu'un me dict que c'est avilir les muses de s'en servir seulement de *jouet* et de passetemps, il ne sçait pas comme moy, combien vaut le plaisir, *(c)* *le jeu* et le passetemps. *(b)* A peine que je ne die toute autre fin estre ridicule. (807.)

Montaigne découvre aussi que le jeu a une qualité humanisante précieuse. Il est particulièrement touché de voir des héros, des modèles de vertu ou de sagesse s'abaisser jusqu'à jouer. Le jeu naturalise ce qu'il y aurait pu avoir de raideur dans leur comportement. Ainsi dans le chapitre « De la Praesumption » :

(a) Je sçay aussi que les plus grands maistres et *(c)* Xenophon et *(a)* Platon, on les void souvent se relascher à cette basse façon, et populaire, de dire et traiter les choses, la soustenant des graces qui ne leur manquent jamais. (621.)

Au dernier chapitre du dernier livre, il nous dira qu'il admire Epaminondas qui « n'estimoit pas que de se mesler à la dance [...] desrogeat à l'honneur de ses glorieuses victoires et à la parfaicte reformation des meurs qui estoit en luy » (1089*b*). Il nous fera aussi le portrait pittoresque de Scipion « nonchalamment et puerilement baguenaudant à amasser et choisir des coquilles, et jouer à cornichon-va-devant le long de la marine » *(ibid.)*. Comme Montaigne, Scipion aime le théâtre car il consent à s'amuser « à representer par escript en comedies les plus populaires et basses actions des hommes » *(ibid.)*. Même si Montaigne attribue à Scipion Emilien les comédies de Térence, la remarque reste valable. Enfin Socrate s'impose comme un modèle encore plus attirant lorsque, « tout vieil, il trouve le temps de se faire instruire à baller et jouer des instrumens, et le tient pour bien employé » *(ibid.)*.

Le texte des *Essais* montre bien que Montaigne a cherché à imiter ses grands prédécesseurs jusque dans leur appétit pour le jeu; et Ovide n'est pas le moindre d'entre eux, lui dont la vision du monde est essentielle-

ment ludique. Si le jeu est une école de vie, les « essais »
sont le *ludus* et la *schola* de l'écolier Montaigne, lecteur
avide des *Métamorphoses*. Qu'est-ce, en effet, qu'un essai
sinon une forme changeante où l'écrivain apprend en
jouant et joue en apprenant ? Et cela, comme par défi
à l'ordre mouvant des choses.

A côté des sens courants que l'on relève, par exemple,
dans le *Dictionnaire* d'Edmond Huguet[1], il faut noter
que le terme « essay » contient aussi la connotation de
pari à tenter, de risque à courir. Il entre dans la catégorie
agonistique qui comporte l'idée de tentative (cf. *essaie-
ment*, au sens militaire), de défi lancé aux autres *(agôn)*
ou au destin *(alea)*. A sa manière (faussement) modeste,
Montaigne n'a-t-il pas, en écrivant ses *Essais*, joué gros
jeu et lancé un défi à l'ordre littéraire de son temps ?
Il ne cesse de rappeler le caractère unique de son écriture
et l'antériorité absolue de sa démarche :

> Moy le premier (782*c*)... jamais homme ne traita subject
> qu'il entendit ne cogneust mieux que je fay celuy que j'ay
> entrepris... En celuy-là je suis le plus sçavant homme qui
> vive. (783*b*.)

Cette hardiesse paradoxale le qualifie bien pour être
essayeur au sens ancien, celui que l'on trouve, par exemple,
dans la *Concorde des deux langages* à propos des qualités
des Français, « Peuple hardy, de perilz *essayeur* »[2].

On trouve d'ailleurs dans le *Dictionnaire* de Frédéric
Godefroy les mots *essai* (masculin) ou *essaie* (féminin)
au sens de « danger » (« en essai de perir »); un « baron
d'essai » est un vaillant chevalier, prêt à jouer le jeu en
prenant des risques. La pesée qui est à l'origine du terme
(exagium) se maintient dans les sens subséquents[3].

---

1. *Op. cit.*, qui donne : 1) « récipient servant à déguster »; 2) « épreuve »,
avec deux exemples tirés des *Essais*.
2. Ed. J. Frappier, Paris, Droz, 1947, p. 31, v. 586.
3. Pour une étude de la balance comme métaphore déterminante des
Essais, voir l'ouvrage de Floyd Gray, *La Balance de Montaigne*, Nizet,
1982.

Essayer, écrire des essais, c'est aussi *peser* le pour et le contre; c'est faire face à l'*agôn*, à l'*alea*, quitte à se réfugier dans l'*ilinx*, et mimer la vie en la représentant par tentatives, par pesées successives *(mimicry)*. Si enfin, comme on l'a avancé, Montaigne avait en vue, lorsqu'il a emprunté ce terme, cette épreuve décisive des Jeux floraux de Toulouse, on est alors fondé à prendre le mot, dans le cadre de ces concours littéraires, au sens de « jeu poétique ».

Le rapport du *jeu* à l'*essay* est souligné à plusieurs reprises par Montaigne lui-même, mais nul mieux sans doute qu'au début du chapitre intitulé « De Democritus et Heraclitus », chapitre où l'on parle de jeux (des « eschecs, ce niais et puerile jeu »), de Diogène, ce grand joueur qui « baguenaudoit apart soy, roulant son tonneau », et de ces deux grands acteurs que sont Démocrite et Héraclite, l'un portant sur son visage le masque de la comédie, l'autre celui de la tragédie. Ainsi commence l'essai :

> Le jugement est un util à tous subjects, et se mesle par tout. A cette cause, aux *essais* que j'en fay ici, j'y employe toute sorte d'occasion.
> Si c'est un subject que je n'entende point, à cela mesme je l'*essaye*, sondant le gué de bien loin. (...)
> Tantost, à un subject vain et de neant, j'*essaye* voir s'il trouvera dequoy lui donner corps. (...)
> Tantost je le promene à un subject noble et tracassé. (...)
> *Là il fait son jeu* à eslire la route qui luy semble la meilleure. (I, 50, 289*a*.)

La répétition du mot « essay », sous sa forme nominale ou verbale, s'inscrit dans un *crescendo* de tentatives qui débouchent sur le *jeu du texte*, déterminant de lui-même, de par sa propre liberté, la direction de son écriture. On ne saurait mieux caractériser la propension ludique, toujours changeante, du discours de Montaigne.

Conclusion

In nova fert animus mutatas dicere
formas
  Corpora...

(*Métamorphoses*, I, v. 1.)

*Le premier goust que j'eus aux livres,
il me vint du plaisir des fables de la*
Metamorphose *d'Ovide.*

(I, 26, 175*a*.)

Au cours des dix chapitres précédents, nous avons pu
noter, de loin en loin, la possibilité d'une influence
modélisante des *Métamorphoses* d'Ovide sur la poétique
des *Essais*. Il convient maintenant de résumer ces réflexions
éparses et d'essayer de leur donner un sens, sans se
leurrer sur les risques que comporte un tel effort de
synthèse. La mutabilité même du projet de Montaigne
est un défi à toute « mise en système » des propriétés de
son discours littéraire. Comme l'écrivait encore récemment Marc Fumaroli, « les *Essais* échappent à tous les
genres répertoriés par la rhétorique. Ils relèvent de ce
qu'il faut bien appeler une poétique »[1].

Ainsi que nous l'avons vu, la lecture des *Métamorphoses* est associée chez Montaigne à l'enfance et à la
découverte du « goust », du « plaisir » et même de la
« débauche » (175*a*). C'est « à la desrobée » qu'il « gour-
mande » (dévore) les fictions ovidiennes : éducation
placée sous le signe de la « douceur », de la « facilité »,
de la « debonnaireté » — et même, à l'en croire, de la
« faineantise » *(ibid.).* Cet *otium* primitif s'opposera au
negotium de la vie active dont Montaigne ne sera que trop

1. Michel de Montaigne ou l'éloquence du for intérieur, in *Les Formes
brèves de la prose et le discours discontinu (XVIe-XVIIe siècle)*, Paris,
J. Vrin, 1984, édité par Jean Lafond, p. 32.

content de se défaire en prenant sa retraite et en commençant à écrire les *Essais*. Si les *Métamorphoses* lui ont « alléché l'appetit et l'affection » pour les livres, on peut comprendre que ce « principe de plaisir » ait pu laisser sa trace dans le « principe de réalité » que lui imposait la relation de son expérience même de la vie[1].

Si Ovide n'est mentionné que cinq fois par son nom et si le mot « métamorphose » n'apparaît que six fois dans le texte des *Essais*, les allusions explicites ou implicites à la mythographie ovidienne sont nombreuses[2]. Il ne s'agissait, dans les pages précédentes, ni de relever les allusions montaigniennes au texte d'Ovide ni de démontrer que la présence de cet auteur avait pu déterminer tel ou tel aspect des *Essais*. Le travail intertextuel des citations dans certains chapitres de Montaigne a déjà reçu toute l'attention qu'il méritait; et l'on sait désormais l'importance du contexte, souvent non cité, des *Métamorphoses* pour la compréhension de passages clés dans les chapitres « De la Tristesse », « De la Cruauté » ou dans l' « Apologie de Raymond Sebond »[3].

1. Il faudrait, bien sûr, rappeler ici l'importance du thème de la métamorphose dans la littérature de la Renaissance et de l'âge baroque. Bien qu'il soit impossible de donner une idée de l'abondante bibliographie à ce sujet, nous citerons les ouvrages suivants : *La Métamorphose dans la poésie baroque française et anglaise*, publ. par Gisèle Mathieu-Castellani, Tübingen-Paris, 1980; *Poétiques de la Métamorphose*, Public. de l'Université de Saint-Etienne (1981); Bodo Guthmüller, *Ovidio Metamorphoseos Vulgare : Formen und Funktionen der volkssprachlichen Wiedergabe klassischer Dichtung in der italienischen Renaissance*, Boppard am Rhein, 1981; *Ovide en France dans la Renaissance*, publ. par H. Lamarque et G. Soubeille, Toulouse-Le Mirail, 1981; Ann Moss, *Ovid in Renaissance France : A Survey of the Latin Editions of Ovid and Commentaries Printed in France before 1600*, Londres, 1982.
2. Pierre Villey relève 72 citations d'Ovide dont 22 des *Métamorphoses* qui se répartissent ainsi : 15 dans le texte de 1580, 5 dans celui de 1588 et 2 ajouts dans l'édition de 1595. Il poursuit : « Montaigne les a trop goûtées en sa jeunesse pour que, même quand il a cessé de les lire, des réminiscences des *Métamorphoses* ne continuent pas de se glisser dans son style » (*Les Sources et l'Evolution des « Essais » de Montaigne*, Paris, Hachette, 1933, t. I, pp. 205-206).
3. Cf. Mary B. McKinley, *Words in a Corner. Studies in Montaigne's Latin Quotations*, Lexington, Kentucky, French Forum, 1981, « Ovid : Text and Context », pp. 16-36.

Il reste que l'importance donnée par Montaigne à quelques mythes fondamentaux, certaines analogies formelles et stylistiques, une conception philosophique d'ensemble, invitent à interroger à nouveau les *Métamorphoses* pour tenter d'y déceler certaines marques génétiques de la poétique des *Essais*. Nous avons vu, par exemple, à propos de données purement techniques (les lois de succession dans la Gascogne du xvie siècle), comment Montaigne réussissait à transmuer l'Histoire en introduisant le mythe de Pygmalion. Le parallèle entre les engendrements par le corps et par l'esprit l'amenait à parler de sa propre paternité et à méditer sur les rapports intenses et intimes qu'il avait pu tisser avec ce fils unique qu'il appelait *son livre*. Les vers d'Ovide servaient, pour ainsi dire, de révélateur, assurant la transformation des *Essais*, ouvrage historique, en œuvre d'art jalousement aimée de son créateur et qui gardait paradoxalement toutes les marques de la vie[1].

Abordant les questions d'ordre politique et religieux, nous avons pu constater que, contrairement aux *Discours* de Ronsard qui défendent le primat de l'art sur la réalité et recourent à l'emploi de l'allégorie, figure du mensonge, pour emporter l'adhésion des lecteurs, les *Essais* recherchent plutôt le clair-obscur des demi-vérités, refusant de se prêter aux artifices trop évidents de la « belle rhétorique » et se disant sortis du for intérieur d'un « ennemy juré de toute falsification » (246c). Il serait tentant de concevoir alors l'opposition entre « discours » et « essais » dans la perspective historique du débat entre l'engagement politique déclaré de Virgile et les prudentes réserves dont s'entourait Ovide pour faire l'éloge du pouvoir impérial. De même que l'*Enéide* se veut un chant de louange à la plus grande gloire d'Auguste, de même la

---

1. Géralde Nakam, qui souligne l'importance de l'événementiel dans les *Essais*, reconnaît que « cette forme organique » est « à la fois instrument de connaissance *et poème* » (*Montaigne et son temps, op. cit.*, p. 9).

poésie engagée de Ronsard utilise toutes les ressources de la rhétorique pour défendre et justifier la politique de l'ordre établi. En revanche, à l'instar des *Métamorphoses* où le loyalisme envers l'empereur se trouve comme remis en question par la forme même du poème, les *Essais* négocient un cours « ondoyant et divers » entre le « devoir public » de l'écrivain et les « obligations particulières » de l'individu dont la subjectivité se voudrait une nouvelle source d'autorité[1].

On sait qu'à la différence de ses contemporains qui affirmaient l'existence d'une Rome éternelle, Ovide insistait sur le caractère précaire de cette prétendue *aeternitas*. Tout est sujet à fluctuations, proclamait Pythagore à la fin de *Métamorphoses* (XV); et les empires comme le reste. On pense évidemment à Montaigne : « le monde n'est qu'une branloire perenne... » (782*b*). Le cours de l'Histoire n'est pas immuable, loin de là. Contrairement à Horace ou à Virgile pour qui la grandeur de Rome était une chose acquise, Ovide montrait, par la voix de Pythagore (et même si cette voix ne vibre pas sans ironie) que le sort de la Ville éternelle ne pouvait être différent de celui des autres cités célèbres de l'Antiquité, aujourd'hui évanouies ou rayées de la carte du monde : Troie, Sparte, Mycènes, Thèbes, Athènes (XV, vv. 426-430). Telle est la loi des civilisations, celle que Gibbon, Montesquieu, Valéry ou Toynbee décriront plus tard et que Montaigne voit déjà en termes de métamorphoses, choisissant justement pour son œuvre une forme qui affirme sa vulnérabilité pour se rendre invulnérable[2].

---

1. Au sujet du contraste, dans le traitement du sujet politique, entre l'*Enéide* et les *Métamorphoses*, voir Otto Steen Due, *Changing Forms. Studies in the « Metamorphoses » of Ovid*, Copenhague, Gyldenval, 1974, « The Augustan Context », pp. 66-89; et G. Karl Galinsky, *Ovid's Metamorphoses. An Introduction to the Basic Aspects*, Berkeley et Los Angeles, University of California Press, 1975, chap. 5, « Ovid, Vergil and Augustus », pp. 210-261.
2. Cf. Thomas M. Greene, *The Vulnerable Text. Essays on Renaissance Literature, op. cit.*, et notre Introduction.

Cependant, de même qu'Ovide avait transformé les mythes gréco-romains pour leur donner une trame narrative continue, de même Montaigne récrit Ovide en éliminant la substance mythologique et en faisant de la métamorphose un principe quasi universel d'expérience, d'observation et d'écriture. Fidèle à la position qu'il a prise dans son Avis « Au Lecteur », Montaigne n'a que faire des « fictions » de la rhétorique; il veut adopter un style « sans contention et artifice » qui fasse preuve de sa « bonne foy » (9*a*). Si le genre épistolaire lui plaît, c'est qu'il lui offre une liberté de lecture incomparable. N'ayant « point de suite » les unes par rapport aux autres, les lettres peuvent s'apprécier indépendamment comme autant de « pieces descousues » (392*a*). Par là, elles rappellent le style de la conversation et ce fameux « art de conferer » dont Montaigne avait fait l'expérience dans son amitié passionnée pour La Boétie.

A cet égard, on se souvient que, dans le chapitre « De la Tristesse » (I, 2), Montaigne aborde le problème de la représentation par l'artiste de l'affliction causée par la mort d'un être cher. Après avoir pris ses exemples dans l'Antiquité (Psammenitus, roi d'Egypte) et dans le monde de ses contemporains (« un Prince des nostres », le cardinal de Lorraine), l'essayiste évoque le tableau célèbre du sacrifice d'Iphigénie où le peintre (Timanthe) a préféré ne pas représenter les traits du visage paternel, accablé par la souffrance : « comme si nulle contenance ne pouvoit representer ce degré de dueil » (16). C'est alors qu'apparaît l'allusion à la tragédie de Niobé, tirée des *Métamorphoses* (VI, 146-312)[1] :

Voyla pourquoy les poëtes feignent cette miserable mere Niobé, ayant perdu premierement sept fils, et puis de suite

1. Cette analyse devrait être complétée par celles qu'ont données Mary McKinley (*Words in a Corner*, *op. cit.*, pp. 19 sq.) et Christine Brousseau-Beuermann (*La « Copie » de Montaigne. Etude sur les citations dans les « Essais »*, thèse de Ph.D., Harvard University, juin 1986, pp. 217 sq.).

autant de filles, *sur-chargée de pertes*, avoir esté en fin transmuée en rocher,

Diriguisse malis,

pour exprimer cette morne, muette et sourde stupidité qui nous transit, lors que les accidens nous accablent surpassans nostre portée. (16*a*.)

L'intrusion des deux mots latins (« *diriguisse malis* » : figée par la souffrance) — les premiers à jamais pénétrer le texte des *Essais* — constitue, en ce seuil de l'œuvre, un puissant renvoi au livre des « amours enfantines »[1]. Ce *compendium* priviligié de fictions poétiques, véritable réservoir de « métaphores vives », semble se présenter naturellement à la mémoire de l'écrivain au moment où cherche à s'exprimer un extrême degré d'affliction. Or l'évocation des malheurs de Niobé ne se fait pas sur le mode impersonnel et détaché de l'érudition humaniste. Au contraire, Montaigne recourt par trois fois à la première personne (« *nous* transit », « *nous* accablent », « *nostre* portée »), comme s'il participait lui-même aux effets d'une aussi monstrueuse tragédie. On peut se demander si cette *mater dolorosa*, « sur-chargée de pertes », n'est pas la figure emblématique de l'écrivain lui-même qui, ayant perdu en La Boétie son idéal soutien, reste pétrifié à jamais dans sa douleur infinie. Les *Essais* opéreraient alors cette « mutation » de la scène primitive (l'immense « perte ») sur la scène de l'écriture (« l'immense désir d'éterniser sa perte »).

Il se peut d'ailleurs que Montaigne ait choisi l'exemple du cardinal de Lorraine parce qu'il lui permettait d'évoquer indirectement « la mort de son frere aisné » (15*a*).

1. « Les malheurs proverbiaux de Niobé figurent dans les *Adages* d'Erasme où le texte des *Métamorphoses* d'Ovide *(diriguit)* est adapté en *diriguisse,* comme chez Montaigne qui, cependant, reproduit le *malis* de l'original qu'Erasme remplace par *magno dolore* » (Ch. Brousseau-Beuermann, *op. cit.*, p. 217). Il se peut qu'il y ait une « contamination textuelle » entre l'adage *Niobes mala* et le récit d'Ovide. Montaigne affirmerait alors son originalité tout en reconnaissant sa double filiation avec Ovide et Erasme.

N'étaient-ce pas les mots mêmes dont l'écrivain s'était servi pour parler de l'ami défunt ? Quoi qu'il en soit, c'est la « constance exemplaire » du personnage qui le frappe et lui fait rejeter avec énergie les affres de la mélancolie : l'écriture des *Essais* est à ce prix; et on nous le dira clairement dans le court essai « De l'Oisiveté » (I, 8), peut-être conçu primitivement pour servir de préface à la première édition.

Si la mort de La Boétie n'est pas évoquée directement au moment où commencent à s'écrire les *Essais* et si elle ne figure pas ouvertement dans les tout premiers chapitres de l'ouvrage, c'est peut-être que Montaigne n'avait pas encore pris conscience de l'importance qu'elle avait pu jouer dans sa vocation d'écrivain. Il est en tout cas remarquable que, dans une œuvre caractérisée par la prolifération des citations latines, le premier d'une longue suite d'emprunts ait été fait au chef-d'œuvre d'Ovide pour rappeler un mythe exemplaire de la « perte ». Dès le seuil, les *Métamorphoses* sont là pour signaler la trace d'une cicatrice ineffaçable dans la poétique des *Essais*[1].

La tentative de reproduire, dans et par l'essai, l'*art sans art* de l'échange amical à jamais évanoui présuppose une esthétique du *discontinu* : « Ars latet arte sua. »[2] Cependant, comme nous l'avons vu, par divers procédés de liaisons, d'échos et de rappels, les essais se rattachent les uns aux autres — au point de mériter l'appellation de « chapitres » d'un même livre. Or on sait que les contemporains de Montaigne admiraient dans les *Métamorphoses* non seulement un univers mythique sans précédent mais le principe même de l'association de ces mythes entre eux. Il suffira ici de citer un extrait de la préface de Barthélemy Aneau à sa traduction pour en juger :

Or est il vray que entre toutes les Poësies Latines n'en y a point de si ample, ne de tant riche, si diverse, et tant uni-

---

1. En ce sens, on pourrait dire que les *Métamorphoses* jouent le rôle d' « inconscient » pour le texte des *Essais*.
2. *Métamorphoses*, X, v. 252.

verselle que la *Metamorphose* d'Ovide qui contient en quinze livres composez en beaux vers Heroïques toutes les fabulations (ou à peu près), des Poëtes, et scripteurs anciens, *tellement liées l'une à l'autre et si bien enchaînées par continuelle poursuyte et par artificielles transitions : que l'une semble naistre et dependre de l'autre successivement et non abruptement : combien qu'elles soient merveilleusement dissemblables de diverses personnes, matieres, temps et lieux*[1].

N'y a-t-il pas, dans cette description si lucide, des éléments qui pourraient tout aussi bien convenir aux *Essais* ? Derrière la stratégie du style « coupé » et « décousu » (II, 10, 415*a*; III, 8, 938*b*) se profile, malgré le flou des apparences, une *théorie de l'enchaînement continu* propre à renforcer l'idée d'une « continuelle poursuyte » d'un sujet naturellement évanescent.

Certes le plan général des *Essais*, comme celui des *Métamorphoses*, n'est pas aisément discernable — à supposer même qu'il y en ait jamais eu un à l'origine. Montaigne place son lecteur devant un ensemble d'expériences extraordinairement variées et qui défient l'analyse. Mais, à bien des égards, il a voulu « coudre » et « rapiécer » ses observations et ses emprunts en leur donnant une cohérence thématique et formelle où la fantaisie ne soit qu'apparente. Comme le montre l'étude des *incipit* et des *excipit* de l'ouvrage, la tendance est toujours de dénoncer les prétentions du « discours bien formé » (et cela, surtout dans les additions successives au texte) afin de donner l'illusion d'un « parler simple et naïf, tel sur le papier qu'à la bouche » (171*a*).

Or c'est encore à propos de ses réflexions sur la composition des *Essais* que Montaigne cite les *Métamorphoses*. Dans le chapitre « De Trois Bonnes Femmes » (II, 35),

---

1. *Trois premiers livres de la Metamorphose d'Ovide, Traduictz en vers françois. Le premier et le second par Cl. Marot. Le tiers par B. Aneau...*, Lyon, Guillaume Rouille, 1556, Préface, f° *b*5 r°-v°. Voir aussi le commentaire que donne de ce passage Terence Cave dans *The Cornucopian Text*, *op. cit.*, pp. 175 sq.

après avoir raconté trois histoires exemplaires empruntées aux Anciens, il conclut :

> Voylà mes trois contes très-veritables, que je trouve aussi plaisans et tragicques que ceux que nous forgeons à nostre poste pour donner plaisir au commun; et m'estonne que ceux qui s'adonnent à cela, ne s'avisent de choisir plustost dix mille très-belles histoires qui se rencontrent dans les livres, où ils auroient moins de peine et apporteroient plus de plaisir et profit. Et qui en voudroit bastir un corps entier et s'entretenant, il ne faudroit qu'il fournit du sien que la *liaison*, comme la *soudure* d'un autre metal; et pourroit entasser par ce moyen force veritables evenemens de toutes sortes, les *disposant* et *diversifiant*, selon que la beauté de l'ouvrage le requerroit, *à peu près comme Ovide a cousu et r'apiecé sa Metamorphose, de ce grand nombre de fables diverses.* (II, 35, 728a.)

De même qu'Ovide avait transformé les mythes dont il avait hérité en en faisant un récit continu, de même il serait possible, nous dit Montaigne, de concevoir un ouvrage dans lequel les « histoires » s'enchaîneraient selon un principe d'associations libres d'idées et de formes. Certes les « contes très-veritables » de Montaigne sont bien différents des fictions mythiques recueillies par Ovide; mais le passage cité semble impliquer que, malgré les différences, un même principe sous-jacent gouverne la composition des deux œuvres : principe d'instabilité formelle qui reproduit la nature « ondoyante et diverse » de l'humaine condition. Ainsi, tout en se voulant des « crotesques... n'ayant ordre, suite ny proportion que fortuite » (181a), les *Essais* constituent néanmoins, sous forme de livre, un « tableau élabouré » — ce qui remet en question à la fois la conformité prétendue du livre à son auteur et la plénitude mimétique que voudrait affirmer le sujet écrivant.

Dans la mission qu'il se donne d'abaisser les orgueilleux et d'élever les humbles, Montaigne reprend à son compte les admonestations du Psalmiste pour déposer les Puissants de leur trône et exalter la noblesse d'une « vie basse et sans lustre » (782b). Cette mutation de l'être moral ne peut cependant être totale sans la grâce divine (« si Dieu lui preste extraordinairement la main »). Montaigne choisit encore une fois, pour caractériser cette transformation métaphysique, un vocabulaire qui renvoie métaphoriquement à la mythologie ovidienne :

C'est à nostre foy Chrestienne, non à sa vertu Stoïque de pretendre à cette divine et miraculeuse *metamorphose*. (II, 12, 589*c*.)

Ces derniers mots, écrits sur le tard et non sans ratures pour clore le plus long chapitre de l'œuvre, l' « Apologie de Raymond Sebond », portent encore la trace mémorielle d'un texte décidément omniprésent à l'arrière-plan de la poétique des *Essais*.

D'autres pages célèbres de la même « Apologie » plongent le lecteur dans un univers vertigineux où « toutes choses sont en fluxion, muance et variation perpetuelle ». C'est alors que Montaigne rappelle le grand discours de Pythagore qui, à la fin du poème d'Ovide, exposait la philosophie de l'universelle transmutation des formes :

Pythagoras [disoit] que toute matiere est coulante et labile... (II, 12, 586*a*.)

Montaigne semble avoir intériorisé cette labilité fondamentale des êtres et des choses, et l'avoir faite sienne dans sa tentative d'autoportrait. Comment se peindre, en effet, si « le jugeant et le jugé » (le peintre et son sujet) sont « en continuelle mutation et branle » (586*a*) ? Paradigme de la figure, le visage de l'essayiste ne se révélera comme le « sien » que dans l'équivoque d'un monde fluide aux « cent visages » (149*a*), bien plus : aux « cent mille figures » (37*c*).

Ainsi s'élaborera « l'informe visage » des *Essais* (144*a*), au nom de la théorie de la *consubstantialité* entre l'auteur et son livre (II, 18, 648*c*). Le désir de l'autoportrait, avec le sentiment d'impossible réalisation qui l'accompagne, rappellerait alors la tentative avortée de Narcisse, s'obstinant à saisir une image fugitive de lui-même : « Credule, quid frustra simulacra fugacia captas ? » (*Métamorphoses*,

III, 433.) Ce que cherche Narcisse, son reflet, n'existe pas (« Quod petis est nusquam », *ibid.*, 434). Montaigne médite sur le dédoublement de l'être et l'illusion de la possession de soi; et le texte d'Ovide, si éloigné pourtant des préoccupations de l'essayiste, chante encore dans sa tête et l'aide à « poétiser » sa méditation :

Combien donne à la force des sens les poëtes, qui font Narcisse esperdu de l'amour de son ombre,

> *Cunctaque miratur, quibus est mirabilis ipse ;*
> *Se cupit imprudens ; et qui probat, ipse probatur ;*
> *Dumque petit, petitur ; pariterque accendit et ardet.*

(II, 12, 578*a*.)

Cependant, à la différence de Narcisse, Montaigne sait parfaitement que son désir n'est autre que le désir qu'il a de lui-même; qu'il est l'amant et l'objet aimé, l'observateur et l'observé, « le jugeant et le jugé ».

Au livre III des *Métamorphoses*, Ovide raconte, dans la fameuse histoire du Minotaure, comment Minos décide d'enfermer le monstre, mi-homme mi-taureau, « dans les multiples détours d'un logis ténébreux » (VIII, v. 158). Pour construire ce merveilleux labyrinthe, on a choisi Dédale, le plus célèbre de tous les architectes. Celui-ci s'ingénie à brouiller les repères, à confondre les voies d'accès, à multiplier les sinuosités du parcours. Et Ovide compare alors les courbes du labyrinthe aux méandres du fleuve de Phrygie :

C'est ainsi que se jouent les ondes limpides du Méandre; dans son cours ambigu tantôt il revient en arrière, tantôt il coule en avant [*Ludit et ambiguo lapsu refluitque fluitque*, v. 163].

Montaigne semble reprendre cette saisissante description du flux et du reflux fluvial pour l'associer à la conception de sa propre œuvre. Dans le chapitre « De la Praesumption » (II, 17) il écrit en effet :

En *l'estude que je fay*, duquel le subject c'est l'homme, trouvant une si extreme varieté de jugemens, un si profond *labyrinthe* de difficultez les unes sur les autres, tant de diversité et incertitude en l'eschole mesme de la sapience, vous pouvez penser, puis que ces gens là n'ont peu se resoudre de la conoissance d'eux mesmes et de leur propre condition, qui est continuellement presente à leurs yeux, qui est dans eux ; puis qu'ils ne sçavent comment branle ce qu'eux mesme-font branler, ny comment nous peindre et deschiffrer les ressorts qu'ils tiennent et manient eux mesmes, comment je les croirois de la *cause du flux et reflux de la riviere du Nile.* (617-618*a*.)

Certes, le Nile a remplacé le Méandre dans le passage des *Essais* ; mais le langage métaphorique demeure le même. Entre la composition architecturale et la fluidité fluviale il existe, paradoxalement, une analogie très forte et qui n'est pas sans rapport avec la poétique de l'essai, elle qui vise à représenter, sous ses multiples formes, l'*art sans art* de la nature.

On comprend mieux alors pourquoi, dans un *alongeail* final au chapitre « Du Jeune Caton », Montaigne devait attribuer à Ovide cette qualité primordiale de « fluidité gaye et ingenieuse » (I, 37, 228*c*). Si la *fluidité* peut s'expliquer par la présence du fleuve et l'*ingéniosité* par celle de l'architecte, la *gaieté,* elle, procède du jeu métaphorique qui rapproche Méandre et Dédale et confond, dans une joie véritablement poétique, le désordre naturel avec l'ordre de l'art. On connaît la formule : « Si j'estois du mestier, je naturaliserois l'art autant comme ils artialisent la nature. » (III, 5, 852*c*.) N'est-ce pas précisément ce qu'Ovide a appris à Montaigne ? Les *Métamorphoses* auront permis, en tout cas, à l'écrivain de prendre ses distances par rapport aux attraits fallacieux de l'art (« simulacra fugacia ») pour mieux se soumettre, en pleine conscience, à l'univers changeant des formes (« mutatas formas »). Et même lorsque la « vieille ame poisante » de l'essayiste « ne se laisse plus chatouiller [...] au bon Ovide » (« sa facilité et ses inventions, qui m'ont ravy autrefois, à peine m'entretiennent elles à cette heure », II, 10, 389*a*), il reste encore la marque, elle-même transmuée, de ce grand jeu des métamorphoses dans la poétique des *Essais.*

Bibliographie

Nous renvoyons tout d'abord à l'imposante *Bibliographie méthodique et analytique* établie par Pierre Bonnet (Genève-Paris, Slatkine, 1983), qui répertorie les « ouvrages et documents relatifs à Montaigne jusqu'à 1975 ». On trouvera un complément d'information dans l'utile mise à jour procurée par Géralde Nakam et André Tournon, parue d'abord dans *Réforme, Humanisme, Renaissance* (décembre 1985) et reprise dans le *Bulletin de la Société des Amis de Montaigne* (VII, 5-6, juillet-décembre 1986). Ajoutons l'indispensable section consacrée à Montaigne par Craig B. Brush et Donald M. Frame dans *A Critical Bibliography of French Literature*, vol. II : *The Sixteenth Century*, édité par Raymond C. La Charité (Syracuse University Press, 1985).

ŒUVRES DE MONTAIGNE

Nous avons utilisé ici l'édition des *Œuvres complètes* préparée par A. Thibaudet et M. Rat (Paris, Gallimard, Bibliothèque de la Pléiade, 1962). Mais nous faisons aussi référence, surtout lorsque la précédente est fautive, à l'édition des *Essais* par Pierre Villey, revue par V.-L. Saulnier (Paris, Presses Universitaires de France, 1965 [1 vol.], 1978 [3 vol.]); à l'édition dite « municipale » des *Essais* par F. Strowski (Bordeaux, F. Pech & Cie, 1906); à la reproduction en phototypie de l'Exemplaire de Bordeaux par F. Strowski (Paris, Hachette, 1912); et à la reproduction de l'édition *princeps* des *Essais* (Bordeaux, Millanges, 1580) par Daniel Martin (Genève, Slatkine; Paris, Champion, 1976).

Aulotte, Robert, *Etudes sur les « Essais » de Montaigne*, Paris, Europe Editions, 1972.

Baraz, Michael, *L'Etre et la Connaissance selon Montaigne*, Paris, J. Corti, 1968.

Bauschatz, Cathleen M., Montaigne's Conception of Reading in the Context of Renaissance Poetics and Modern Criticism, in *The Reader in the Text*, éd. S. R. Suleiman et I. Crossman, Princeton, NJ, Princeton University Press, 1980, pp. 264-291.

Beaujour, Michel, L'Alongeail comme marque générique : la lettre et l'essai, in *Montaigne : 1580-1980. Actes du Colloque international, op. cit.*, pp. 16-35.

— *Miroirs d'encre*, Paris, Editions du Seuil, 1980.

Blinckenberg, Andreas, Quel sens Montaigne a-t-il voulu donner au mot *Essais* dans le titre de son œuvre ?, *Bulletin de la Société des Amis de Montaigne*, 3e série, XXIX, 1964, pp. 22-32.

Blum, Claude, Les *Essais* de Montaigne. Les signes, la politique, la religion, in *Columbia Montaigne Conference Papers, op. cit.*, pp. 9-30.

— La Fonction du *déjà dit* dans les *Essais* : Emprunter, alléguer, citer, *Cahiers de l'Association internationale des Etudes françaises*, XXXIII, 1981, pp. 35-51.

Bowen, Barbara C., *The Age of Bluff. Paradox and Ambiguity in Rabelais and Montaigne*, Urbana, University of Illinois Press, 1972.

Brody, Jules, *Lectures de Montaigne*, Lexington, French Forum, 1982.

Brousseau-Beuermann, Christine, *La « Copie » de Montaigne. Etude sur les citations dans les « Essais »*, thèse de Ph.D., Harvard University, juin 1986.

Brown, Frieda S., Interrelations between the Political Ideas of Ronsard and Montaigne, *Romanic Review*, 56, 4, décembre 1965, pp. 241-247.

Brush, Craig B., Montaigne Tries Out Self-Study, *L'Esprit créateur*, XX, 1980, pp. 25-35.

Butor, Michel, *Essais sur les « Essais »*, Paris, Gallimard, 1968.

Cave, Terence, *The Cornucopian Text. Problems of Writing in the French Renaissance*, Oxford, Clarendon Press, 1979.

Charles, Michel, *Rhétorique de la lecture*, Paris, Editions du Seuil, 1978, « Epilogue ».

Clark, Carol, *The Web of Metaphor. Studies in the Imagery of Montaigne's « Essays »*, Lexington, Kentucky, French Forum Monographs, 1978.

Columbia Montaigne Conference Papers, éd. Donald M. Frame et Mary B. McKinley, Lexington, Kentucky, French Forum, 1981.

Compagnon, Antoine, *La Seconde Main, ou le Travail de la citation*, Paris, Editions du Seuil, 1979.

— Montaigne chez les post-modernes, *Critique*, 433-434, juin-juillet 1983, pp. 522-534.

Compagnon, Antoine, Montaigne ou la parole donnée, in *Rhétorique de Montaigne*, *op. cit.*, pp. 9-19.

— *Nous, Michel de Montaigne*, Paris, Editions du Seuil, 1980.

Cottrell, Robert, *Sexuality/Textuality*. *A Study of the Fabric of Montaigne's « Essays »*, Columbus, Ohio State University Press, 1981.

Croll, Morris W., *Style, Rhetoric and Rhythm*, Princeton, NJ, Princeton University Press, 1966, « Part I » sur Montaigne.

Croquette, Bernard, *Etude du Livre III des « Essais » de Montaigne*, Genève-Paris, Slatkine, 1985.

Davis, Natalie Z., A Renaissance Text to the Historian's Eye : The Gifts of Montaigne, *The Journal of Medieval and Renaissance Studies*, XV, 1, 1985, pp. 47-56.

Defaux, Gérard, Rhétorique et représentation dans les *Essais* : de la peinture de l'autre à la peinture du moi, *Rhétorique de Montaigne*, *op. cit.*, pp. 21-48.

— Un Cannibale en haut de chausses : Montaigne, la différence et la logique de l'identité, *Modern Language Notes*, 97, 4, mai 1982, pp. 919-957.

Donaldson-Evans, L. K., Montaigne and Poetry, *Neophilologus*, LVIII, 4, octobre 1974, pp. 36 sq.

Duval, Edwin M., Rhetorical Composition and « open form » in Montaigne's Early *Essais*, *Bibliothèque d'Humanisme et Renaissance*, XLIII, 1981, pp. 269-287.

Ehrlich, Hélène-Hedy, *Montaigne : la critique et le langage*, Paris, Klincksieck, 1972.

Etudes montaignistes en hommage à Pierre Michel, éd. C. Blum et F. Moureau, Genève-Paris, Slatkine, 1984.

Frame, Donald, *Montaigne : A Biography*, New York, Harcourt, 1965.

— *Montaigne's Discovery of Man. The Humanization of a Humanist*, Columbia University Press, 1955.

— *Montaigne's « Essays » : A Study*, Englewood Cliffs, NJ, Prentice Hall, 1969.

Friedrich, Hugo, *Montaigne*, Berne, Francke, 1949; trad. franç. par R. Rovini, Paris, Gallimard, 1968.

Fromilhague, René, Montaigne et la nouvelle rhétorique, in *Critique et création littéraires en France au XVIIᵉ siècle*, Paris, CNRS, 1977, pp. 55-67.

Fumaroli, Marc, Genèse de l'épistolographie classique : rhétorique humaniste de la lettre, de Pétrarque à Juste Lipse, *Revue d'Histoire littéraire de la France*, 78, 4, juillet-août 1978, pp. 888-891.

— Montaigne et l'éloquence du for intérieur, in *Les Formes brèves de la prose et le Discours discontinu (XVIᵉ-XVIIᵉ siècles)*, éd. J. Lafond, Paris, Vrin, 1984, pp. 27-50.

Garavini, Fausta, La *formula* di Montaigne, *Paragone*, 210, 1967, pp. 14-45.

Glauser, Alfred, *Montaigne paradoxal*, Paris, Nizet, 1972.

Gray, Floyd, *Le Style de Montaigne*, Paris, Nizet, 1958.

— *La Balance de Montaigne*, Paris, Nizet, 1982.

Greene, Thomas M., *The Vulnerable Text. Essays on Renaissance Literature*, New York, Columbia University Press, 1986.

Gutwirth, Marcel, *Michel de Montaigne ou le Pari d'exemplarité*, Montréal, Presses de l'Université, 1977.

Hallie, Philip, *The Scar of Montaigne : An Essay in Personal Philosophy*, Middletown, Conn., 1966.

Hampton, Timothy, *Writing from History. The Rhetoric of Exemplarity in Tasso, Montaigne and Cervantes*, thèse de Ph.D., Princeton, 1986.

Jeanneret, Michel, Rabelais et Montaigne : l'écriture comme parole, *L'Esprit créateur*, vol. XVI, 4, 1976, pp. 79-94.

Joukovsky, Françoise, *Montaigne et le Problème du temps*, Paris, Nizet, 1972.

Kritzman, Lawrence D., *Destruction/découverte : Le Fonctionnement de la rhétorique dans les « Essais » de Montaigne*, Lexington, French Forum, 1980.

— Pedagogical Graffiti and the Rhetoric of Conceit, *Journal of Medieval and Renaissance Studies*, XV, 1, 1985, pp. 69-83.

La Charité, Raymond C., *The Concept of Judgment in Montaigne*, La Haye, Nijhoff, 1968.

Lafond, Jean, éd., *Les Formes brèves de la prose et le Discours discontinu (XVIe-XVIIe siècles)*, Paris, Vrin, 1984.

Leake, R. E., *Concordance des « Essais »*, Genève, Droz, 1981, 2 tomes.

Lydgate, Barry, Mortgaging One's Work to the World : Publication and the Structure of Montaigne's *Essais*, *PMLA*, mars 1981, pp. 210-223.

Martin, Daniel, *Montaigne et la Fortune. Essai sur le hasard et le langage*, Paris, Champion, 1977.

Maskell, David, Quel est le dernier état authentique des *Essais* de Montaigne ?, *Bibliothèque d'Humanisme et Renaissance*, XL, 1978, pp. 85-103.

McFarlane, I. D., Montaigne and the Concept of Imagination, in *The French Renaissance and its Heritage : Essays Presented to Alan M. Boase*, éd. D. R. Haggis *et al.*, Londres, 1968, pp. 117-137.

McGowan, Margaret, *Montaigne's Deceits. The Art of Persuasion in the « Essais »*, Philadelphie, Temple University Press, 1974.

McKinley, Mary B., *Words in a Corner*, Lexington, French Forum, 1981.

Meijer, Marianne S., *Des Postes* et *Des Pouces* : Plaisanterie ou point de repère ?, *Columbia Montaigne Conference Papers*, *op. cit.*, pp. 105-118.

— De l'honnête, de l'utile et du repentir, *Journal of Medieval and Renaissance Studies*, XII, 2, 1982, pp. 259-274.

— L'Ordre des *Essais* dans les deux premiers volumes, in *Montaigne et les Essais, 1580-1980*, *op. cit.*, pp. 17-27.

Mermier, Guy, L'Essai *Du Repentir* de Montaigne, *French Review*, 41, février 1968, pp. 485-492.

Metschies, Michael, *Zitat und Zitierkunst in Montaignes « Essais »*, Genève, Droz, Paris, Minard, 1966.

Micha, Alexandre, *Le Singulier Montaigne*, Paris, Nizet, 1964.

« Montaigne », numéro spécial d'*Œuvres et Critiques*, éd. S. Rendall, VIII, 1-2, 1983.

« Montaigne : Essays in Reading », numéro spécial de *Yale French Studies*, éd. G. Defaux, 64, 1983.

Montaigne : 1580-1980. Actes du Colloque international, Duke University-University of North Carolina, éd. M. Tétel, Paris, Nizet, 1983.

Montaigne et les Essais : 1580-1980. Actes du Congrès de Bordeaux, éd. P. Michel, F. Moureau, R. Granderoute, C. Blum, Paris-Genève, Champion-Slatkine, 1983.

Montaigne. Regards sur les Essais, éd. L. M. Heller et F. R. Atance, Waterloo, Ontario, Wilfrid Laurier University Press, 1986.

Montaigne and His Age, éd. Keith Cameron, University of Exeter, 1981.

Montaigne. Essays in Memory of Richard Sayce, éd. I. D. McFarlane et Ian Maclean, Oxford, Clarendon Press, 1982.

Morrisey, Robert J., *La Rêverie jusqu'à Rousseau. Recherches sur un topos littéraire*, Lexington, Kentucky, French Forum, 1984.

Nakam, Géralde, *Montaigne et son temps. Les Evénements et les « Essais »*, Paris, Nizet, 1982.

— *Les « Essais » de Montaigne, miroir et procès de leur temps*, Paris, Nizet, 1984.

Norton, Glyn P., *Montaigne and the Introspective Mind*, La Haye-Paris, Mouton, 1975.

« *O un Amy !* » *Essays on Montaigne in Honor of Donald M. Frame*, éd. R. C. La Charité, Lexington, Kentucky, French Forum, 1977.

Pérouse, Gabriel-A., La lettre sur la mort de La Boétie et la première conception des *Essais*, *Montaigne et les « Essais », 1580-1980, op. cit.*, pp. 65-76.

Pouilloux, Jean-Yves, *Lire les « Essais » de Montaigne*, Paris, Maspero, 1969.

Regosin, Richard L., *The Matter of my Book : Montaigne's « Essais » as the Book of Self*, Berkeley, University of California Press, 1977.

— Recent Trends in Montaigne Scholarship : A Post Structuralist Perspective, *Renaissance Quarterly*, XXXVII, 1, 1984, pp. 34-54.

Reiss, Timothy, Montaigne et le sujet du politique, *Œuvres et Critiques*, VIII, 1-2, 1983, pp. 127-152.

Rider, Frederick, *The Dialectic of Selfhood in Montaigne*, Stanford University Press, 1973.

« Rhétorique de Montaigne », numéro spécial du *Bulletin de la Société des Amis de Montaigne*, 7e série, 1-2, 1985.

Rigolot, François, La pente du repentir, in *Columbia Montaigne Conference Papers, op. cit.*, pp. 128-130.

— Le texte de l'essai : Montaigne en marge, in *Le Texte de la Renaissance*, Genève, Droz, 1982, pp. 221-252.

Sayce, Richard, L'ordre des *Essais* de Montaigne, *Bibliothèque d'Humanisme et Renaissance*, XVIII, 1, 1956, 7-22.

— *The « Essays » of Montaigne : A Critical Exploration*, Londres, Weidenfeld & Nicolson, 1972.

Schon, P., *Vorformen des « Essais » in Antike und Humanismus*, Wiesbaden, Franz Steiner, 1954.

Screech, M. A., *Montaigne and Melancholy. The Wisdom of the Essays*, Londres, Duckworth, 1983.

Smith, Malcolm, *Montaigne and the Roman Censors*, Genève, Droz, 1981.

Starobinski, Jean, Montaigne en mouvement (fin), *NRF*, 86, février 1960, p. 260.

— Le Style de l'autobiographie, *Poétique*, 3, 1970, p. 263.

— *Les Mots sous les mots*, Paris, Gallimard, 1971.

— *Montaigne en mouvement*, Paris, Gallimard, 1982.

Stierle, Karl-Heinz, L'Histoire comme exemple, l'exemple comme histoire, *Poétique*, X, 1972, pp. 176-198.

Supple, James L., *Arms versus Letters. The Military and Literary Ideas in the « Essais » of Montaigne*, Oxford, Clarendon Press, 1983.

Tétel, Marcel, The Humanistic Situation : Montaigne and Castiglione, *Sixteenth Century Journal*, X, 3, 1979, pp. 69-84.

— Les Fins d'essais : mise en question ou début de convaincre, in *Rhétorique de Montaigne, op. cit.*, pp. 191-199.

— *Montaigne*, New York, Twayne, 1974.

Thibaudet, Albert, *Montaigne*, éd. Floyd Gray, Paris, Gallimard, 1963.

Tournon, André, Montaigne et *l'alleure poëtique*. Pour une nouvelle lecture d'une page des *Essais, Bibliothèque d'Humanisme et Renaissance*, XXXIII, 1, 1971, pp. 155-162.

— *Montaigne. La Glose et l'Essai*, Presses Universitaires de Lyon, 1983.

Trinquet, Roger, *La Jeunesse de Montaigne*, Paris, A. Nizet, 1972.

Villey, Pierre, *Les Sources et l'Evolution des « Essais » de Montaigne*, 1908; réimpr. Paris, Hachette, 1933.

Wilden, A., Par divers moyens on arrive à pareille fin : A Reading of Montaigne, *Modern Language Notes*, 83, 1968, pp. 577-597.

Zinguer, Ilana, Les anecdotes dans les *Essais* de Montaigne, *Bulletin de la Société des Amis de Montaigne*, 5e série, IX, 1974, pp. 81-107.

Table

Imprimé en France
Imprimerie des Presses Universitaires de France
73, avenue Ronsard, 41100 Vendôme
Juillet 1988 — N° 33 590